HANNAH RICHELL

ÜÇ KIZ KARDEŞ

Çeviren: Merve Cavkaytar

Sonsuz Edebiyat: 324
ISBN: 978-605-297-603-6
Yayıncı Sertifika No: 49073

ÜÇ KIZ KARDEŞ

Yazar: Hannah Richell
Çeviri: Merve Cavkaytar
Yayın Yönetmeni: Ender Haluk Derince
Yayın Koordinatörü: Canan Hatiboğlu
Editör: Ahmet Seyrek
Grafik Tasarım: Ulaş Karatağ
Üretim Koordinatörü: Derya Helvacı
Satış Sorumlusu: Zehra Bostancı

Baskı
ALİOĞLU MATBAACILIK BASIM YAYIM VE
KAĞIT SANAYİ TİCARET LİMİTED ŞİRKETİ
ORTA MAH. FATİN RÜŞTÜ SK. NO:1-3/A
Sertifika Numarası: 45121

YAKAMOZ KİTAP / SONSUZ KİTAP
Gürsel Mah. Alaybey Sk. No: 7/1 Kağıthane/İSTANBUL
Tel: 0212 222 72 25 Faks: 0212 222 72 35
www.yakamoz.com.tr / info@yakamoz.com.tr
www.facebook.com/yakamozkitap
www.twitter.com/yakamozkitap

ÜÇ KIZ KARDEŞ

GİRİŞ

Uykudayken anıları kendiliğinden canlandı. Meyve bahçesinin içindeki yolları işaret edercesine düşen kara gölgeleriyle ağaçlar, boylu boyunca uzanıyorlardı. Nehir yan tarafta sessizce akarken, uzun çimlerden elmaların mayhoş kokusu yükseliyordu.

Karanlıkta, kıpırdayan göz kapaklarının ardında, dilinde kalan mayalanmış elma şarabının tadını, ahşap iskelenin üzerinde ateş böceği gibi yanan lambaları ve suyun karşısından gelen kahkaha seslerini anımsadı. Suratına bastırılan kâğıtların, tenini sıkı sıkı kavrayan parmakların, çizilmiş ve kana bulanmış ellerine yapışan çamurun ve cam kesmiş gibi acıyan canının verdiği hissi de...

Derin uykuya dalmış haldeyken, geçmişine dair içine gömdüğü ne varsa, tüm o kokular, sesler, renkler, hepsi canlanmıştı. Tüm o sırlar ve karanlık geri dönmüştü.

Ne yaptın sen? Ne halt ettin?

Yıllar önce öğrendiği bir şeydi bu -en zor olan şekilde öğrenmişti- ve hiç unutmayacağını biliyordu: En tatlı meyve bile eninde sonunda yere düşüp çürürdü. Acıyı ne kadar derine gömersen göm, kemiklerinden yeniden doğacak ve peşine düşecekti, tıpkı şu elmaların hastalıklı kokusu, bir yaz gecesinin yankıları ve durmak bilmeden akıp giden nehir gibi.

PAZARTESİ

Hâlâ bu numarayı mı kullanıyorsun emin değilim, ama eve gelmen gerek. Lucy evleniyor. Hem de bu cumartesi! Beni ara. Öpüyorum. E.

Gönderildi 18/09/18, 17:58.

Eve sana mesaj attığını söyledi. Lütfen gel. Sana ihtiyacım var. Öpüyorum. Luce.

Gönderildi 18/09/18, 20:49.

SALI

BÖLÜM 1

Margot tünelin içinde yankılanan trenin korna sesiyle uyandı. Cama yaşladığı yanağı soğuk ve nemliydi ve havada tanıdık tatlı bir koku vardı. Gözlerini açtığında, vagon masasının karşısında oturan küçük bir kızın bakışlarıyla karşılaştı. Kız yukarı doğru uzanmıştı, kedi kulakları olan mor renkli bir kulaklık takmıştı ve elma yiyordu. İçinde boş ambalaj kâğıtları görünen pembe renkli bir beslenme çantası ağzı açık bir şekilde aralarında duruyordu. Margot önce beslenme çantasına, sonra elmaya, daha sonra da tekrar kızın yüzüne baktı. "Yedi ya da sekiz yaşlarında olmalı" diye düşündü, mavi gözleri ve iki örgü halinde uzanan mısır sarısı renginde saçları vardı. Kızın görünüşünde ona Lucy'yi hatırlatan bir şeyler vardı, ama kızın saçları mükemmel bir şekilde ayrılmıştı, örgüleri düzgün ve sıkıydı. Onun kız kardeşinin örgüleri böyle düzgün olmazdı, genellikle Eve ya da babası tarafından kahvaltı masasında alelacele örülürdü. Lucy her zaman zapt edilmesi zor bir kız olmuştu. Tabii artık küçük bir kız değildi, yetişkin bir kadın olmuştu ve evleniyordu.

Mesajları önceki gece okumuştu. Boş dairesine girerken ilk Eve'den gelen mesajı görmüştü. Su ısıtıcısı kaynarken şöyle bir göz atmış ve ne anlama geldiğini idrak edene kadar iki kere okumak zorunda kalmıştı. Lucy bir haftadan az bir süre içinde evleniyor da ne demekti? Ortanca kız kardeşleri her zaman tez canlı biri olmuştu -sonuçlarını düşünmeden hareket etmeye, aklındakini pat diye söylemeye meyilliydi- ama bu en son aldığı acele karar tam anlamıyla felaket demekti. Eve'in mesajındaki belirgin öfke ve yargılama da tıpkı Eve'e göre bir hareketti. "Hatta belki de" diye düşündü Margot, -kan çanağı olmuş gözlerini ve boğazındaki bayat votkanın tadını düşünerek trenin camına dönüp kendi yansımasını incelerken- "tam kendine göre bir hareketti."

Karşısında oturan kız elmasına gömülmüştü, elmanın ısırılan kısımlarından kahverengi çekirdekleri görünüyordu. Margot, elmasını bir köşeye atmasını bekleyerek kızı izledi ya da belki -belli ki annesi olan- kızın yanında kitap okuyan kadına verirdi ama kız, gittikçe küçülen elmayı en sonunda elmanın tüm çekirdekleri ve ince kahverengi sapı kızın ağzında kayboluncaya dek ısırdıkça ısırdı. Evet, aynı Lucy gibi. Onu, meyve ağaçlarının altında, geniş gülümsemesi ve saçından yüzüne dökülen sarı bukleleriyle, kesilmiş kot şortu ve uzun kahverengi bacaklarıyla yere dökülmüş meyvelerin yanına serili bir battaniye üzerinde uzanırken gözünde çok net canlandırabiliyordu.

Margot, yarım saat kadar önce tıngırdayarak geçen servis arabasını ve oldukça etkili olacakmış gibi görünen minyatür şişelerin birbirine çarparak çıkardığı şıngırtıyı düşünerek içini çekti. Kendini tutmayıp, bir şişe bile olsa, akşamdan kalmalığını geçirecek bir içki almış olmayı istedi.

Sana ihtiyacım var.

Karşısındaki kız parmaklarını yaladı ve sonra dudağında bir gülümsemeyle Margot'ya doğru baktı. Margot, başını çevirip tekrar cama yaslamadan önce belli belirsiz bir şekilde başını eğerek kıza selam verdi. Sadece üç kelime. Kararından dönmesi için üç kelime yetmişti. Çünkü ihtiyaç duymanın ne demek olduğunu Margot iyi biliyordu. Lucy'nin isteğini yok sayamazdı. İşte, tüm düşündüklerine rağmen eve, Windfalls'a gidiyordu. Aklından ne geçiyordu ki?

BÖLÜM 2

Büyük çadırı kurmak için tutulan adam çevreden duyulacak şekilde söylenip ağaçların arasında hızlı hızlı yürürken, Eve bir eli göğsünün üzerinde, diğer eliyle de gözlerinin üstüne güneşten korumak için gölge yaparak alt taraftaki meyve bahçesinde dolanıyordu. Sanki tepenin açısını ya da kalitesini değerlendiriyormuş gibi sürekli eğilip kafasını sallamasından ve yüzünü buruşturmasından hoşlanmamıştı. "Çok çamurlu" dedi adam yanına gelirken. "Eğim de iyi değil ama sanırım idare edebiliriz. Şu ağaçların arasında dokuza on iki metrelik bir çadır kurmak için yeterli alan var, ki bu da misafirleriniz için geniş bir alan oluşturur. Yaklaşık elli kişi demiştiniz değil mi?"

"Altmıştan biraz fazla şimdi."

Adam dişlerinin arasından nefes alarak elindeki panosuna baktı. "Perşembe sabahı yapabiliriz. Bu sayede dekore etmek için zamanınız olur."

"Harika. Burada sorun olmayacağından eminsiniz değil mi?"

Botlarının altındaki zemin kaygı verici bir şekilde yumuşaktı. Çadırı tutacak demir çubukların burada nasıl duracağını düşünmesi güçtü. Devasa büyüklükte beyaz çadırın havalanıp gittiğini gözünde canlandırırken göğsündeki sıkışma hissini görmezden gelmeye çalıştı. Sanki soğuk bir yumruk kaburgalarına sokulup kalbini sıkıyor gibiydi.

Yüz ifadesini görünce, adam "Merak etme" dedi. Sesinde samimi bir beğeniyle "Her şeyi halledeceğiz. Yeriniz gayet güzel" diye de ekledi.

Eve etrafı incelemek için başını çevirdi. Meyve ağaçlarından olgun elmalar sarkıyordu. Güneş, tepelere doğru sonbahara özgü altın sarısı bir parlaklık vererek batarken, kuşlar yeşil ağaç dallarının arasında şakıyorlardı. Eğimli meyve bahçesinin aşağısında, ağaçlar hafif rüzgârda hareket ettikçe görünen nehir ayna gibi parlayarak akıyordu. Arkasında, Windfalls'ın bal renginde tuğlalardan yapılmış bacaları mavi göğe doğru uzanıyordu. Böylesine yumuşak bir Eylül aydınlığında, yüzeyini saran morsalkımları, gri renkli taş tahtalı çatısı, geniş, boyalı çerçeveli pencereleriyle on yedinci yüzyıldan kalma bu eski çiftlik evinde bulunmak hiç bu kadar güzel hissettirmemişti.

Ama Eve, çocukluğunun geçtiği bu evin güzelliğine odaklanamıyordu. Zihni, iyi bağlanmamış çadırlara, yemek servisine ve cumartesiye kadar yağmur yağar da meyve bahçesi kocaman bir bataklığa dönerse ne yapacağına dair düşüncelerle doluydu. Tabii bunlar yalnızca organizasyonla ilgili şeylerdi; listede yapıldı olarak işaretlenip üzeri çizilecek işler. Bir yandan bunları düşünürken, en endişe verici düşünce ise ailesinin sekiz yıl aradan sonra ilk kez bir araya gelecek olmasıydı. Bu kadar telaşlı olmasına şaşmamalıydı.

"Saman" diye düşündü, yanında bir kalem ve kâğıt getirmiş olmayı dilerken. Etraftaki çiftçilerden alınan birkaç balya iş görürdü. Kırsal dekorasyonu pekiştirmek için iyi olurdu, hatta oturmak için bile kullanılabilirdi, hem de eğer hava kötüleşir ve zemin çok çamur olursa kullanışlı olabilirdi. Bir de elektrik bağlama meselesi vardı. Bir çeşit jeneratör kullanılabilir ya da evden kablo bağlantısı çekilebilirdi. Ne de olsa dans pistine ve ışığa ihtiyaçları olacaktı. Fener kullanmak iyi olurdu ama çadırın içinde mum yakılmasına izin veriliyor mu emin değildi. Tüm bunlar için çadır şirketindeki adama sorup fikir alması gerekiyordu.

Adamı bulabilmek için etrafına bakındı ve onu elinde mezurayla ağaçların arasında dolanırken gördü. Bu sırada evden bahçeye giden yolda, arkasından salınan renkli, ipek kimonosu ve gevşek topuzundan dökülen gri saçlarıyla annesi belirmişti, akşam güneşi hâlâ üzerinde olan uzun beyaz geceliğine vuruyordu.

Genç bir kızken, Eve annesinin kıyafet seçiminden utanç duyardı. Kit'in kendi kurgusal dünyasında çok fazla vakit geçirdiği için mi kıyafet ve giyim kurallarından bihaber olduğunu merak ederdi. Kızlarını utandırmak için mi yoksa onları şok ederek o iffetli tavırlarından uzaklaştırmak için mi yaptığını düşünürdü. Ama utanç içinde geçen onca yıldan sonra Eve, Kit'in görünüşünü pek de önemsemediği sonucuna varmıştı. Kitaplarına gömülmüş bir halde, her gün ne giydiğini, tıpkı dolabın boş ya da evin kir içinde olduğunu umursamadığı gibi umursamazdı. Modaya dair tercihleri yatak odasındaki koltuğun üstüne atılan kıyafetlerden ve eline hangisi gelirse onu giymekten ibaretti. Annesi böyle biriydi işte. Çadır şirketindeki adam onu görünce gözlerine inanamadı ama Eve şaşırmamıştı bile.

"Yolda kamyonu gördüm" dedi Kit yaklaşırken.

"Her şey kontrol altında."

"Lucy burada mı?"

"Hayır" dedi Eve. "Nereye gitti bilmiyorum."

Elinde mezurasıyla gezinen adama bakarak, "Bu meyve bahçesine kuracaklar değil mi?" diye sordu.

"Evet, en iyi yer burası."

Kit gözlerini kapatarak gökyüzüne baktı. "Evet, burası harika."

"Evden buraya gelen yolu daha belirgin yapmak için flamalar ve küçük süs ışıkları asmayı düşünüyorum. Hem de karanlık çöktüğü zaman harika görünür. Ama tabii, bunların hepsi daha fazla iş ve zaman demek" diye ekledi Eve. O an, bu organizasyon kâbusunun en temel kısımlarını bile cumartesi gününden önce nasıl halledeceklerinden emin değildi.

"Nasıl istersen hayatım. Eminim harika olur."

Göğsündeki sıkışma hissi giderek artmıştı. Lucy'nin bu son dakika düğün kutlamalarını 'şatafatsız' tutmak, sonrasında Windfall'da yapılacak küçük bir parti ile aile içi bir nikâh töreni yapmak istemesi harikaydı. Herkes yeniden bir araya gelecek ve önemli bir şey olmayacaktı. Eve, bir yandan kız kardeşinin tüm o düğün hazırlığı angaryalarından ve baskısından uzak durmak istemesini takdir ediyordu ama bir yandan da bu tarz şeylerin 'kendiliğinden' olup bitmediği gerçeğini görmezden gelemezdi. Lucy ne kadar spontane olmak isterse istesin, annesi ne kadar rahat görünürse görünsün, çiftlerin evlilik hazırlıklarını aylar öncesinden planlamalarının bir sebebi vardı. Düğün dediğin anda, son dakika bile yapılmış olsa misafirler bazı beklentiler içinde geleceklerdi. Yemek, içki, müzik ve dans gibi. Çünkü bu işler böyle olurdu.

O ve Andrew bu işi kitabına göre yapmışlardı. Kendilerine bu özel günlerini planlamak için tam tamına on iki ay vermişlerdi. Düğün yeri titizlikle araştırılmıştı. İsimlerinin baş harflerinin yazılı olduğu davetiyeler aylar öncesinden gönderilmişti. Yemek servisi, düğün elbiseleri, müzisyenlerin ayarlaması, düğün pastası, çiçekler ve fotoğrafçı; hepsi Eve'in kendine has titizliği ile ayarlanmıştı. Bir nedimenin ayakkabısının topuğunun kırılması hariç saat gibi tıkır tıkır işleyen bir gün olmuştu.

Öte yandan, Lucy tüm o dekorasyonun, müziğin, yiyecek ve içecek servisinin 'kendiliğinden' gerçekleşmesini bekler gibiydi. Her şeyle ilgilenen küçük düğün perileri varmış gibi. Eve iç çekti. Davetli listesi daha az olsaydı halletmek daha kolay olabilirdi, ama tipik Lucy, bu çılgın düğün planını birkaç gün öncesinden haber vermiş ve tüm arkadaşlarına hızlıca bir e-posta göndererek davet etmişti. "Merak etme" demişti. "Geç haber verdiğim için çoğu gelemez. Sadece önemli kişiler gelir." Ancak birkaç gün önce küçük bir parti olarak planlanan bu düğün çığ gibi büyüdükçe büyüyordu. Son sayıma göre altmış beş kişi gelecekti. İki kişi vegandı. Bir tanesi glüten içeren yiyecekler yiyemiyordu. Birinin laktoz duyarlılığı vardı. Bu insanların sorunu neydi? Hiç kimsenin hayatı, tatili ya da buzdolaplarının üstünde asılı olan randevuları, planları falan yok muydu? Olan biten her şey tam Lucy'ye göre, gülünç bir şekilde naif ve kaotikti.

Sanki Eve'in yapacak başka bir işi, ilgilenecek bir evi, yarı zamanlı çalışarak idare ettiği bir istihdam ofisi yokmuş, Andrew bilgi işlem danışmanı olarak saatlerce çalışmıyormuş, kızları ise bale ve piyano derslerine, bilim projelerine ve doğum günü davetlerine gitmiyormuş gibi. Bir haftada düğün organize etmekten beyni patlayacakmış gibi hissediyordu.

"Eve hayatım, havai fişeklere ne dersin? Ya da büyük bir şenlik ateşi?" Kit düşüncelerini sıralarken sesi çatallaştı. "Eğlenceli olabilir, ne dersin?"

Eve annesine bir bakış attı. Şenlik ateşi ve havai fişekler mi? Halihazırda cumartesi günü içinde bulunacakları duygusal patlamaya hazır olan ortama bir de gerçek fişekler eklemek mi? Harika bir fikirdi.

"Belki Andrew ya da baban ilgilenebilir?" diye ekledi, Eve'in düşüncelerini anlamayı beceremeyerek.

Eve cevap vermedi. Cumartesi gece yapılacak son dakika bir havai fişek gösterisi ile ilgilenmek zorunda kaldığını söylediğinde Andrew'ün yüzünün alacağı şekli hayal edebiliyordu.

"Margot'dan haber alan var mı?"

"Lucy ve ben mesaj attık ama cevap gelmedi."

Annesi dudağını büzdü. "Peki, üzücü ama belki de en iyisi budur."

"Lucy hayal kırıklığına uğrayacak. Gerçi Margot gelse bile işleri yumuşatmak için bir yol bulmamız gerekecek." Annesine keskin bir bakış attı. "Her şeye rağmen, Lucy'nin günü" diye ekledi. Kit yüzünü buruşturarak suratını vadiye doğru çevirdi.

Uçarı kız kardeşini ve onun aile içi düğün gibi gergin bir durumu nasıl idare edeceğini düşününce yeni bir panik atak dalgası hissetti. İki yıl önce, Margot'nun babasının altmışıncı yaş gününe geldiği gün yeterince kötüydü ve o gün annesi davetli bile değildi.

Kit ellerini havaya kaldırarak "Biliyorum, biliyorum. Margot'nun gelip Lucy'nin özel gününe dâhil olmasını engelleyemem ama özür dileyip bir açıklama yapmadığı sürece onu affedemem" dedi. Eve'e dönerek "Benim yerimde olsan sen yapabilir misin?" diye sordu.

Eve yüzünü buruşturdu. Kit ve Margot'nun birbirlerine ne kadar benzediklerini fark eden tek kişi kendisi mi diye merak etti. İkisi de ateş gibi, hiddetli ve tahmin edilemezdi. Margot'nun yaptığı şeyin açıklanabilecek bir yanı yoktu, hatta belki affedilmezdi bile. "Muhtemelen yapamazdım, hayır" dedi.

Kit tatmin olmuş görünerek başını salladı. "Geleceğini zannetmiyorum."

Margot uzak kalsa belki daha iyi olurdu. Belki de ihtiyaç duydukları en son şey Margot'nun gelip zaten gergin olan ortamı daha da gergin hale getirmesiydi. Eve elini göğsüne götürerek kalbinin atışını dinledi. "Derin bir nefes al" dedi kendine. "Her şey yoluna girecek."

BÖLÜM 3

Margot, Bath Spa İstasyonu'nda trenden inerek bir taksiye bindi. Araç, şehrin bir örnek bacalarıyla gökyüzüne sıralanmış büyük, hilal biçimindeki şık çatıları geride bırakarak, yazdan sonbahara geçercesine vadiye doğru ilerledi. Her yer yeşil, altın ve bronz renkteydi, arada sırada alev sarısına dönmüş mor kayın ağacı yaprakları çıkıyordu. Avon Nehri'ni geçip, Mortford Köyü'ne giden tabelaları takip ederek ağaçlık vadiye doğru yavaşça tırmanmaya başladılar. Margot, ışığı cam gibi yansıtarak vadiden kıvrılıp akan yeşil suyu görebilmek için koltuğunda hareket etti. Görünüşü içini titretmişti.

"Buraya birkaç müşteri getirmiştim" dedi şoför sohbet etmeye çalışarak. "Çoğu şu ünlü yazarı görmeye gelen hayranlardı. Adı neydi onun? Hani şu kitapları yazan."

"Kit Weaver" dedi yanından geçtikleri bal rengi binalara bakarken. Adamın şu kitaplar derken yaptığı vurguyu görmezden geldi.

"Evet o. K.T. Weaver. Karım onun kitaplarına bayılıyor. Onun kitaplarının barda yaptığımız tombala oyunu gecelerinden ve sonrasında yediğimiz mükemmel akşam yemeğinden daha iyi olduğunu düşünüyor. Sen hiç onunla tanıştın mı? Kitaplarını okudun mu?"

"Birkaçını okumuştum" diye cevapladı gözlerini yoldan ayırmayarak.

"Söylenene göre artık köşesine çekilmiş."

"Öyle diyorlar."

"Biraz tuhaf, yazmayı birden bırakıvermek yani. Galiba o kadar çok para kazandı ki seriyi bitirmeye bile gerek duymadı, he? Bazıları için işler tıkırında gidiyor." Adam onun ruh halini sezmiş olacak ki başka bir laf etmedi. Onun yerine, Windfalls'ın taş tahta çatısı görünene dek dar yoldan arabayı sürmeye devam etti. Ahşap bir kapıdan geçip üzerinde büyük, kırmızı harflerle "Main Event Çadırcılık" yazan beyaz bir kamyonun arkasına park ettiler. Kamyonun arka kapısı tamamen açıktı, içi birkaç battaniye ve bir alet kutusu dışında tamamen boştu. Görünürde kimse yoktu.

"Birileri parti veriyor olmalı."

"Evet, düğün."

"Ah, şöyle güzel bir düğünü kim sevmez?"

"Kim sevmez gerçekten" diye düşündü Margot. Son yıllarda evini ne zaman düşünse, zihninde hep tuhaf bir şekilde renksiz bir halde beliriyordu. Etrafındaki her şeyi boğucu bir şekilde saran bir battaniye gibi, yumuşak toprakla iç içe geçmiş gri, boş bir gökyüzü görmeyi bekliyordu. Ama burada gökyüzü masmaviydi, tatlı, ılık bir meltem esiyordu ve vadi parlak yeşilden amber sarısına dönmüş yapraklarıyla sonbaharın başlangıcını haber veren bir örtü gibi önünde seriliydi. Güneş, meltemle ağır ağır sallanan, çocukluğundan kalma yıpranmış salıncak ipinin asılı olduğu kestane ağaçlarının tepesinden batmaya başlamıştı. Ağaçların arkasında, Bath'e özgü taştan çiftlik evi güneş ışığında altın gibi ışıldıyor, pencereleri cam gibi parlıyordu. Gözünde güneş gözlüğü olmasına rağmen, her şey çok parlak görünüyordu.

Margot şoföre ödeme yaptıktan sonra çantasını aldı ve arka kapıdan geniş parke taşlı mutfağa girmeden önce evin yan tarafındaki çakıllı yoldan dolanarak fazlaca büyümüş ve bakıma ihtiyacı olan sıra çalıların ve çiçek tarhlarının yanından geçti. Evin sessizliğinde bir dakika durarak, şu ana dek unutmuş olmasının imkânsız göründüğü, gülünç bir şekilde tanıdık gelen detayları inceledi. Renkli tığ işi bir çaydanlık kılıfı, su ısıtıcısının yanındaki çaydanlığın üzerine asılıydı. Kızıl toprak rengi, meyveyle dolu bir kâse meşe ağacından yapılma zımparalanmış bir masanın üzerinde duruyordu. Kahverengiye dönmüş olan elmanın üstünde bir sinek uçuşuyordu. Ekmek kırıntıları ile dolu yıpranmış, ahşap bir doğrama tahtası gördü, üzerindeki yarım bir ekmek ikindi güneşinde bayatlamaya yüz tutmuştu. Öğle yemeğinden kalma kirli tabaklar lavabonun içine tıkılmıştı. Hatırladığı kadarıyla, yıllar önce Lucy'nin köyde yapılan bir festivalden satın aldığı, mısırdan yapılma bir bebeğin asılı olduğu pencerenin önündeki koltuktan rengi solmuş minderler sarkıyordu.

Telefonun yanında açılmamış mektuplardan oluşan bir yığın vardı; görünüşe göre, annesinin cevaplanmamış hayran mektuplarıydı. Yabancı bir yayınevinden gelen yeni basım kitaplarla dolu olan bir kutu yırtılarak açılmış ve koridora açılan kapıyı açık tutması için kapının önüne öylece bırakılmıştı. Gözlerini kapatarak her şeyi sindirmeye çalıştı, başındaki hafif ağrı giderek şiddetleniyordu.

Misafir odasındaki şöminenin üzerinde asılı olan saatin ritmi kafasında çınlıyordu. Kadife kanepenin üzerine vuran güneş ışığı kümesinde, çok yaşlı kara bir kedi kıvrılmış yatıyordu. Kedinin başını okşayarak "Selam Pinter" dedi. Kedi çapaklı gözlerinden birini açtı ve uykusuna geri dönmeden önce mırıldayarak karşılık verdi. Üzerinde, özenle işlenmiş gül desenli bir etamin olan eski püskü mindere doğru uzandı ve üzerindeki tozların havaya uçuşup ışık huzmesinde halka halka oluşunu izledi. Cam bir vazo, üzerindeki ince toz tabakasını ortaya çıkararak güneş ışığını yansıtıyordu. Nereye baksa bir yerlerden sarkan kâğıt yığınları, tozlu köşeler ve yüksek yerlerden sarkmış örümcek ağları, susuz kalmış bitkiler ve tehlikeli yığınlar halinde duran kitaplar görüyordu. Elinde olmadan, annesinin ısrarla takındığı "Hayatta temizlikten daha önemli şeyler vardır" tavrını takdir etti. Kit hiçbir zaman sosyal görgü kurallarına boyun eğen biri olmamıştı ve eli kulağında gelmek üzere olan bir sürü düğün davetlisi de bu durumu değiştirecekmiş gibi görünmüyordu.

Bir tepsi kahve fincanı aceleyle bir zarfın arkasına karalanmış bir listenin yanına bırakılmıştı. Margot kâğıt parçasını eline alıp Eve'in özenli el yazısıyla yazılmış kelimeleri okudu:

Yemek servisinin numarası - R'ya sor

Peçeteler

Kadeh alınacak

Fotoğrafçı

Uzatma kabloları

Reçel kavanozları
Çiçekler - S'ye sor.
Piller
Küçük süs ışıkları
Konfeti
Margot?

Tepsideki tabakta kalan son bisküviye uzanmadan önce listeyi tekrar gözden geçirdi. Listenin en sonunda -hatta küçük süs ışıkları ve konfeti gibi saçmalıkların bile altında- temkinli bir soru işareti ile işaretlenmiş olduğu gözünden kaçmamıştı.

Ev, oyuncularını bekleyen perdeleri açılmaya hazır bir tiyatro sahnesi gibi hissettiriyordu. Seslenerek evin sakinliğini bozmaktansa merdivenlere doğru yöneldi.

Üst katta, güneş üçgen pencerelerden içeri süzülerek yerde eğimli yansımalar oluşturmuştu. Margot küçük bir çocuğun seksek oynayışı gibi yansımalara basarak yürüdü. Kırmızı duvar kâğıdına, ağır kadife perdelere, kocaman dağınık yatağına göz atarak annesinin yatak odasının önünden geçti. Komodinin üzerinde başka bir kitap yığını daha vardı, yerde uzun, ipek bir sabahlık seriliydi. Odada bir zamanlar babasının da kaldığına dair görünür hiçbir kanıt yoktu. Kit'in şu an çalışma odası olarak kullandığı küçük kuleye çıkan kıvrımlı merdiveni görmezden gelerek önce Eve'in eski odasını, sonra da Lucy'nin odasını geçti, hâlâ tütsü çubuklarının ve CK One parfümünün kokusunu alabildiğine neredeyse emindi.

Ev çocukluk anıları ile o kadar doluydu ki -fotoğraflar, kokular, tanıdık eşyalar- Margot koridorun sonuna gelene kadar yer altından kayıyormuş gibi başının döndüğünü hissetti. Sanki yerden birkaç santim yukarda yürüyormuş gibiydi, sanki ülkenin diğer bir ucundan buraya seyahat etmemiş de zamanda geriye gitmişti ve tül gibi incecik bir kumaştan unutmak için çok uğraştığı geçmişine bakıyordu.

Tereddüt etti. Uykusuz geçen bir gecenin ardından güneye yaptığı uzun yolculuk yüzünden eski yatağı gözüne çok cazip görünüyordu ama yine de tereddütle duraksadı, belki de geçmiş ile bugün arasındaki boşluğu kapatmaya korkuyordu. Korktuğu şey bu kapının ardında mıydı? Eski hayatı? Kendisinin önceki versiyonu? Okulu bırakıp, eşyalarını toplayıp on altı yaşının bitmesine yakın evden çekip giden o genç kız?

Şu ana dönmenin verdiği parlaklık hissinden sonra, gözlerinin yatak odasının loş ışığına alışması bir dakikasını aldı. Perdeler yarım kapalıydı, arasından yalnızca ince bir güneş ışığı süzülüyordu. İyice odaklandıktan sonra yatağının dolu olduğunu görünce panikledi. Yastıkların üzerinde kollarını dışarı doğru sarkıtmış, gözleri kapalı uyuyan biri vardı. Esmer değildi, sarışındı. Kendi küçüklüğü değildi yatan, kız kardeşi Lucy'ydi, üzerinde kıyafetiyle -neredeyse bir ceset gibi- nevresimin üstünde yatıyordu. Kız kardeşinin çiçek desenli elbisesi, tanıdık görünen kot ceketinin altından yatağın üzerine yayılmıştı ve neredeyse duvar kâğıdındaki çiçek desenleriyle karışmış gibi görünüyordu. Margot ona bakarken, bir keresinde okulda, nehrin yüzeyinde süzülen bir kadın hakkında yazdığı yazıyı hatırladı. Millais'in Ophelia'sı. Ressamın ismini beyninin derinliklerden çıkarıp hatırlamıştı, nasıl hatırladığına kendisi bile şaşırdı.

Loş ışıkta Lucy soluk görünüyordu, bacakları bir kuş gibi incecikti, cildi ise parlak beyazdı. Saçları her zamanki gibi karmakarışık bir şekilde yatağa dağılmıştı. Lucy gözlerini açarak ifadesiz bir şekilde Margot'ya baktı. Bir an için, Margot trende gördüğü küçük kızı -onun kocaman, meraklı bakışlarını- hatırladı. Sonra, zihnindeki bu görüntü giderek yerini yatakta uzanmış yatan yetişkin Lucy'ye bıraktı. Kim olduğunu tanıyınca, kız kardeşinin yüz ifadesi değişerek "Sen" dedi.

Margot başıyla onaylayarak "Ben" diye cevap verdi.

Bir süre ikisi de başka bir kelime etmediler. Margot, yüzünde kız kardeşinin şaşkın suratının verdiği belli belirsiz bir gülümsemeyle kapının yanında duruyordu.

Lucy kendini toparladıktan sonra, "Orada durup tuhaf tuhaf bakmaya devam mı edeceksin, yoksa gelip en sevdiğin kız kardeşine sarılacak mısın?" dedi.

Margot'nun gülümsemesi büyüdü. Yanına gelip yatağın kenarına oturdu. "Selam yabancı."

"Sana da merhaba" diyerek sırıttı Lucy. Margot'ya sarılmak için yumuşak yatağın üzerinde doğrularak bacaklarını birbirine kenetledi ve ona sarıldı. "Seni en son ben mi karşıladım?"

"İlk karşılayan sensin."

Lucy suçluluk dolu bir bakışla bahçeye doğru baktı. "Eve çılgına dönecek. Hani şu keskin bakışı var ya, Tom ile evleneceğimi söylediğimden beri o bakışı atıp duruyor."

"Düğün ne zaman?"

"Pazar günü."

"Bir hafta içinde düğün he?" diye kahkaha attı Margot. "Zavallı Eve. Onu nasıl paniğe sokacağını iyi biliyorsun."

Lucy ellerini havaya kaldırarak "İşleri üstlenmesini ben istemedim. Ona şatafatsız, eğlenceli, biz bize bir parti istediğimi söyleyip duruyorum ama nasıl olduğunu biliyorsun. Tam bir Martha Stewart. Ona göre eğer dağ gibi çiçeklerin, yiyeceğin, bayağı bir DJ'in ve süslü üç katlı pastan yoksa düğün yapmış sayılmazsın" dedi.

"Yani Eve resmen senin düğün planlayıcın oldu, öyle mi?"

"Kendi kendine atanmış bir düğün planlayıcısı."

"Ve sen de burada, benim odamda ve benim kot ceketimi giymiş bir şekilde diğerleri senin büyük günün için köle gibi çalışırlarken yatıyorsun" dedi gözlerini kısarak.

Lucy omzunu silkti. "Saklanıyorum. Ayrıca ceket de çok yalnız kalmış gibi kapının arkasında öylece asılı duruyordu. Eminim en son ne zaman giydiğini bile hatırlamıyorsundur. Yani, baksana!" dedi yüzünde şaşkın bir bakışla, ceketin cebine elini sokup bir paket sigara ve bir kutu kibrit çıkarırken.

"Ver onları bana" dedi Margot, sigara ile kibriti Lucy'nin elinden alıp duvar oyuğundaki pencerenin önündeki koltuğa geçip pencereyi açarken.

"Bayatlamışlardır" diye uyardı Lucy ama Margot umursamadı. Dumanı camdan dışarı üflemeden önce sigarasını yakıp derin bir nefes çekti, sonrasında Lucy'ye uzattı.

"Hayır, teşekkürler."

"Pardon, bugünlerde tam bir yoga kadını olduğunu unutmuşum."

"Her neyse" dedi Lucy, Margot'nun bacağına vurarak. "İnanamıyorum, buradasın!"

Margot başını salladı.

"Mesajlarımıza cevap vermek aklına gelmedi mi? Uyarı göndermek? Dumanla haber vermek?"

Margot omzunu silkti. "Sadece gelsem daha iyi olur diye düşündüm. Bana ihtiyacın olduğunu söyledin."

Lucy gülümseyerek Margot'nun kolunu sıktı. "Çok memnun oldum. Şeytani planım işe yaradı."

"Şeytani planın mı?"

"Evet, harika. Öyle değil mi? Son dakika bir düğün planla ve vakti çoktan geçmiş bir araya gelmemiz için senin buraya gelmeni sağla."

"Harika" dedi Margot hevessizce. "Bazıları bu planı biraz aşırı bulabilir" dedi gözlerini kısarak. "Peki bu acele ne?"

Lucy elini salladı. "Beni bilirsin. Hiç öyle plan yapan biri olmadım. Ayrıca, sana üzerinde fazla düşünmek için zaman vermek istemedim. Geri gelmemek için nasıl bahaneler bulacağını iyi biliyorum."

Kız kardeşinin soruyu büyük bir ustalıkta geçiştirdiğini fark eden Margot, pencereden bir duman daha üfleyerek koltuğa iyice yerleşti. "Peki söyle bakalım, Tom seni evliliğin huzuruyla dolu bir hayata nasıl ikna etti?"

Lucy duraksayarak “Ben teklif ettim” dedi.

“Vay. Çok cesurca.”

Lucy omzunu silkti. “Onu seviyorum Margot.”

Margot başını salladı. “İtiraf etmeliyim, ilişki konusunda uzman sayılmam ama sanırım en iyi neden bu.” Margot pencereden dışarı meyve bahçesindeki ağaçlara ve aşağıda vadide parıldayan nehre baktı. Sigarasını kaldırıp, ellerinin titrediğini Lucy'nin fark etmemesini umarak derin bir nefes daha çekti.

“Yolda çadır kamyonunu gördüm. Oldukça şatafatlı bir düğün olacağa benziyor.”

“Annem ve Eve biraz aşırıya kaçmış olabilirler.”

“Senin hep, hiç kimseye haber vermeden evleneceğini düşünmüştüm. Tüm bu kargaşadan uzak durmak için Las Vegas'ta ufak bir şapelde belki de?”

“Ben de” dedi Lucy tereddütle. Margot, cümlenin devamının geleceğini hissederek bekledi. “Ama Windfalls bunun için doğru yermiş gibi hissettiriyor” diye devam etti bir dakika sonra. “Tek yermiş gibi. Düğün herkesi yeniden bir araya getirmek için harika bir fırsat. Seni en son ne zaman gördük? Babamın altmışıncı doğum günü müydü?”

Margot başıyla onayladı. “Hatırlatma bana.”

“Eminim şimdiye kadar herkes unutmuştur.”

Margot unutmamıştı. Kutlama yaptıkları otelde düştüğünde kırılan camların çıkardığı o rahatsız edici sesi hâlâ hatırlıyordu. Kendini rezil edecek kadar çok içip babası için uygunsuz bir konuşma yaptıktan sonra -faturasını babasının ödemek zorunda kaldığı pahalı bir antika olan- cam sehpaya takılıp düşmüştü ve o gecenin kanıtı olarak bacağında yara izini taşıyordu.

“Her neyse” diye devam etti Lucy, yüzünde samimi bir ifadeyle. “Hepimiz bir arada olalım istiyorum. Benim için çok önemli. Ve bence artık annemle aranızdaki anlaşmazlığı düzeltmenin zamanı geldi. Sence de öyle değil mi?”

Margot cevap vermedi. Anlaşmazlık. Bugünlerde olanlar için böyle mi diyorlar? "Sibella'yı davet ettin mi?"

Lucy başıyla onayladı. "Tabii ki."

Lucy'nin herkesi bir araya getirip mutlu bir aile olmalarını umması neredeyse gülünçtü.

"Benden daha güçlü bir kadınsın." Margot sigarasından derin bir nefes daha çekti. "Instagram hesabını takip ediyorum" dedi konuyu değiştirerek. "Baş aşağı yoga pozları ve motivasyon verici yazılar. Oldukça ilham verici. Yakında TED konuşmaları vermeye de başlarsın."

"Son günlerde eğitim vermek için zar zor vakit buluyorum" dedi gülerek. "Stüdyoyu yönetmek çok vaktimi alıyor. Ayrıca, Instagram eşittir Instaklit. Sosyal medyada gördüğün her şeye inanma. Sanırım bu işin olmazsa olmazı. Eğer sağlık ve sıhhat işindeysen doğru algıyı tanıtmalısın: Hayalini yaşa."

"Yani işler iyi mi?"

"Hem de nasıl. Taleplere yetişebilmek için daha fazla eleman aldım."

"Senin elemanların mı var?"

Lucy başıyla onayladı. "Bath'te yeni bir stüdyo ve nehrin orada bir depo alanı. Biraz yavaşlamalıyım gerçi; pazarlama ve operasyon faaliyetlerine odaklanmak için."

"Operasyonlar" dedi Margot, Lucy'ye gönülsüz bir bakış atarak.

Lucy omzunu silkerek "Her zaman yeşil renkli sularla, kinoa ve spor giyimden ibaret değil" dedi.

"Hayır. Tahmin edebiliyorum." Margot gözlerini kısarak "Yorgun görünüyorsun. Çok çalışıyorsun. Yoksa düğün öncesi gerginliği mi?" diye sordu.

"Hepsinden biraz" dedi Lucy bahçeye bakarak. "Peki ya sen? Hâlâ Edinburgh'ta mısın?"

Margot başıyla onayladı.

"Buradan ne kadar uzaklaşabilirsen, değil mi?"

"Öyle gibi bir şey."

"En son kitaplarla ilgili bir iş yaptığını duymuştum."

Margot kahkahayı bastı. "Böyle mi duydun sahiden?"

"Evet. Eve önemli bir iş gibi anlatmıştı. Annemin yolundan gidebileceğini düşünmüştük. Ne? Komik olan ne?"

"Ah şu Eve. Haftanın beş günü bir masada oturup yerel kütüphaneye girip çıkan kitapları tarıyorum. Harika bir raf sorumlusuyum."

"Birilerinin kitapları raflarına geri koyması gerekiyor."

"Doğru" dedi Margot ama Lucy'nin başarılarının yanında kendini yetersiz hissetmeden edemedi. Bankadaki birkaç yüz poundunu alarak lise sonda okulu bırakıp, hiçbir planı olmadan evden ayrılmış birine göre çok kötü durumda değildi. Bir süre Londra'da takılmıştı, kiralık odalarında bir köşede yatmasına izin veren ve ona nasıl işsizlik yardımı alabileceğini gösteren bir grupla karşılaşmıştı, sonrasında sürekli koşuşturmadan ve başkentin pahalılığından yorulup zaten az olan eşyalarını toplayıp kuzeye doğru yola çıkmıştı. Birkaç ay otostop çekerek ilerledikten sonra en sonunda Edinburgh'a varmıştı.

Bu İskoç şehrinde onu çeken bir şeyler vardı. Tarihi mimariye, Eski Kasaba'nın dolambaçlı ara sokaklarına ve şehri yukarıdan izleyen kalenin görüntüsüne bayılmıştı. Kafelerde garsonluk yaparak bir-iki yıl geçirmişti. Ta ki bir öğleden sonra, yağmurdan sığınmak için girdiği Merkez Kütüphanesi'ndeki ilan panosunda kütüphane asistanı arandığına dair bir ilan görene dek. Bir şekilde işi almıştı ve o zamandan beri de orada çalışıyordu.

Geçen huzursuz yılların hızının ve belirsizliğinin ardından kütüphane, sessizliği ile onun için sığınak gibi bir şey olmuştu. Başka yerlere, başka dünyalara kaçmak kolaydı. Hikâye zamanı geldiğinde, roller yapması ve onları güldürmek için komik sesler çıkarmasıyla çocukların favorisiydi hem de. Annesinin kitabının ödünç alınmadığı ya da istenmediği bir günün olmadığı da gözünden kaçmıyordu ama. Ne zaman sistemden bir K.T. Weaver kitabı geçirse hem gurur, hem de acı duyuyordu. Bunun bir çeşit şahsi işkence olduğunu düşünmeye başlamıştı.

"Yani, orada mutlu musun? Sen birileriyle görüşüyor musun?" diye sordu Lucy büyük bir merakla.

Margot omuz silkti. "Yok, yani hayır."

"Çok emin değil gibisin" dedi Lucy bir cevap bekleyerek. Sonra ekledi: "Onu da getirebilirdin."

"Hayır. Böyle daha iyi. Davetin mükemmel bir zamanda geldi."

Lucy bekledi ama Margot detaya inmek istemiyordu. Sigarasını, aşağıdaki fazlaca büyümüş olan çiçeklerin üstüne atmadan önce soyulan pencerenin dış tarafında söndürdü.

"Her şey yoluna girecek, değil mi?" diye sordu Lucy aniden, parmaklarıyla elbisesinin kumaşını çekiştirerek. "Bunu burada, Windfalls'da yapmak istemek tamamen çılgınca değil, değil mi?"

"Hayır" dedi, hissettiğinden daha fazla inanarak. "Tamamen çılgınca değil."

"Görüyorsun ya, en çok istediğim şey herkesin birbiriyle iyi geçinmesi. Normal bir aile gibi hissetmemizi istiyorum."

Margot elinde olmadan hevessizce güldü. "Normal bir aile mi?" Kız kardeşinin kırgın yüz ifadesini görünce yumuşadı. "Luce buradayım ve seni ihtiyaç duyduğun her şekilde destekleyeceğim."

Lucy duraksadı. "Güzel, çünkü düzeltmemiz gereken şeylerin olduğunu düşünüyorum."

Lucy, Margot'ya öyle içten bir ifadeyle bakıyordu ki bunun ağırlığı omuzlarına tuğla gibi çökmüştü. "Eğer annem ve benden bahsediyorsan bu hayaline veda edebilirsin."

"İkiniz bir araya gelip konuşsanız; belki bir açıklama yapsan? Herkes hata yapabilir."

"Her zaman imkânsız bir şekilde iyimser oldun." Margot iç çekti. "Kalpleri ısıtacak bir buluşma vaat edemem ama tüm keskin bıçaklardan, yanabilir ve kırılabilir nesneler uzak duracağıma söz veririm. Kim bilir, belki annem senin bu önemli günün için bizi şaşırtıp düzgün bir kıyafet giyebilir!"

Lucy buna gülümsemeden edemedi. "Örnek bir kız kardeş olacağım, söz."

"Teşekkürler."

"Tabii bunun hepsi tek bir şeye bağlı."

"Neye?"

"Giymemi istediğin nedime elbisesini göstersen iyi olur. Çünkü uyarıyorum, eğer içinde birazcık bile pembe varsa ya da kat katsa ya da Tanrı korusun fırfırlı kurdeleler varsa, hareketlerimden ben sorumlu değilim."

Lucy kahkaha attı. "Nedime yok. Söyledim sana, o türden bir düğün olmayacak."

"Çok şükür. Neredeyse seni hiç tanımadığımı düşünmeye başlıyordum.

BÖLÜM 4

Eve arka kapıdan mutfağa girip kalakaldığında aklından misafir sayısını ve menüyü geçiriyordu. Lucy ve Margot uzun meşe masada -uzun, sarı buklelere karşı keskin, koyu renk küt saç- kafa kafaya vermiş oturuyorlardı.

Margot geri dönmüştü. Fark edilene dek bir süre onları izledi. Çok uzun yıllar sonra kız kardeşlerini, bir zamanlar yemekler yiyerek, saç örerek, ev ödevleri yaparak ve oyuncaklar, kıyafetler ya da ev işleri üzerine tartışmalar yaşayarak saatler geçirdikleri masada oturuyorken görmek, neredeyse çocukluklarının hayaleti gelmiş ve onlara musallat olmuş gibi hissettirmişti.

Kimsenin ne yapacağını kestiremediği, o enerjisi ve iyimserliğiyle Lucy birkaç gün içinde Tom ile evleniyordu. Ve bir zamanlar oldukça gösterişli ve dramatik bir etkileyiciliğe sahip olan en küçükleri Margot, köprücük kemiklerine değen koyu renk saçları ve dar omuzlarından sarkan yıpranmış deri ceketiyle orada oturuyordu. Gece ve gündüz gibi birbirlerinin zıddıydılar.

Onları bir arada görünce içi yoğun bir sevgiyle doldu. Tıpkı günün sonunda, parmak uçlarında kızlarının odasına gidip onları elleri çenelerinin altında, ağızları yarı açık bir halde uyurken izlediğinde duyduğu his gibi -derin bir sevgi ve şefkat hissi- ve tabii, paylaştıkları her şeyin ve geçip giden günlerin verdiği bir nostalji duygusu da vardı.

Lucy, Eve'in duyamadığı bir şey söyledi ve Margot'nun kahkahası odada yankılandı, uzun zamandır çalmamış, uzaktaki bir çan gibi hem tanıdık ve hem de yabancıydı. Onlara katılmak -halkalarının bir parçası olmak- için büyük bir istek duydu. "Komik olan nedir?" diye sordu, amacı odaya geldiğini belli etmekti ama sesi istediğinden daha sert, hatta biraz suçlayıcı bir tonda çıkmıştı.

Margot başını kaldırdı ve "Eve!" dedi, "biz de tam senden bahsediyorduk."

Eve dikkatle Margot'yu inceledi, yüzünde şaka yaptığına dair bir ifade arıyordu ama onun kahverengi gözlerinde bir cevap bulamadı. Büyümüştü, daha zayıf ve daha sert görünüyordu, -mesafeli bir havayla- ki bu hatırladığı bir şey değildi. Çizgili tişörtü, biçimsiz kot pantolonu ve yağmur çizmeleriyle kapıda duran Eve, onların yanına gelince her zaman hissettiği gibi yine kendini sıkıcı, duyarlı, güvenilir ve demode hissetti. Olduğundan daha yaşlı gibi. Onların yanındayken sıklıkla kendini bir çeşit yabancı, dışarıdan biri gibi hissederdi. "Sanırım en büyükleri olmanın getirdiği bir durum" diye düşündü. Lucy'den üç, Margot'dan yedi yaş büyüktü. Onların umarsızca tavırlarına karşılık her zaman daha sorumluluk sahibi biri olmuştu.

"Lucy bana ona nasıl yardım ettiğini ve işleri ne kadar harika bir şekilde idare ettiğini anlatıyordu."

Eve gülümsedi. "Ne zaman döndün?"

"Yarım saat oldu. Kızların da seninle burada mı?" diye sordu Margot arka kapıya doğru bakarak.

"Hayır. Bugün okulları var."

"Okul mu? Tanrım. Onları hâlâ bebek gibi görüyorum."

"Chloe şu an dördüncü senesinde. May ise ilkokula yeni başladı." İşte, yine o suçlayıcı ton. Eve kendine çekidüzen verdi. "Onları aile yemeğinde görürsün" diye ekledi. "Tabii daha önce görmezsen."

"Aile yemeği mi?" diye sordu Margot gözlerini kısarak.

"Evet, bu cuma akşamı" dedi Lucy. "Düğün öncesi hep beraber toplanalım istedim."

"Hep beraber mi?"

Lucy, Margot'nun suratının asıldığını fark ettiyse de görmezden geldi. "Evet, hep beraber" dedi neşeyle. "Peki, her şey nasıl gidiyor?" diye sordu Eve'e dönerek, sesinde belli belirsiz bir özür vardı.

"İyi gidiyor. Satıcıyla detayları halletmesi için annemi bıraktım."

"Ah zavallı adam" dedi Lucy.

"Yani detaylar dediysem, annemin hayal âleminde gibi oradan oraya gezmesini, çalı çitlerdeki alıç meyvelerini toplamasını ve adamın, annemin yarı giyinik haline aval aval bakmaktan kendini alamamasını kastediyorum."

"İç gösteren kaftanı mı?" diye sordu Margot.

"Ve geceliği."

"Daha kötü de olabilirdi. Çıplak güneşlendiği zamanları hatırlıyor musunuz?"

Lucy güldü. "Bu yüzden okuldan eve arkadaşlarımı hiç getiremedim."

"Düğününü serin sonbahar havasında yapmak akıllıca bir karar."

Arka kapı açılıp Kit elinde, üzerinde alıç meyveleri olan geniş, parlak yeşil bir dal ile mutfağa girdiğinde kızlar hâlâ gülüşüyorlardı. Üç kızını da mutfakta görünce donakalmıştı. Bakışları ondan ona atlıyordu ama en sonunda Margot'nun üzerinde kenetlendi.

"Buradasın."

"Selam anne."

Alıç meyvesi dalı kabaca mutfak lavabosuna doğru bırakılınca küçük kırmızı meyveler mermer mutfak zeminine dağıldı. Kit ellerindeki tozu silkeleyerek "Neden bize geleceğini söylemedin?" diye sordu. "Birimiz seni istasyondan alabilirdi." Kolunu uzatıp Margot'yu incelemek için ona dokunduğunda bileğindeki gümüş bilezikler yüksek sesle şangırdadı.

Eve elinde olmadan Margot'nun rahatsız olduğunu hissetti, kız kardeşi omuzlarını yukarı kaldırmıştı ve bakışlarını annesinin yüzünden kaçırıyordu. "Yük olmak istemedim" dedi.

"Yük mü? Yük falan olmazdın." Kit yüksek sesle tiz bir kahkaha attı. Birbirine zar zor değen iki çizgi gibi kaskatı ve üstünkörü bir şekilde sarıldılar. Eve, Lucy'ye baktı ama Lucy'nin bakışları başka bir yere, masa örtüsünün ucundan sarkan -sonradan kopardığı- ipliğe odaklanmıştı.

Margot kendisini annesinin sarılmasından kurtarırken, "Çay?" diye sordu Eve neşeyle. "Şimdi bir tane yaparım."

"Evet" dedi Lucy çabucak. "Çay içelim."

"Çok hoş değil mi?" dedi Kit sesinde sahte bir neşeyle teker teker hepsine bakarken. "Üçünüz eskisi gibi aynı çatının altındasınız."

Yine "Evet" dedi Lucy.

Tekrar Margot'ya dönerek "Düğün için kalacaksın değil mi?" diye sordu.

"Eğer sorun olmazsa."

Kit başını salladı. "Elbette. Odan nasıl bıraktıysan öyle duruyor."

Dört kadın da sessizliğe gömüldüler. Kit havadaki ani gerginliği azaltmak için boğazını temizleyerek "Yardım edecek birinin daha olması iyi olacak" dedi, muallakta kalmış detayları halletmek için iyi bir zaman olduğunu düşünerek. "Cumartesi öğleden sonraki tören için yapılacak hâlâ bir dolu iş var. Belki iş bölümü yapabiliriz." Diğerlerine bakarak "Ne oldu, ne var?" dedi.

"Senin kapatma düğmen falan yok mu?" diye sordu Lucy.

"Davetiyelere gelen cevapları saydım. Altmış beş kişi oldu."

"Aslında" dedi Lucy çekingen bir şekilde, "yetmiş kişi sanırım. Bazı arkadaşlar partiyi Facebook'tan duymuşlar. Hayır diyemedim."

Eve yüzünü buruşturdu. "Peki. O zaman Windfalls'a gelip kutlamana katılacak yetmiş kişiden fazla misafir var. Bu insanlar yiyecek ve içeceğe ihtiyaç duyup, biraz da eğlence görmeyi umacaklar."

"Çok fazla şey bekleyeceklerini sanmam."

"Lucy inan bana, misafirlerin yemek bulmayı bekleyecekler. İçecek bir şeyler isteyecekler. Hatta içecek bir şeylere ihtiyaç duyacaklar; hepimiz duyacağız" diye ekledi kısık sesle. "Tuvaleti kullanmak isteyecekler, -Tanrım, alışveriş listesine tuvalet kâğıdı eklemeyi unuttum- bunu bir yere yaz lütfen anne" dedi lavabonun üzerinden Kit'e dokunarak. "Dans etmek ve kutlama yapmak isteyecekler. Düğün dediğin budur. Ve biz de senin için bunu sağlamaya çalışıyoruz." Eve fincanları mutfak masasına yerleştirdi ve çayı demlemek için geri döndü.

Lucy omuz silkti. "Açıkçası Eve, tüm yardımın için minnettarım gerçekten. Ama her olasılık için bir plan yapmamız gerektiğini düşünmüyorum. Bardan yiyecek ve alkollü içkiler konusunda tedarik isteme fikrin gerçekten harikaydı. Ama geri kalan şeyler, yani biraz spontane olmak pek de kötü sayılmaz, değil mi? O günü daha özgürce gelişen bir gün olarak hayal etmiştim. Burada, sevdiğim herkes bir arada güzel vakit geçirirken."

Eve çaydanlığı masaya getirirken dişlerini gıcırdattı. Başka bir yol denemeye karar verdi. "İnternette çok tatlı elbiseler gördüm. Eğer bugün sipariş verirsek vaktinde teslim edilmiş olurlar. Chloe ve May de bayılacaklardır. Belki küçük sepetleri, kurdeleleri onlar taşıyıp üzerinize gül yapraklarını onlar atarlar? Bilirsin, o tarz işleri işte."

"Gül yaprakları mı?"

Eve, onun da yardımını alabilmek için Margot'ya döndü. "Luce'u çiçek taşıyan kızların hoş bir dokunuş olacağı konusunda ikna etmeye çalışıyorum."

Lucy iç çekti. "Sana söyledim, tören sadece Tom, ben ve şahitler olarak anne babamız arasında olacak. Abartılı bir şey olmayacak. Kızlar sonrasında parti için ne isterlerse giyebilirler. Saçlarında çiçekler olabilir, parlak ayakkabılar giyip buket ya da her neyse taşıyabilirler."

"Ama eğer hiçbir şey yapmayacaklarsa gerçekten nedime olmuş sayılmazlar, değil mi? Ayrıca, fotoğraflarda çok tatlı görünürler. Aslında" dedi Eve yüzünü buruşturarak, "hazır konusu açılmışken, o gün fotoğraflarının çekilmesini istediğin aile gruplarının listesini hazırlamalıyız." Çatal ve kaşıkların olduğu çekmeceye yönelerek çay kaşığı aradı.

Lucy sızlandı. "Resmi fotoğraflar mı? Poz vererek saatler geçirmek istemiyorum. Herkesin o günün tadını çıkarmasını istiyorum. Ayrıca hepimizin cep telefonu yanında olacak."

Eve gözlerini yuvarladı. "Düğün senin Tom ile olan hayatının başlangıcını temsil ediyor. Sence onun ailesi oğullarının güzel eşiyle evlendiği günün profesyonel çekilmiş fotoğraflarını istemez mi? Gelecek kuşaklar için, yaşlandığında torunlarına gösterebileceğin bir şeyler?"

Lucy'nin omuzları çöktü. Gözlerini kapatıp yüzünde acı bir ifadeyle soluk verdi. "Bayağı bir düğün fotoğrafçısı istemiyorum."

"Bence ileride pişman olacaksın."

"Eve, lütfen..."

"Peki ya kızlar?" diye devam etti Eve biraz dişlerini sıkarak.

Lucy ellerini havaya kaldırarak "Peki, istediklerini giyebilirler" dedi.

"Onlara nedime olduklarını söyleyeyim mi?"

Lucy destek bulabilmek için gözleriyle mutfağı taradı.

Eve iç çekerek "O zaman eve gidip iki küçük heyecanlı kızın hayallerini yıkacağım, öyle mi?" dedi.

"Üzgünüm Eve. Ben hiç demedim ki..."

"Hayır" onayladı Eve. "Hiçbir şey söylemedin. Hiçbir şey hakkında bir fikir belirtmedin. İster inan ister inanma ama ben sana yardım etmeye çalışıyorum Luce."

Lucy'nin yüzü kıpkırmızı oldu. "Senden bir şey planlamanı istemedim ki. Sen kendin her şeyin üstüne kondun."

Eve ağzı apaçık bir halde Lucy'ye baktı. Üstüne konmak mı? Gözünün bir ucuyla Margot'yu çaydanlığa uzanmış, çay dökerken gördü. Annesi buzdolabıyla meşgul bir haldeydi, aniden süt şişesinin kapağı çok ilgisini çekmiş gibiydi. Odadaki diğer kişilerden destek bulacakmış gibi görünmüyordu.

"Tom ve ben her şeyi daha farklı yapmak istiyoruz" diye devam etti Lucy daha yumuşak bir tavırla.

Eve omuz silkti. "O zaman benim aptallığım." Sıkı sıkı tuttuğu çay kaşıklarını mutfak masasına yaydı ve sonra çantasına uzanarak "Madem bana ihtiyacınız yok o zaman size bırakıyorum" dedi.

"Ama çay içecektik?" diye sordu Kit elindeki süt şişesini sallayarak.

"Kusura bakma anne, vaktim yok." Çocukça davrandığının farkındaydı ama kendine engel olamadı. Mutfaktan fırlayıp çıktı, kapı arkasından rüzgârla birlikte sertçe kapandı. Arabasına binince pencereyi açıp kollarını ve alnını direksiyonun üzerine koyarak derince bir iç çekti. Lucy ona neden sinirli davranıyordu? Ona sadece yardım etmeye çalıştığını göremiyor muydu?

Yakından bakınca direksiyonun derisi çatlamış ve solmuş görünüyordu. Gözlerini kapattı. Ailesinin bu şekilde sinirine dokunması benzersiz bir özellikti doğrusu. Neden bir kez olsun arkasına yaslanıp hata yapmalarına izin veremiyordu ki? Belki o zaman öğrenirlerdi. Ama onun yerine sürekli onlara yardım etme isteği duyuyor, hataları konusunda onları yönlendirme ve yanlış bir şey yaptıklarında işleri düzeltme ihtiyacı hissediyordu. Geçen gün radyoda duyduğu helikopter ebeveynler gibiydi. Sürekli çocuklarının etrafında dolanıp üzerine titreyen ve her şeyi onların yerine yapan ebeveynler gibi. Tabii ki asla öğrenmezlerdi. Çünkü öğrenmelerine gerek yoktu.

Başını kaldırıp saatine baktı ve kızları okuldan almadan önce bir saat vakti olduğunu gördü. Çiftlik evi dikiz aynasında bir hayal gibi genişçe uzanıyordu. Geri dönebilmeyi diledi. Annesini ve kız kardeşlerini masanın etrafında oturmuş çay içerken düşündü. Margot'yu, Kit'i ve yüzleşmek zorunda oldukları anlaşmazlığı düşündü.

Salondaki sehpanın üzerindeki görev listesini ve cumartesi günü için alınması gerekenleri düşünerek iç çekti. Telefonu yanındaki koltukta titreyerek çalıyordu. Ekranın kilidini açtı, gelen mesajı okurken yanaklarına doğru sıcak basmaya başladı. Gözleri kelimeleri tarayarak, parmağı ekranın üzerinde mesaja uzunca bir süre baktı, sonrasında kendine gelerek mesajı sildi. Tekrar iç çekti ve arabasını çalıştırarak yola koyuldu. En son ihtiyaç duyduğu şey böylesine bir dikkat dağınıklığıydı. Halledilmesi gereken çok fazla şey vardı.

BÖLÜM 5

Çarpan kapının sessizliğe gömüldükten sonra mutfağa ağır bir hava hâkim olmuştu. Kit diğer iki kızına baktı, Margot kısa koyu renk saçları ve ser verip sır vermeyen gözleriyle masaya gömülmüş oturuyordu. Lucy ise solgun ve bitkin bir şekilde, elleri şakaklarında sandalyesine çökmüştü.

"Eh, resmen sıçıp batırdım, değil mi?" dedi Lucy. "Ona ne oldu bilmiyorum. Çok gergin."

"Her zamanki Eve. Sakinleşir" dedi Kit elindeki sütü masaya koyarken. Sandalyeyi çekip Lucy'nin yanına oturdu.

"Haksız mıydım? Haksızlık mı ediyorum?"

Margot omuz silkti. "Senin günün. Kendi istediğin gibi yapmalısın."

"Yardım etmesini elbette istiyorum" diyerek iç çekti. "Ama düğünlere dair çok katı fikirleri var."

Kit, Lucy'nin eline hafifçe vurarak "Her şey yoluna girecek" dedi. "Biraz sakinleşsin, yarın hiçbir şey olmamış gibi buraya gelecektir. Sizi bilmem ama" dedi ayağa kalkıp buzdolabından bir şişe beyaz şarap alırken "benim daha sert bir şeye ihtiyacım var." Onları davet edercesine şişeyi salladı.

"Ben içmeyeceğim" dedi Lucy. "Araba kullanıyorum." Saatine baktı. "Hatta, artık geri dönsem iyi olacak." Lucy'nin, onu Margot ile yalnız bırakmak istediğini fark eden Kit ufak bir korkuyla ürperdi. "Akşam yemeğine kal" dedi aceleyle. "Yorgun görünüyorsun. Yemek hazırlarım. Siz de arayı kapatmış olursunuz."

"Tom ile görüşmeliyim. Konuşacağımız şeyler var. Eminim sizin de vardır" diye ekledi Margot'ya anlamlı bir bakış atarak. Kit içini çekti. "Demek ki bu yüzden kalmıyor" diye geçirdi içinden. Margot'nun yüzüne bakınca en küçük kızının da aynı şeyi anladığını fark etti. Lucy öteberisini topladı ve ikisine de sarılarak "Size afiyet olsun" dedi. "Yarın ararım."

"Hâlâ benim ceketimi giydiğini fark etmedim sanma" dedi Margot.

Lucy ona bir öpücük atarak arka kapıdan gözden kayboldu. Kit ile Margot göz göze geldiler. Birbirlerine hafifçe gülümsediler. "Biraz şarap ister misin?"

Margot'nun tereddüt ettiğini görünce anlayışla başını sallayıp, "Tamam, çok az o zaman" dedi. İki bardak çıkardı. "Neden gidip kıyafetlerini değiştirip, eşyalarını yerleştirmiyorsun? Yemeği ben hallederim."

"Böyle iyiyim" dedi Margot ayaklarını uzatıp bileklerinde birleştirirken. "Zaten fazla bir şey getirmedim."

Kit, sonraki sessizliğe dayanamayarak radyoyu açtıktan sonra tencere ve malzemeleri aramaya başladı. Bir sos tavasına su döküp pencerenin önündeki saksıdan fesleğen kopardı.

"Benim doğramamı ister misin?" dedi Margot fesleğeni göstererek.

"Neden olmasın?" dedi Kit.

Margot deri ceketini çıkararak, keskin kokusu mutfağı dolduran fesleğeni koparmaya başladı. Kit mutfak dolabından bir paket makarna çıkardı. Ocağın olduğu yere geri döndüğünde şaşkınlıkla duraksadı. Kızının sol kolu, tişörtünün kolundan bileğine kadar dönerek düğümler oluşturan siyah desenlerle kaplıydı. Kit dövmeye uzun uzun baktı. Kolunu kaplayan dövme, Margot'nun bembeyaz teni üzerinde şok edici bir şekilde dikkat çekiciydi. Boğazını temizledi. Margot sesi duyunca başını kaldırdı. Göz göze geldiklerinde Kit fikrini değiştirerek "Boş ver" dedi kendi kendine.

Tencerenin başına dönüp içine su doldurduktan sonra ocağa yerleştirdi. Fesleğeni doğrayan kızına kaçamak bakışlar atarak tuza ve zeytinyağına uzandı. Dövme tuhaf bir şekilde güzeldi. "Acaba çok acıdı mı?" diye geçirdi içinden. Bir anlamı olup olmadığını merak etmişti. Margot, bir zamanlar bildiği ama şimdi değişmiş ve mesafeli olan uzak bir ülke gibiydi onun için. Yıllar önceki o yumuşak başlı kız değil, zayıf, kemikleri sayılan bir kadındı -hâlâ güzeldi, evet- ama bir şekilde zor ve ulaşılmazdı. Ne kadar da değişmişti. Kit kızına bakarken kaybının acısını hissetti. Karşısında duran bu kadını hiç tanımıyordu.

"Endişelenmene gerek yok" dedi Margot uzun bir sessizlikten sonra. "Problem çıkarmaya gelmedim."

Kit kendine bile sahte gelen bir kahkaha attı. "Bunu biliyorum."

"Lucy için buradayım."

Kit hafifçe başını salladı. "Evet. O kadarını tahmin ettim."

"Cumartesi günü için hava durumu nasıl?" diye sordu Margot bir süre sonra, elindeki bıçak ahşap doğrama tahtasının üzerine hafifçe hareket ederken.

"Karışık" dedi Kit, kaynayan suya makarnayı dökerken.

"Düğün gününde yağan yağmur şans getirir derler, değil mi?"

Kit tencerede kaynayan suya bakarak "Evet öyle derler" dedi.

Havadan sudan konuşuyorlardı. Eğer çok üzücü olmasaydı tekrar bir kahkaha atardı.

Uzun geçen bir dakikadan sonra "Eminim Luce ve Eve barışırlar" dedi Margot. "Düğün zamanı duygular çok yüksek oluyor."

"Evet" diye onayladı Kit. "Endişeli değilim" diye de ekledi. "O ikisi uzun süre kin tutamazlar."

Aralarında tuhaf bir sessizlik olmuştu. Kit yanlış kelime seçimi için kendine kızdı. Kelimeler, var olan gerginliği arttırırcasına havada asılı kaldı sanki. Havayı yumuşatmak istediği belli olan Margot, "Tipik Lucy gerçi ama değil mi?" dedi. "Romantik, düşünmeden hareket eden ve her şeyi aniden yapan."

Kit yeniden Margot'ya kaçamak bir bakış attı. Hatırlıyordu. Çok fazla şey hatırlıyordu. Dört yaşındaki Lucy ile yedi yaşındaki Eve'in yeni doğmuş olan Margot'ya nasıl delicesine düşkün olduklarını hatırlıyordu. Bahçedeki uzun çimlerde, Margot'nun hasır beşiğinin yanına yatıp onu salladıklarını ve aralarına yeni katılan bu bebek için deli olup battaniyeler getirdiklerini hatırlıyordu. Margot'nun küçük bir gölge gibi, evde ve bahçede Lucy ve Eve'i sendeleye sendeleye takip ettiğini hatırlıyordu. Uyku vakti geldiğinde, Ted en sevdiği kitabını okurken babasının kucağına kıvrılıp başparmağı ağzında nasıl uyuduğunu hatırlıyordu. Geceleri Margot'nun yatağının kenarına oturup kızının sırtını okşarken onun kedi gibi mırıldandığını ve onu uyutmak için fantastik hikâyeler uydurduğunu hatırlıyordu. Margot'nun herkesi zorla salona getirip düzgün bir sırada kanepeye oturttuktan sonra, körfeze bakan pencerenin perdelerini dramatik bir şekilde savurarak şarkılar söyleyip gösteriler yaptığını hatırlıyordu. Aynı şekilde, Margot'nun on altı yaşını bitirmek üzereyken sırtında dolu bir çanta ve yüzünde her şeyi kabullenmiş bir ifadeyle onları bıraktığı zamanı da hatırlıyordu. "Artık burada yaşayamam." Hissiz bir şekilde söylenmiş üç kelimeydi ve Kit başıyla onaylamıştı. "Sanırım en iyisi bu" demişti yüzünü çevirmeden önce. Önemsemediği için değil, aslında ne kadar önemsediğini Margot'nun görmesini istemediği için. O zamandan bu yana sekiz sene geçmişti ve o günden beri doğru düzgün konuşmamışlardı.

Bunları hatırlayınca Kit gidip Margot'ya sıkı sıkı sarılmak istedi. Ama Margot'nun yüzü mesafeliydi ve Kit, ona dokunmasından hoşlanacağını düşünmüyordu. Ocağa dönüp kaynamakta olan tencereyi karıştırdı. En azından Margot normal olabileceklermiş gibi davranıp çabalıyor görünüyordu. O da çabalayacaktı.

"Tipik Lucy" diye onayladı. "Düğünü burada yapabilir miyim diye sorduğunda şaşırdım ama mutlulukla kabul ettim."

Margot başını salladı, elindeki bıçak doğrama tahtasını üzerinde takırdıyor ve fesleğen yaprakları küçük yeşil parçalara ayrılıyordu.

"Ayrıca, odaklanacak bir şey olması güzel. İşimden başka bir şeye yani."

Ardından gelen bıçak sesi kesildi. Döndüğünde Margot'yu ona bakarken gördü. Elindeki bıçağın çeliği, masanın üstünde asılı olan ışıkta alev gibi parlamıştı.

"Yeniden yazmaya mı başladın?" diye sordu Margot sesinde gergin bir tonla ve gözlerini kısarak.

Kit üst kattaki ofisinin zeminine atılmış buruşuk kâğıt parçalarını ve daktilosundaki başlıksız, boş sayfayı düşündü. "Hayır. Nadir Elementler serisine bir devam hikâyesi yazmayı düşündüm ama yayıncım ilk önce Tora Ravenstone hikâyesini bitirmemi istiyor."

Gözünün ucuyla, Margot'nun şarap bardağını kaldırıp büyük bir yudum aldığını gördü. Gergin bir kahkaha attı. "Telif haklarından kazandığım parayı düşününce okuyucuların ona olan ilgisi azalmamış. Minnettar olmalıyım. Ama bazen sanki bir canavara zincirle bağlanmış gibi hissettiriyor."

Kit şarap kadehine uzandı ve karnındaki sıcaklığı bastırmak isteyerek bir yudum aldı. Hassas bir noktada olduklarının ikisi de farkındaydı. Kit bardağını tezgâha koyarken kelimeler ağzından kaçıverdi.

"Doğrusunu istersen, şeyden beri işime geri dönmek benim için imkânsız oldu, yani çok üzücüydü."

Kalbi yerinden çıkacakmış gibi atarak bekledi. Yıllar sonra, olanlarla yüzleşmeye en yakın oldukları an buydu ve Margot'nun ne tepki vereceğini kestiremiyordu. Onun istediği; evet istediği sadece bir özürdü.

"Kaybedilen şeyin" diye ekledi Margot'nun sessizliğine kızarak, -bir çeşit tepki almak istiyor, tehlikeli sularda yüzmekten kendini alamıyordu- "yeri doldurulamazdı."

Margot'nun gözleri çakmak çakmak oldu, havadaki gerilim çenesinin kasılmasından belli oluyordu. Babasına benzeyen kahverengi gözlerinde öfkeli bir bakış vardı, ki bu bakış Kit'i aralarında çok narince oluşmuş o ince buzun üstüne geri itmişti. Güzel. Çünkü artık bir tepki vermesinin zamanı gelmişti. "Bana söyleyecek bir şeyin yok mu?"

"Anne" dedi Margot. "Bu akşam değil. Lütfen sadece bir gece geçmişi geride bırakalım, olur mu?"

"Geride mi bırakalım?" Kahkaha atsa yeriydi. Zaten sekiz yıldır geçmişi geride bırakmıştı. "Senden tek istediğim bir özürdü" dedi. Sesinin sakin ve uzlaşmacı bir tonda çıkmasına memnun olmuştu. Mantıksız bir şekilde davranmıyordu.

Margot "Özür mü? Daha geleli bir gece bile olmadı ve sen olayları eşelemek mi istiyorsun?" dedi.

"Evet istiyorum" dedi öfkesi yükselerek. Geçmiş yaraları kaşıma isteği yalnızca sert sözlerle yatışabilirdi. Çok uzun zamandır içinde kaynadığını hissetti. Acısı - öfkesi- dışa vurulmalıydı. Margot'nun sorumluluğu üstlenmesine ihtiyaç duyuyordu ya da en azından açıklanamaz olan şeyi açıklamasına.

"Yaptığın şey Margot, çok yıkıcıydı. Bunu anlamanı istiyorum. Kaybedilen şeyi görmeni istiyorum. Bunca zaman sonra üzgün olduğunu söylemek çok mu zor?" Margot derin bir nefes aldı. Fesleğenin yanındaki doğrama tahtasının üzerine dikkatle koymadan önce elindeki bıçağa baktı. "Kaybedilenleri mi konuşmak istiyorsun?"

Kit başıyla onayladı ama Margot acı bir kahkaha attı. "İçinde bulunduğum durumu konuşsak nasıl olur anne? Benim kaybettiğim şeyin ne olduğunu düşünsen nasıl olur?"

Kit afallayarak Margot'ya baktı. Cevap vermek için ağzını açtı ama Margot'nun lafı bitmemişti. "Ama bu hiç senin ilgini çeken bir hikâye olmadı ki. Hep kendi hayatına, kendi işine, kendi lanet olası başarına gömülmüştün!" Başarı kelimesini sanki bir küfürmüş gibi söylemişti.

Kit cevap verdi. "Benim başarım mı? Benim için önemli olan şey bu muydu zannediyorsun? Asla başarıyı önemsemedim. Mesele sadece yazmaktı. Hikâye. Ama gerçi faturalarımızı ödeyen, size okul ayakkabıları alan ve başımızın üstünde bir çatı olmasını sağlayan bu başarıydı" dedi sanki kelimeler canını yakıyormuş gibi.

Margot'nun yanakları kızardı. "Ama bunun bizi nasıl etkilediğini hiç görmedin. Nasıl uzak kaldığını, neye ihtiyacımız olduğunu, neye ihtiyaç duyduğumu hiç görmedin." Margot şarabına uzanarak bir yudumda bitirdi ve sertçe masaya geri koydu.

Kit gözlerini kırpıştırdı. "Uzak mı? Ben mi? Ah, canım" dedi başını iki yana sallayarak. "En iyi ebeveyn olmayabilirim ama bırakıp giden babandı." Sesi tizleşmişti. "O kadınla kaçıp giden babandı." Kelimelerinin yerini bulduğuna emindi. Onu incittiğini biliyordu ama Margot'nun, bu hikâyedeki kötü olanın kendisi olmadığını görmesine ihtiyacı vardı. En azından tek kötü olanın... "Ben buradaydım. Lanet olsun, ben her zaman buradaydım." Kit dikleşmişti, kesik kesik nefes alıyordu, sesinin ne kadar yüksek çıktığının ve elindeki tahta kaşığı ne kadar sıkı tuttuğunun farkındaydı.

"Neden terk etti sanıyorsun?" diye sordu Margot sessizce. "Onu görmezden geldin, tıpkı hepimizi görmezden geldiğin gibi. Tabii ki ona biraz ilgi gösteren ilk kadının kollarına koşacaktı. Sense, bizim yerimize aptal karakterlerinle hayali bir dünyada yaşamakla daha ilgiliydin."

"Bu yüzden mi gittin?" diye sordu Kit yumuşak bir şekilde. "Ceza vermek için mi? Babanın bizi terk edişi yüzünden beni suçladığın için mi?"

Margot'nun yüzü kıpkırmızı oldu. "Hiçbir zaman anlayamayacaksın çünkü hiçbir zaman işinden başka bir şeye dikkatini vermedin. Farklı evlerde yaşıyor gibiydik. Unutulmuş piknik günlerini, kaçan spor maçlarını hatırlamıyorsun bile. Ya da okul gösterilerini."

Kit yüzünde inanmaz bir ifadeyle Margot'ya baktı. "Bu bir tek spor maçını kaçırdım diye mi? Okul gösterine gelmediğim için mi?" Derinden keskin bir kahkaha attı. Margot'nun başını eğdiğini gördü. "Takvimde unutulmuş birkaç gün yüzünden mi beni cezalandırdın? Margot büyü artık. Babanla ayrıldığımız için üzgünüm. İnan bana, kimse benden üzgün olamaz. Ama ebeveynleri ayrılan ilk genç sen değilsin."

"Biliyorum" dedi Margot. Yüzü yere dönük bir şekilde sandalyesine yığılarak oturdu. "Ondan değil... Sen hiç... Konuşmaya çalıştığımda... Sen..." İlgisiz bir tavırla elini salladı, tamamen perişan görünüyordu.

Margot dudağını ısırırken Kit şaşkınlıkla onu izledi. Margot sanki annesinin duygularını görmesini istemiyormuş gibi yüzünü ellerine gömmeden önce Kit, kızının yanağından akan bir damla gözyaşı gördü. Kit kızının dövme kaplı koluna bakınca ilk bakışta fark etmediği bir şey gördü. Kolunun kıvrıldığı yerde, sarmaşıkların ortasında küçük kara bir kalp vardı. Kara bir kalp. Duruma ne kadar da uygun.

Konuşmaya çalıştığımda... Kit yüzünü buruşturdu. Margot'nun onunla konuşmak istediği bir zamanı hatırlamak şu an zordu. Ama o yılı, Ted'in eşyalarını toplayıp Windfalls'dan tamamen ayrıldığı o korkunç zamanı hatırlıyordu. Evet, bunu çok iyi bir şekilde karşılamamıştı, kendini yazılarına vermiş ve yayıncısının baskı yaptığı Tora Ravenstone hikâyesinin finalini yazmaya odaklanmıştı. Ama Margot'nun onunla konuşmak için çabaladığı bir anı hatırlayamıyordu.

O sene, her zamanki normal ve sevecen kızları gibiydi, evet Eve ya da Lucy'ye göre biraz daha dramatik, kontrol etmesi zor ve asiydi belki ama daima neşeliydi ve bir gecede klasik, içine kapanık bir gence dönüşmüştü. Yüzüne dökülen koyu renkli perçemini, kulağından hiç çıkmayan kulaklıklarıyla evin içinde sessiz bir gölge gibi dolaşmasını hatırlıyordu. Yatak odasının kilitli kapısına tıkladığında Margot'nun içeriden "İyi geceler" diye mırıldandığını duyuşunu hatırlıyordu. Rahatsız edilmek, dokunulmak ve görülmek istemeyen bir kızdı. Duvarları ören oydu, Kit değil.

Margot'daki değişiklik Ted'in ayrıldığı zamana denk gelmişti. Gençlik yıllarının hormonal tuhaflıklarıyla Ted'in ayrılışının getirdiği parçalanma çakışmıştı. Bir babanın ailesini terk etmesi için doğru zaman diye bir şey yoktur, ama belki de Margot için özellikle kötü bir zamana denk gelmişti. Kit ne zaman aralarındaki ayrılığa son vermek için çabalasa, Margot tek bir kelime bile etmezdi. O yüzden, Margot'nun tam tersi olduğunu iddia etmesi adil değildi. Ayrıca ebeveynler ayrılabilirdi. Elbette zordu -herkes için zor olurama belki de on beş yaşında, üç kız kardeş arasında evde ailesiyle yaşayan son kardeş olan Margot için çok daha zordu. Ama bu bir bahane değildi. Margot'nun yaptığı şeyin hiçbir bahanesi yoktu.

Arkasından ocaktaki suyun kaynama sesi geliyordu. Kit ateşi kısmak için döndü ve saçılan suları sildi. "Eh, böylesine berbat bir anne olduğum için üzgünüm" dedi bir süre sonra Margot'ya dönerek. "Seni hayal kırıklığına uğrattığım için üzgünüm. Birkaç okul etkinliğini kaçırıp bütün hayatını mahvettiğim için üzgünüm."

Margot öyle hızla ayağa fırladı ki sandalyesi parke taş üzerinde tiz bir ses çıkardı. "Hikâyeyi istediğin gibi değiştirebilirsin anne, ama gerçek şu ki gözünün önünde olan biteni göremeyecek kadar kör olmuştun."

Kit elinde olmadan acı bir şekilde gülümsedi. "Kör değildim hayatım. Çoklu bakış açısı denir buna. Aynı olaylar, farklı bakış açıları."

Margot soğuk soğuk baktı. "Süslü edebi mecazlarını bırak. Hiçbir şeyi değiştirmez."

"Evet, haklısın" diye onayladı Kit. "Hiçbir şeyi değiştirmez. Yıktığın şeyi geri getirmez."

Margot uzun bir süre ona baktı. Nefesi kesilmiş gibiydi, suratından inanamaz bir ifadeyle kızgınlık ve keder akıyordu. "Özür dilerim" dedi Margot en sonunda. "Her şey için özür dilerim."

Margot'yu izlerken, Kit tıpkı dalgaların kumdan bir kaleyi yıkması gibi içinde bir şeylerin çöktüğünü hissetti. Margot'nun nasıl tepki vereceğini bilmediği için içinde ona sarılma isteğine karşı koydu. "Konuş benimle" dedi daha nazikçe. "Söyle bana Margot. Neden yaptın? Neden beni üzmek istediğini anlamama izin ver."

"Ben... Ben..." Margot kelimelerle boğuştu. Gözlerini kapattı. "Yapamadım... Yapamam..."

Kit en küçük çocuğunu böyle çırpınırken görünce fiziksel bir acı duydu. Konuşmaya devam etmesini istiyordu ama Margot derin bir nefes alarak gözlerini yeniden açtığında, Kit onun her zamanki mesafeli haline bürünmüş olduğunu gördü. "Eğer neden yaptığını açıklayamıyorsan" diye devam etti onu konuşturmak için "bu bir özür sayılmaz."

Margot omzunu silkerek yüzünü yere çevirdi, onun bu yenilmiş ama inatçı duruşu Kit'e kızının on altı yaşındaki halini hatırlatmıştı. "Neler oluyor?" diye bağırmak istiyordu. "Neden böyle oldun?" Ama onun yerine iç çekmekle yetindi. "Peki. İstediğin gibi olsun. Önümüzdeki birkaç gün aynı ev içinde olacağız. Tek isteğim kız kardeşinin gününü mahvetme."

Margot başıyla onayladı. "Daha önce de söyledim. Lucy için buradayım. Sen anlamadan çoktan gitmiş olurum." Önündeki doğrama tahtasının üzerindeki doğranmış fesleğene baktı. "Sanırım akşam yemeğini es geçeceğim" dedi yavaşça. "İştahım kaçtı."

Kit onun gitmesine engel olmadı. Chardonnay şişesine uzanıp kadehini doldurmadan önce Margot'nun üst kata çıkmasını bekledi. Yatak odasının kapısının sertçe kapandığını duyunca uzun bir yudum aldı, sonra makarnayı karıştırdı ve pişmiş mi diye kontrol etmek için bir tane alıp dişlerinin arasında ezdi. Kendine bir tabak alıp masaya koymadan önce tenceredeki suyu boşalttı, tereyağını, Margot'nun doğradığı fesleğeni, birkaç kızarmış çamfıstığını ve bir tutam Parmesan peynirini karıştırdı.

Oturdu ve makarnasına baktı. Etrafında çıt çıkmıyordu. Kalbi sanki göğsünde ağırlaşmıştı. Endişelendiği şey tam da buydu: Margot'nun eve dönüp kasvetli ruh halini de beraberinde getirmesi. Öfkeli ve anlaşılmaz kızının zamanla yumuşayacağını ummuştu ama Margot, tüm Margotluğuyla kızgın ve patlamaya hazır bir şekilde geri dönmüştü. Kit bu kadar etkilenmiş olduğu için öfkeliydi. Margot'nun neden olduğu yıkımı hatırlamak hâlâ acı vericiydi. Ne olduğunu anlamamış olmak ise onu deli ediyordu. Zorla ve bir açıklama olmadan dilenen özrün ne anlamı vardı ki?

Birkaç kaşıktan sonra Kit de iştahının kaçtığını fark etti. Önündeki tabağı itti ve bulaşıkları yıkamadan önce kalanları çöpe attı. Tek bir tencere, tek bir kaşık ve tek bir tabak. Elindeki nesneler yalnızlığını yüzüne vuruyordu sanki. O sırada kedisi mutfağa girdi ve tekdüze bir şekilde miyavlayarak bacaklarına süründü. Kâsesine bir avuç kedi bisküvisi koydu ve o yavaş yavaş yerken kırpık kulaklarını okşadı.

Hep böyle olmamıştı elbette. Kızları daha küçükken Windfalls'da geçen yılları hatırlıyordu. Ted ile hâlâ birlikte oldukları zamanları -dikkat dağıtıcı, işlevsiz ve bitmez tükenmez aile hayatı cambazlığı ile geçen günler- bir şekilde kendisine ve kendi düşüncelerine vakit kalmıyor gibi hissettiriyordu. Ve kızlardan önceki o uzak günler vardı tabii, yalnızca Ted ve ikisinin olduğu, mutlu bir şekilde evcilik oynadıkları, düzensiz çiftlik evinde ilişkilerinin ilk günlerinde yollarını bulmaya çalıştıkları günler... Ted kendi uğraşları üzerine çalışırdı, Kit ise onları bekleyen gelecek hayatları için heyecanlanırdı.

Şu an Windfalls'da tek yaşayanın, kule kısmındaki çalışma odasında işiyle uğraşanın, mutfakta durmuş pencereden, birkaç gün sonra Lucy'nin düğününü yapacakları meyve bahçesindeki, akşam güneşinin aydınlattığı elma ağaçlarına bakanın kendisi olması ne garipti.

Lucy. Evleniyor. Nasıl hissettirdiğini görmek için bu düşüncenin zihninde dolaşmasına izin verdi. Lucy ona bu ani planından bahsedince Kit düğünü elbette burada yapabileceklerini, evet herkesin geleceğini, evet belki Margot'nun bile geleceğini söylemişti. Her şeyin yolunda gideceğine dair güvence vermişti. Ancak şimdi bunun gerçekliğini kavramaya başlamıştı. O tatlı, sarı saçlı bebek, mama sandalyesinde oturup, yüksek sesle neşeli bir şekilde mırıldanıp kaşığını masaya vuran o çocuk, bahçede çember hareketi yapıp amuda kalkan o karışık saçlı, uzun bacaklı kız, okulu ve sınavları söz konusu olunca zorlanan ama netbol ve hokey oyununda herkesten daha yetenekli olan o rahatına düşkün genç, genç bir kadın olup dünyayı dolaşan ve kendi işini kuran o kız şimdi büyümüştü ve evleniyordu. Bu değişim başını döndürdü, sanki biri hayatında ileri sar düğmesine basmış gibi hissediyordu.

Çok fazla şey değişmişti: Üç kızı da şimdi yetişkin kadınlar olmuştu, Eve bir anneydi, Lucy evleniyordu ve Margot da kendi kendine gittiği sürgününde kim bilir ne yapıyordu. Mutfak penceresinden bakarken başka bir farkındalık daha yaşadı: Ellilerinde, menopoza girmiş bir kadın olarak burada durmuş daha genç olduğu bir ana dair anıları -sabırsız emlakçı ve Ted tepesinde dikilirken tam olarak aynı noktadan dışarı baktığı an- bugünüyle çakışıyordu. İki farklı hali birbiriyle buluşuyor, bir parça kâğıdın birbirine değen kıvrılmış kenarları gibi zaman akordeon misali katlanıyordu. Gözlerini kapadı. "Evimiz burası" demişti Ted'e. "Hissedebiliyorum."

Anımsadığı cümlelerin hatırasıyla sanki Ted'in kollarını belinde sarılı, nefesini de boynunda hissetti. Ted'in onun sırtına yaslanıp ona sarılmasının verdiği hisse ve ikisinin de hayalini kurdukları geleceğe tutunmasına odaklandı. Ne kadar narindi. Kırılgandı. "Ah Ted" diye düşündü, "burasının evimiz olması gerekiyordu."

Gözlerini açtı. Çöken alacakaranlıkta, yalnızlığı kararan pencere camından ona bakıyordu. Döndü, mutfaktan ayrılıp çatırdayan merdivenlerden yatak odasına doğru yürüdü. Margot'nun yatak odasının kapısının altından ışık sızıyordu. Pişmanlık hissiyle "Kapıyı çalsam mı?" diye düşünerek duraksadı. Kapının arkasında hareket vardı, önce ayak sesleri, sonra bir fermuarın açılma sesi duyuldu. Bazı ağır eşyalar -kitaptı belki de- yere bırakıldı. Biraz daha ayak sesi ve sonra da yatağın gıcırdama sesi duyuldu. Kit aralarında söylenmeden kalan şeyleri -kaybolup giden tüm kelimeleri- düşündü ve iç çekerek koridorda ilerleyip kendi odasına gitti.

Geceliğini çıkartırken uzaktaki köşeye yerleşmiş ince, uzun, gri bir örümcek fark etti. Bu hafta her gün, örümceğin gümüş rengi tellerle yuvarlak desenli ağını örüşünü izlemişti. Çalışkan ve titiz olan Eve çoktan örümceği alır, bir havlu ya da süpürgeyle camdan silkelerdi ama Kit bu yaratığın gelişimini izlerken belirli bir rahatlık duyuyordu. Örümceğin sessizce, kontrollü bir şekilde çalışmasını ve yuvarlak ağını büyütmesini izlemek hoşuna gidiyordu. Kendi ertelenmiş işi için bir nebze de olsa umut vericiydi. Bir zamanlar o da yavaş ama istikrarlı süreçle kelimeleri peş peşe diziyor ve onlara kendilerine özgü şekiller veriyordu.

Yatak odasının köşesindeki çatlamış porselen lavaboda dişlerini fırçaladı, temiz bir gecelik giyip dağınık yatağına girerek yorganını çenesine kadar çekti. Gözleri hâlâ örümcekteydi, tıpkı köşedeki ağın örülmesi gibi düşünceleri de ileri geri gidiyor, tekrar geleceğe dönmeden önce geçmişten bugüne makara gibi sarıyordu.

Önündeki günler onu endişelendiriyordu: Düğün, geçmişle bugünün kavuşması, eski yaraların deşilmesi... Vadiden, kolunda başka bir kadınla gelecek olan Ted'i düşündü. Bu düşünceyle tanıdık bir his duydu. Çaresizce dikilerek ateşin ve dumanın döne döne gökyüzüne yükseldiğini izlediği zamanki berbat korku ve panik hissi.

Kit yorganının altında kıpırdandı. Karanlık tüm ağırlığıyla üstüne çöküyordu. Son zamanlarda baş gösteren uykusuzluk problemiyle boğuşarak saatlerce orada yatabilirdi. Şafak sökene dek uykusuz bir gece geçirip birbiri ardından gelen düşüncelerle uğraşmak yerine yataktan çıktı, ipek sabahlığını üzerine geçirip bilgisayarının, dağınık kitap ve kâğıtlarının olduğu kuledeki çalışma odasına gitti. Bir sayfayı eline aldı ve kalın siyah kalemle karalanmış kelimelerin olduğu dağınık paragrafı okudu. Hayal dünyasına geri dönmek için ettiği son teşebbüs de bir kez daha ertelenmişti. Kâğıdı buruşturup taşan çöp kovasındaki diğer buruşuk kâğıtların yanına attı.

Sonrasında iç çekerek, çalışma masasındaki sandalyesine oturdu. Örümceği ve ilmek ilmek ördüğü ağını düşündü. Bir kez daha boş ekrana bakmak için bilgisayarını açarken ailesine dair tüm düşünceleri aklından silmeye çalıştı.

GEÇMİŞ

1986-1987

BÖLÜM 6

Windfalls'dan önce- Eve'den, Lucy'den ve tabii ki Margot'dan önce- Londra'da bir dairede yaşayan genç ve âşık Ted ile Kit vardı ve bir gün ulusal bir gazetenin arka sayfasındaki küçük kare bir ilanı gördüler: "Somerset: Miras arazi. Özgün altı odalı çiftlik evi ve arazi. Teklifler bekleniyor."

"Altı tane odayı ne yapacağız?" diye güldü Ted, ama taş çiftlik evinin siyah beyaz küçük fotoğrafı Kit'in hayal gücünü cezbetmişti ve büyük bir istekle ertesi sabah emlakçıyı arayarak araziyi görmek için randevu aldı.

İki gün sonra Londra'dan ayrıldılar, direksiyondaki Ted sessiz ve düşünceliydi, onun yanında oturan Kit ise neşeli ve küçük bir kız gibi heyecanlıydı. Yol üzerinde, yolun kenarındaki bir kafede mola verip çay içtiler, bir tabak yumurta ve patates kızartmasını paylaştılar. "Satın almayacağız" dedi. "Yalnızca bakacağız."

"Evet" dedi Kit. "Elbette."

Arabanın arkasında Kit haritayla uğraşıyordu, Mortford'daki köye girmeden önce sonbahara özgü renklere bürünmüş göz alıcı ağaçların arasından derelerin olduğu yollardan geçtiler. Avon Nehri'nin yukarısında, tepede taştan evler ve kulübeler eski ve hoş bir sıra oluşturuyorlardı. Dar bir köprünün üzerindeki yolu takip ederek posta ofisini ve bir barı geçtiler. En sonunda vardıklarında, evi köyün üst yakalarında, çevrilmemiş bir arazinin bitiminde tek başına buldular.

"Burası" dedi Kit. Ted arabayı durdurup çatısından pencereleri açılan, yüzeyini mor salkımlar sarmış, tepenin kenarına L şeklinde konumlanmış olan bu göz alıcı taştan eve iyice bakabilmek için direksiyonun üzerine doğru eğildi. Devasa gökyüzü eğimli bahçenin üzerinde bir branda gibi geriliyordu ve ağaçların arasından bir nehrin göründüğü vadiye doğru bir meyve bahçesi uzanıyordu.

Çimenler kirli ve dağınıktı, düğün çiçekleri ve dökülmüş karahindibalarla doluydu. Etraftaki ağaçlardan ilk sonbahar yaprakları dökülmeye başlamıştı. Tatlı bir kestane ağacının eğri büğrü dalından yıpranmış bir ip salıncak kendi halinde hafif hafif sallanıyordu. Kesinlikle gazetedeki yerdi burası ama kendi gözleriyle görünce tüm illüzyon kaybolmuştu. Ted eve dair içinde bir tereddüt hissetti. Londra'daki evlerinde Kit ile oturup fantezi bir gelecek hayal etmek bir şeydi ama o fanteziye adım atıp gerçek kılmak bambaşka bir şeydi. Eve ve bahçeye bakınca Ted elinde olmadan tüm mekânın melankoli ile dolu olduğunu fark etti. "Acaba eskiden burada kim yaşıyordu? Adı ne demiştin?" diye sordu.

"Windfalls" dedi. İkisi de bir süre sessiz kaldılar. "Evimiz burası, hissedebiliyorum."

"Evimiz mi?"

Başıyla onayladı. "Hissediyorum."

Ted, Kit'in yüzündeki dingin ve mutlu ifadeyi görünce başlarının bu evle dertte olduğunu anladı.

Üzerine tam uymayan takımı ve ince görüntüsünü olduğundan kısa gösteren geniş omuz vatkalarıyla ufak tefek, sinirleri bozuk bir kadın olan emlakçı dakikalar sonra geldi ve şaşırtıcı bir şekilde sıkı bir el sıkışmasından sonra onları rutubetli yerleri ve çürümüş zemini göstererek eve götürdü. Ted kadının, onların yalnızca vakit kaybı olduğunu düşündüğünden emindi, -Londra'dan kırsala doğru gezintiye çıkmış, öylesine ev bakan bohem bir çift- ki bu tavır Kit'in evi daha yavaş gezmesine sebep olmuştu, vadideki manzaraya bakmak için pencerelerde duraksıyor, Bath'in bal rengi taş duvarlarını, misafir odasındaki kararmış devasa şömineyi ve karışık desenlerde oyulmuş pirinç kapı kollarını gösterip duruyordu. İkinci kata çıkan kıvrımlı merdivenlerde Kit'e yetişene kadar, Kit basamakları ikişer ikişer çıkarak evin en tepesindeki kulede küçük, tuhaf bir odaya ulaşmıştı. Kit'in kafasında eve taşınma konusunun çoktan halledildiğinden emindi.

"Mükemmel, sence de öyle değil mi? Burada yazılarını yazabilirsin" dedi Kit.

"Fark etmemiş olabilirsin belki ama son zamanlarda pek yazamıyorum."

"Neden? Neden yazamıyorsun?"

Ted omuz silkti. "Bir laf vardır, sanat rahatsızlık gerektirir, acı hatta. Belki de ben yazamayacak kadar çok mutluyum."

"Çok mutlu mu?"

Başını salladı Ted, Kit'e dönerek "Hep senin suçun" dedi.

"Sanırım seni derinden üzmek için planlar yapmaya başlamalıyım."

"Lütfen yapma" dedi, dudaklarını Kit'in dudaklarına bastırırken. Kit'in başının üzerinden küçük kemerli pencereden dışarı doğru bakarken nehrin biraz yukarısındaki bakımsız meyve bahçesini gördü. "Bu kadar büyük bir araziyi ne yapacağız?"

"Orman olmaya bırakabiliriz. Çocuklarımızın küçük vahşi yaratıklar gibi içinde dolaşmasına izin veririz. Dışarıda temiz havayla büyüdükleri, nehirde yüzdükleri güzel bir çocukluk yaşarlar."

"Çocuklarımız mı? Birden fazla mı?"

"Evet. Sana söylemedim mi? Kocaman bir aile olacağız. Her tarafta duvarlara tırmanan, kirişlerden sallanan canavar çocuklar olacak."

"Bunu daha önce konuştuğumuzu hatırlamıyorum." Belinin narin kıvrımına elini koydu. "Bunu da konuşmadığımız gibi."

Kit yüzünde bir ışıldamayla ona baktı. "Bazen hayata öylece dalman gerektiğine inanıyorum. Oğlumuzun tek çocuk kalmasını istemezsin değil mi? Her zaman tek çocuk olmaktan ne kadar nefret ettiğini söylerdin."

"Oğlumuzun mu?" diye sordu Ted tek kaşını kaldırarak.

"Ya da kızımızın."

Ted yeniden araziye baktı. "Ailemden kalan mirasın neredeyse tamamını harcamak zorunda kalacağız ve tabii telif gelirlerinden de epey miktar kullanacağız. Geriye pek bir şey kalmayacak."

"Ama masraflarımız burada Londra'da olduğundan daha az olacak. Yazmak için ihtiyaç duyduğun huzuru ve sessizliği burada bulabileceksin. Yeni tiyatro oyunların olacak. Bu yaratıcı zekânın neşesi değil de nedir?"

Ted gözlerini yuvarladı ama Kit ona aldırış etmeden devam etti. "Evin ismi Windfalls. Buranın iyi şeylerin habercisi olduğuna inanıyorum."

"Peki burada, Somerset kırsalında sen ne yapacaksın? Londra'yı özlemez misin?"

Neşeyle ellerini salladı. "Ah beni bilirsin. Hemen dikkatim dağılır. Ayrıca bebek yapmakla meşgul olacağım."

"Tek başına olmayacaksın." Yeniden Kit'i öptü ve onun üzerindeki etkisine şaşırarak o tanıdık heyecanı hissetti. Kit'i istediği şeylerden mahrum etmek onun için imkânsızdı. Emlakçı, evi kilitleyip arabasıyla çakıllı yolda gözden kaybolmadan önce kapının önünde onları bekliyordu. Ted arabasına tam varmak üzereyken Kit'in "Hadi" diye seslendiğini ve onu, elma dolu ağaçların olduğu meyve bahçesine çağırdığını duydu. Kit yıkık dökük ahşap bir bahçe kapısının yanında duruyordu, Ted arkasından yaklaşıp ellerini onun beline koydu. Kit başını onun göğsüne doğru yasladı ve Ted onun kokusunu içine çekti. Havadaki sonbaharın ilk meltemi ve rüzgârdan ayaklarının dibine düşen ilk elmaların kokusuyla karışmış taze bir limon kokusu gibiydi.

"Şehirden yorulmadın mı?" diye sordu. "Etrafın sarılmış gibi hissetmiyor musun? Sürekli acelen varmış gibi? Tüm o partileri ve insanları, günlerimizi meşgul eden o dikkat dağınıklarını geride bırakabiliriz. Burada düşünebilir, nefes alabilir ve sen yazabilirsin. Ayrıca" diye ekledi, "etrafına bir bak. İşler yolunda gitmezse elma şırası yapıp geçinebiliriz." En güzel gülümsemesiyle dönüp Ted'e gülümsedi, Ted onu reddetmenin bir seçenek olmadığını anlamıştı. Kit'i ilk gördüğü andan itibaren, onun içine işleyen bir yanı olduğunun farkındaydı.

Kit'i ilk gördüğünde yüzlerce seyircinin önündeki sahnede çırılçıplak dikiliyordu. Yeni bir oyunun açılış gecesine katılmıştı; eski bir okul arkadaşının yazdığı iddialı, deneysel bir oyundu. Kit ise 'sanat galerisi' olarak düzenlenmiş sahnede, üzerinde uyduruk bir G-string ve beyaz vücut boyasından başka bir şey olmadan çırılçıplak ve hareketsiz bir şekilde, sahneye yerleştirilmiş heykel kaidelerinin üzerinde durması için tutulmuş dört kadından biriydi. Her sahne arasında ışıklar sönerken, çıplak oyuncular kaideleri üzerinde yeni bir heykel pozu oluşturuyor, diğer sahne başladığında ise kaskatı durmaya devam ediyorlardı. Son sahnenin bitimine doğru, iki başrol oyuncusu acıklı bir sahne oynarken, Ted önündeki sırada oturan bir adamın yüksek sesle "Bence şu heykeller bile daha duygu yüklü" diye fısıldadığını duymuştu.

Yanındaki arkadaşı da aynı fikirdeydi. "Soldan ikincinin göğüsleri güzelmiş ama" diye ekledi yakınında oturan kişileri güldürerek. Ted oyun boyunca gözlerini dikip 'soldan ikinciye' bakmamak için çok uğraşmıştı. Yüzlerce kişinin onun çıplak vücuduna baktığını bilirken nasıl böyle hareketsiz durabildiğine dair hiçbir fikri yoktu. Üşümüyor muydu? Canı sıkılmıyor muydu? Zen gibi girdiği bu trans hali görülecek şeydi. "O ciddi bir tiyatro oyuncusu" dedi kendi kendine sertçe, "ergen bir çocuk gibi salyalarını akıtacağın çıplak bir beden değil."

Sonrasında, sıkışık tiyatro barında dikilmiş pahalı bir içki sipariş etmek için sırasını beklerken ve oyun yazarı arkadaşı Timothy'e "Ne söylersem kulağa samimiyetsiz gelmez" diye düşünürken, yanındaki olmayan boşluğa birisinin sıkışmaya çalıştığını hissetti. Başını çevirdiğinde 'soldan ikincinin' yanında olduğunu gördü. Parlak çiçekli elbisesi ve omzunun üzerine salınmış uzun, koyu renk saçlarıyla onu neredeyse tanıyamayacaktı, ama saçının kenarlarında kalmış beyaz boya izlerini görünce o olduğuna ikna oldu. "Tebrikler" dedi ona dönmeden, ama başını eğerek selamlamıştı. O da karşılık olarak başını eğdi ama gözlerini barmenden ayırmamıştı.

"Harika bir heykel oldun" dedi.

"Dalga mı geçiyorsun?" diye sordu, gözlerine bile bakmadan.

"Hayır!" Ted kızarmıştı ve onu incitmiş olabileceği için çok utanmıştı. "Hayır ben... Bence çok iyi, çok hareketsizdin."

"Hareketsiz mi?" Barda küçük bir aralık oluşmuştu ve o da Ted'e dönmeden önce araya sıkıştı. Göz göze geldiler, Ted hiç şüphesiz korkunç bir şekilde düzensiz olan görünüşüne çevrilen bakışlarını görünce kızardı. "Evet. Çok. Zor mu öyle..." Onun ela gözlerinin içine bakarken kelimeler kaybolup gitmişti.

"Hareketsiz durmak mı?" diye tamamladı Ted'in sorusunu tek kaşını kaldırarak. Ted içinde tuhaf bir sallantı hissetmişti. Başını salladı, kelimeler hâlâ kayıp gidiyordu.

"Pratik yaptım."

"Heykel olma pratiği mi?"

"Hayır." Şaşırarak ona baktı ve "Yerel sanat okulunda canlı model olarak çalışıyorum" diye açıkladı.

"Doğru. Evet. Tabii. İyi. Çok iyi."

Barmen önlerinde belirdi ve Ted ona bir içki ısmarlamayı teklif etti.

"Kendi kendime hikâyeler anlatıyorum."

"Pardon?"

"Nasıl öyle hareketsiz durduğumu sormuştun. Kafamda hikâyeler uydurup vakit geçiriyorum ve kafamı rahatsız edici kaşıntı ve kramplardan uzak tutuyorum."

"Ne tür hikâyeler?" diye sordu gerçekten ilgilenerek.

"Ah, ne olursa. Şu sıralar, genel olarak intikam hikâyeleri. Bu oyunu yazan kişi hakkında korkunç sonlar kurgulamaktan zevk duyuyorum." Öne doğru eğilerek "Dayanılmaz biri. Bütün canlı modelleri özellikle evinde seçmek istedi. Salonunda beni çırılçıplak yürüttü, sonra da rol için çok minnettar kalıp onunla o iğrenç kadife koltuğu üzerinde sevişeceğimi düşündü" dedi.

Ted irkilmişti ve çok şaşırmasa da Timothy'nin korkunç davranışı karşısında dehşete kapılmıştı. "Üzgünüm."

"Ah, üzülme. Ona tokat attım ve eğer rolü bana vermezse onu şikâyet edeceğimi söyledim. Sonunda işe yaradı."

Ted etkilenmiş görünerek ona baktı. "Aferin sana."

Etrafa bakındı, onun bakındığını görünce Ted kendisini kurtaracak birisini mi arıyor diye merak etti ama sonra tekrar dönüp Ted'e bakarak "Sen ne iş yapıyorsun?" diye sordu.

"Yazarım."

"Oyun yazarı mı?" Geri çekilip onu değerlendiriyormuş gibi baktı. "Tim gibi?"

"Evet ama umarım onun gibi değilimdir."

Arkadaki ses o kadar yükselmişti ki kadın parmak ucunda yükselerek Ted'in kulağına eğilip bağırmak zorunda kaldı. "Bilindik bir işin var mı?"

Tenine değen nefesiyle Ted içinde bir ürperti hissetti. "Bana ne oluyor?" diye merak etti. Aynı Tim gibi, önünde oturan o yaşlı herifler gibi davranıyordu. Gömleğinin yakasını düzeltip içkisinden hızlı bir yudum aldı. "Sanırım bu senin bozuk baba-oğul ilişkileri hakkındaki trajik hikâyelere ne kadar ilgili olduğuna bağlı."

Kadın gözlerini kıstı. "Adı neydi o bahsettiğin oyununun?"

"Kayıp Kelimeler."

Bunu duyunca kadın düzgün beyaz dişlerini ortaya çıkaran baş döndürücü bir gülümsemeyle gülümsedi. "İzledim. İki kez." İmrenmiş gibi bakarak, "Okuldaki ders veren hocaların birinden ödeme karşılığında bilet almıştım. O kadar sevdim ki diğer hafta sıraya girip tekrar izledim. Çok güzel bir oyun. Üzücü ama bir şekilde neşelendirici" dedi.

"Teşekkür ederim."

"Ted Sorrell" dedi hafızasını yoklayarak.

Ted başını salladı. Kadın da ona elini uzatarak "Kit Weaver" dedi. Teni sıcaktı ama avucunun içindeki eline bakınca, elinin arkasında daha çok beyaz boya kalmış olduğunu gördü, sanki bir şekilde porselenden yapılma gibiydi.

"Evening Standard'ta senin hakkında yazılmış olan yazıyı okumuştum" diye devam etti. "Londra'nın en genç ve parlak yeteneklerinden biri olduğunu söylemişlerdi. Kayıp Kelimeler'in devamı olarak yazacağın oyun son on yılın en merak edilen tiyatro oyunuymuş."

Ted ayaklarını yere sürttü. "Evet. Bir insanın beklentilerin ve kendinden şüphe etme duygusunun altında ezilmesinden daha beklenilir bir başarı yoktur."

"Zorlanıyor musun?"

Kuru bir şekilde gülümsedi. "Öyle de denebilir." Aralarında bir sessizlik oldu. "Elbiseni sevdim" dedi birden. "Çok alışılmışın dışında."

"Teşekkürler. Kendim yaptım. İnanır mısın yalnızca bir çift eski perde kullandım."

"Evet. Eminim annemin misafir odasında da aynısından asılıdır."

Kadın buna kahkaha attı, sonra içkisini etkileyici bir tavırla kafasına dikti, bu sırada bardağının içindeki buz kayarak ses çıkarmıştı. "Buradan çıkalım mı Ted Sorrell? Köşede buradan daha düzgün bir bar var ve bilirsin, tüm mekânın beni çıplak görmediği bir yere gitmek güzel olurdu."

Son siparişlere kadar barda kaldılar ve sonrasında kadın onu elinden tutup kendi dairesine götürdü. Onu yatağına çekip kulağına "Eğer şu an onunla sevişmezse öleceğini" söyleyen de kadının kendisi olmuştu. Ertesi sabah birbirlerinin yanından ayrılamadıklarında onu Camden Market'e davet edip bir arkadaşıyla işlettiği ve kristallerle ev yapımı rüya kapanları sattığı standında yanına oturtan da yine kadındı.

"Bunlar yalnızca fazla pahalı taş parçaları değil mi?" diye sordu Ted, eline masadan soluk pembe, yumurta şeklinde bir taş alarak.

"O pembe kuvars. Kadınsı enerjiyle yüklü kalp şeklinde bir taş. Bağlanma, kendini bilme ve ilham gibi duyguları canlandırır. Yaratıcı tiplere iyi gelir" diye ekledi dirseğiyle hafifçe dürterek. "Bence almalısın. Sana indirim yaparım."

Güldü. "Harika bir satış yöntemi. Bunları şu an mı uydurdun?"

"Hayır! Hepsi doğru."

"Nerden biliyorsun bunları?"

"Oradan buradan duydum sanırım. Küçüklüğümden beri mitlere ve efsanelere ilgi duyuyorum. Antik tarih, Kelt hikâyeleri... Bir ara Antik Çağ ve Orta Çağ tarihi dersleri almaya başlamıştım. Ama fazla uzun sürmedi" diye ekledi omzunu silkerek. "Tüm o dersler ve kompozisyon ödevleri..." Durakladı. "Ders programları ve teslim tarihleriyle aram pek iyi değil. Çok hayalperestim. Ebeveynlerimi sürekli deli ederdim. En son üniversiteyi bıraktığımda benimle görüşmeyi kestiler."

"Peki ne iş yapmak istiyorsun?" diye sordu Ted. "Sanırım canlı model olmak planladığın kariyer seçimin değildir?"

"Sesinde yargılama mı seziyorum Ted? Para için soyunuyor olmamı sorun mu ediyorsun?" dedi ona hafifçe sataşarak.

Ted omzunu silkti. Dürüst olması gerekirse, diğerlerinin onun vücuduna şehvetle baktığı düşüncesi hoşuna gitmemişti. "Belki birazcık" diye itiraf etti. "Eğer tiyatroya geri dönmezsen ne olur?"

"Bu gecelik mi?"

"Evet."

Gözlerini kıstı. "Kurtarılmaya ihtiyacı olan biri değilim ben Ted."

"Öyle düşünmüyorum" diye ekledi Ted hemen. "Kendi tercihin. İstediğin şekilde kendini ifade etme hakkını destekliyorum. Yaratıcı özgürlük önemlidir." Onu istediği şeyi yapmaktan asla alıkoymayacağını biliyordu. Buna cüret bile etmezdi. "Yalnızca arkadaşlığın hoşuma gitti. Bugünün bitmesini istemiyorum. Ve o oyun berbattı. İtiraf et."

"Yani öyle tuhaf bir şekilde beni kıskanmayacaksın değil mi?"

"Hayır. Birilerini öyle kısıtlamak bana göre değil."

Ona sarılıp sıkıca sarılmadan önce bir süre Ted'in yüzüne baktı. "Evet. Birbirimize sarılalım, ama çok sıkmayalım."

Kollarından ayrılırken "Hadi" dedi. "Soruma cevap vermedin. Hayatında ne yapmak istersin?"

"Hâlâ bunu anlamaya çalışıyorum."

"Hâlâ gençsin. Vaktin var."

"Sanki sen yaşlı bir adammışsın gibi konuştun. Benden yalnızca birkaç yaş büyüksün."

"Dokuz yaş." Ted cebinden cüzdanını çıkardı. "Bu kristali senin için alacağım. Eğer haklıysam sana pahalı bir taş hediye ediyorum. Eğer sen haklıysan sana kendini bilme ve ilham armağan ediyorum. Göreceğiz bakalım."

Kit "Teşekkür ederim" dedi hediyeyi bir öpücükle kabul ederek. "Göreceğiz."

İki yıl önceki hallerinden çok uzaktalardı şimdi. Ted ikisinin de yaşadığı değişimi düşününce neşelenmeden edemedi, yaşadıkları değişimin kanıtını nehre doğru ilerledikleri tepenin kenarında onunla yürüyen ve hamileliğinden dolayı karnı hafifçe büyümüş olan Kit'e bakınca görebiliyordu. Anne ve baba olacaklardı. Bunu düşünmek harika, ama korkutucu ve tamamen kafa karıştırıcıydı.

"Ne oldu?" diye sordu kadın onun kendisine baktığını görünce.

"Hiç" dedi gülümseyerek. Ağaçların arasında, sudan biraz uzağa inşa edilmiş, küçük, yuvarlak, sazdan yapılma alçak bir çatısı olan taş bir yapı göründü, yakınında bir kütüğe bağlanmış kayığıyla ahşap bir iskele vardı.

"Kayıkhane mi var?" diye sordu Kit.

"Hayır. Elma deposuymuş. Emlakçı bana burada bir tane olduğunu söylemişti. Eskiden çiftliktekiler, meyveleri pazara nehir üzerinden götürürlermiş."

Kit küçük şirin yapıya yaklaştı ve kirli pencereden içeri göz attı. Eski masaların dağınıklığından uzak, köşeye dizilmiş boş ahşap kasalarıyla temiz bir şekilde süpürülmüş bir oda gördüğü için şaşırmıştı.

"Yavan görünüyor."

"Güzel bir yazlık ev olur buradan" dedi Ted gülümseyerek.

"Nehirde pikniklerle ve kayıklarla geçen tembel günler mi?"

"Evet, aynen."

"Yetiştireceğimiz küçük korsanlar için bir kamp alanı olacak, küçük vahşi haydutlar masum masum dolaşan kişilere pusu kuracak, açık denizlerde maceraya atılacak ve pejmürde ebeveynlerini alıştıkları hayat tarzında tutabilmek için çalınmış hazinelerle geri dönecekler."

Ted onu değerlendiriyormuş gibi Kit'e baktı. "Biliyor musun? Sanki içinde dışarı çıkmaya çalışan bir yazar var."

Kit kahkaha attıktan sonra Ted'i öptü. "Bence bir aileye bir yazar yeterli."

Önlerindeki manzaraya bakmak için başını çevirdi, nehrin uzak kenarında, yaprakları suya değen söğüt ağaçlarını fark etti. Suyun kenarındaki yol meyve bahçesinin sonuna doğru ilerliyor ve nehirdeki bir dönemeçte gözden kayboluyordu. Vadinin karşısında tepeler yükseliyor ve kırsalın tüm göz alıcılığıyla bir sanat eseri gibi gökyüzüyle buluşuyordu. Güzel göründüğünü inkâr edemezdi ama Kit'in muhtemel gelecekleri için çizdiği resim onu aynı zamanda geriyordu da. Kırsal bölge, izole yaşam… Londra'da yaşadıkları hayattan milyonlarca kilometre uzakta gibi hissettiriyordu. Ama birbirleriyle birlikte olacaklardı ve bebekleri de tabii ki. Burada onlar için yeni bir yaşam başlayacaktı. Kit tamamıyla ikna olmuş gibi görünüyordu, hatta o kadar ikna olmuştu ki rüzgârda hafifçe salınan ağaçların altında durmuş düşününce onu bu gelecekten mahrum bırakamazdı. Belki de yazmaya başlaması için ihtiyaç duyduğu şey tam olarak buydu. Ona inanmak istiyordu, hem de çok. Her şey çok güzel olacak. "Evet" dedi onu kendine çekip başından öperken. "Evimiz burası."

Kasım sonu gibi Windfalls'a taşındılar ve ilk sabahlarında kanatlı pencereden içeri süzülen buz yığınına ve bozulmuş sıcak su sistemine uyandılar. Ev, içinde önceki sahibinden kalma bazı eşyalarla satılmıştı: Yemek odasının bir köşesine sıkıştırılmış büyük meşe bir masa, oturma odasında yerden tavana uzanan kitaplıklar, mutfaktaki uzun meşe masa, odaların birinde kalan güvelerin yediği, bir gözü kaybolmuş sallanan bir at ve kocaman, büyük yatak odasının neredeyse tamamını kaplayan, kayık kadar büyük, kızıl kahverengi bir yatak başlığı. Mobilyalar zevklerine uymasa da yine de minnettarlardı. Kendi zar zor yeten eşyaları -Kit'in karmakarışık eşyalarıyla Ted'in ölen ailesinden kalanların karışımı- bu bomboş evi zar zor dolduruyor, ev bir balinanın mağara gibi ağzıyla balıkları yutması gibi tüm eşyaları yutuyordu.

Ama önemli değildi. Kit'in saatinin saatine uymamasının, tostları yakmasının, hatta bazen kendini de yakmasının, öğleden sonraları cereyan yapan yerleri gazetelerle kapatarak, akşamlarını ateşin önünde battaniyelere gömülmüş bir şekilde titreyerek geçirmesinin bir önemi yoktu. Önemli değildi çünkü benzersiz evlerinin verdiği mutluluktan ayakları yere basmıyordu.

Ted elinde bir fincan çay ile devasa yataklarına gelip Kit'i uyandırdığında ve o gün için yazı yazmaya çekilip onu uyuklayarak hayal kurmaya bıraktığında, Kit yorganın altında uzanıp büyümekte olan karnını okşadı. Kış güneşinin yatağının üzerine astığı rüya kapanına vurmasını izledi; pazar standını bıraktığında ayrılamadığı favori bir parçaydı. Şimdi yastığının altına koyarak uyuduğu Ted'in ona verdiği pembe kuvars taşını okşadı. Aşk. Yakınlık. İkisine de fazlasıyla sahiptiler. Evde yürüyüp Ted'in daktilosunun çıkardığı sesleri duymak bile olmaları gereken yerde olduklarını hissettirmeye yetiyordu.

Daha yapmaları gereken düzenlemeler vardı elbette. Artık partiler ve barlar olmayacaktı, bitpazarlarında alışveriş yaparak geçen cumartesiler, bodrum katındaki barlarda arkadaşlarla içki içerek geçen geceler ve kalitesiz kafelerde çay ve sigara içerek geçen sabahlar da olmayacaktı. Pazar yerinde standına gelen müşterilerin alışveriş yapmasını izleyip çalışırken geçen soğuk sabahlar, kâğıt üstüne sürten kara kalemlerle tuval üzerindeki fırçaların sesinin kulağa ninni gibi geldiği sanat okulunda çıplak modellik yaparak geçirdiği, acı verici şekilde yavaş ilerleyen saatler de olmayacaktı. Modellik yaparken kendi dünyasında kaybolur ve fantastik dünyalar yaratıp hikâyeler uydururdu. Bazen Ted'in sorusunu uzun uzun düşünürdü: "Hayatında ne yapmak istersin?" Ama gerçekten bu sorunun cevabını kendisi de bilmiyordu. Ted'in yeteneği yanında kendini yetersiz hissediyordu. Asıl işi yapan oydu. Yazar olan oydu. İçinde tatmin edilmemiş bir duygunun yükseldiğini hissetti ve bunun, yuvalarını yapıp içinde gelişen yeni hayata odaklanması için anneliğin bir çağrısı olduğunu düşündü. İçindeki bu çağrıya ve hamileliğine odaklanıp tüm enerjisini yeni bir işe vermeye karar verdi: Anne olacaktı, hem de en iyisinden.

Yeni evlerinde kendini, üst kattaki dolapta bırakılan ve bir çalışıp bir bozulan dikiş makinasıyla yatak odaları için uyduruk perdeler dikerek meşgul ediyordu, hatta bebek ve hamile kıyafetleri bile yapmayı denemişti. Yerel kütüphaneden bir tarif kitabı almıştı ve öğleden sonralarını mutfak pencereleri buhar olana dek çorba yapıp reçel kaynatarak geçiriyordu. Dışarıda terkedilmiş bir ahırda bulduğu uzun meşe bir masayı zımparalamış ve parlayana kadar cilalamıştı.

Yazdığı oyunu bitirmek isteyen Ted, daktilosunu ilk önce ikinci kattaki kule odasına, oradan da aşağı kattaki küçük odalardan birine taşıdı. En sonunda ise yemek odasında bırakılan geniş meşe masaya yerleşti. "Burası daha sıcak" dedi. "Ayrıca evin içinde gezindiğini duymak hoşuma gidiyor. Daha az yalnız hissettiriyor."

Ted'in zaman zaman burada izole bir yaşam sürdürmeleri konusunda endişe yaşadığını biliyordu ama Ted'in daktilo üzerinde gezinen parmaklarının çıkardığı ses, şüpheye düştüğü zamanlarda ne olursa olsun doğru karar verdikleri konusunda emin olmasına yardımcı oluyordu. Ted'in yazdığı oyunu bitirmesi gerekiyordu. Kit bunu biliyordu. Ted de biliyordu. Ted'in temsilcisi Max Slater da biliyordu. Yazdığı en son oyundan bu yana üç sene geçmişti. Londra edebiyat cemiyetinin baskıları ya da dikkat dağıtıcılığı olmadan yeniden yaratıcılığını kazanacaktı ve sırf kendine, yapabildiğini kanıtlamak için yeni bir şeyler üretecekti.

Öğleden sonraya kadar Ted'i rahat bırakıyordu, güneş gökyüzünde kaybolmaya başladığı zaman birlikte akşam yürüyüşüne çıkacak ve ateş için odun toplayacaklardı. Ted arada bir Kit'i kendine çekiyor, burnunu boynuna sürtüyor ya da büyümekte olan karnını okşuyordu. Akşamları ayaklarını Ted'in kucağına yerleştirerek battaniye altında birbirlerine sokuluyorlar, bir yandan da etrafa saçılmış kitapların arasında eski film oynatıcısında filmler izliyorlardı.

"Sanırım artık seninle evlenmeliyiz, değil mi?" diye sormuştu Ted, bir gece geç saatte onu olduğu otuzlu yaşlarından daha yaşlı gösteren okuma gözlüklerinin üzerinden Kit'e bakarak. Etrafı buruşturup attığı kâğıtlarla doluydu.

"Aşkını ispatlamak için bir kâğıt parçası üzerinde evli olman gereken bir kadın olarak mı görüyorsun beni hâlâ?" diye sordu hafifçe karnına vurarak. "Ayrıca, nasıl düğün yapabiliriz? Tüm paramız bu eve gitti."

Başını salladı. "Memnun oldum. Birbirimize ait olduğumuzu anlamak için bir yüzüğe ihtiyacım yok."

"Tam olarak bu" diye düşündü Ted'e gülümseyerek. "Olması gereken tam olarak bu." Finansal olarak iyi durumda değillerdi ama mutlulardı. Ayrıca, yakında üç kişilik bir aile olacaklardı. Gelecek ihtimaller ve umutla doluydu, tıpkı meyve bahçesindeki üzeri beyaz çiçeklerle dolu olan ağaç dalları gibi.

Bebek ılık bir Mayıs akşamı doğmuştu, elleri ve bacaklarıyla havayı dövüp kulakları delen bir sesle ağlıyordu. Ellerinden geldiğince plan yapmış ve hazırlanmışlardı. Küçük odalardan birini düğün çiçeği sarısına boyamışlardı, Tavan arasının tozlu bir köşesinde buldukları eski bir beşiği zımparalayıp boyamış ve bir köşeye karlı, beyaz bir kule gibi bezleri dizmişlerdi. Ama ne Kit, ne de Ted, Eve'in -Ted'in kızını ilk kucağına aldığı an vadinin üzerine düşen yumuşak akşam güneşinden almıştı ismini- doğumunun hayatlarını nasıl etkileyeceğini öngörememişlerdi. İkisinin de hiç ummadığı tatlı bir işkence gibiydi.

Kit bebeğini kucağına alır almaz içinde güçlü annelik duygularının -doğal ve korumacı- kabaracağını umuyordu ama hem tek çocuk olduğu ve hem de bebeklerle ilgili tecrübesi olmadığı için anneliğinin ilk haftalarında çok zorlanmıştı. İnsanlar tarihin başlangıcından beri bebek sahibi oluyorlardı ama Kit bununla nasıl başa çıktıklarını hiç anlayamıyordu.

Windfalls'da kendi köşelerinde yaşadıkları sakin günler geride kalmıştı. Uzun uzun yaptıkları yürüyüşler ve ateşin başında geçen keyifli geceler de. Onun yerine aralarına üçüncü bir kişi katılmıştı, sürekli hareket halinde olan ve kendilerine ayırdıkları saati en kaba şekilde bölen üçüncü bir kişi. Geceler boyu Eve'in ağlamaları geçmek bilmiyordu. Plastik kovada yıkanması gereken sonu gelmeyen kirli kıyafetler, temizlenmesi gereken şişeler, çamaşırlar ve kusmuklar vardı ve elbette ağlamalar da vardı, hem annesinin, hem de kızının gözünden durmaksızın dökülen gözyaşlarıyla birlikte.

"Çok yorucu" dedi Ted, Kit'i mutfakta omzunda ciyaklayan bebeğiyle birlikte sessizce ağlarken görünce. "Dinlenmelisin. Ver ben alayım."

"Hayır, olmaz" dedi Eve başını iki yana sallayarak. "Bu benim işim. Sen yazmaya devam etmelisin. Ayrıca sen onu besleyemezsin. Yalnızca ben yapabilirim" dedi kederle, gerilmiş sütyeninden gömleğine sızan süt lekesine bakarak. "Şu an yapabildiğim tek şey bu." Ne bedeni, ne de tepkileri kendisi gibi hissettirmiyordu artık. Kendini her zaman güçlü ve kontrol sahibi olarak görmüştü. Kendi fiziksel güzelliğiyle hep gurur duymuştu ve evet, diğerlerinin onun fiziğini beğenmesi hoşuna gidiyordu. Ama hepsi değişmişti. Yumuşak, gölgeli, donuk bir resim gibiydi artık. Kendini aynada bile tanıyamıyordu.

Durmaksızın sürüp giden uyanma, ağlama, besleme ve bez değiştirme döngüsü vardı. Göğsünde bebekle çatırdayan sallanan sandalyede oturup, yorgun beyninin en ücra köşelerinden hatırlayıp söylediği ninnilerle geçen uykusuz geceler. Parla Parla Küçük Yıldız, Çaydanlığı Isıt Polly, Ninni Bebeğim… Kaçık biri gibi, uzun zaman önce unutulmuş şarkıları tuhaf parçalar halinde söylüyordu; Ted'in daktilo sesinin eşliğinde yavaşça deliren bir kadın gibi.

En sonunda Ted bir planla çıkageldi. Bahçede geçen gizli kapaklı ama yoğun iki akşamdan sonra saçları örümcek ağı kaplı, yüzünde çocuksu bir heyecanla mutfağa gelip "Düşünüyorum da" dedi, "kendine ait bir şeye ihtiyacın var. Daha başka bir şeye."

"Başka bir şey mi? Şu an elimdeki işlerle zar zor başa çıkıyorum."

"İhtiyacın olan şey benden ve Eve'den biraz uzakta kendinle kalmak. Nasıl hayal kuracağını biliyorsun. Hadi ama" dedi onu sandalyeden kaldırarak. "Gel benimle." Onu nehre doğru, eski elma deposunun girişine götürdü. "Hadi git bak."

Kit şaşkın bir ifadeyle ona baktı ve sonra ahşap kapıyı açarak içeri girdi. İçerisi tamamen değişmişti. Masa pencerenin altında itilmiş ve üzeri evdeki eski perdeyle kaplanmıştı. Köşede tekli bir koltuk, kenarında da örgü bir battaniye vardı. Eski bir elma kasası yan çevrilmiş ve birkaç favori kitap, bir kavanoz bezelye ve bir kap boya fırçası ile doldurulmuştu. Pencerenin önünde ona verdiği pembe kuvars taşı, masanın ortasında ise geniş bir çizim defteriyle Ted'in eski Olivetti daktilosu vardı.

"Ne bu?" diye sordu ona dönerek, ne olup bittiğinden hâlâ emin değildi.

"Senin. Sana ait bir oda. Biraz ara vermeye ihtiyaç duyduğun her an buraya gelebilirsin. Okumak için. Yazı yazmak için. Resim yapmak için. Rüya kapanlarını yapmak için. Ne istersen o."

Uzanıp daktilodaki bir tuşa bastı ve tuşun çıkardığı o tatmin edici sesi duydu. "Ne zaman istersem mi?" Ted'e baktı, hâlâ şaşkındı. "Eve ne olacak?"

"İster buraya getir, istersen de bana bırak. Arada sırada onunla olmak benim için dert değil. Ayrıca" diye ekledi dikkatle, "ilham gelmiş gibi hissedebilirsin ya da bir-iki tane kısa hikâye yazmayı deneyebilirsin diye düşündüm. Uyku vakti geldiğinde Eve için uydurduğun hikâyelerini duydum. Sen dinlediğimin farkında değildin ama harika hikâyeler anlatıyorsun. Bence kendin bile şaşırabilirsin. Küçük bir hobi edinmek sana daha çok kendin gibi hissettirebilir."

Kit Ted'e baktı, ince düşüncesinden dolayı şaşkın ve minnettardı ama biraz korkmuştu.

"Hemen itiraz etme" dedi Ted onun şüpheye düştüğünü görünce. "Bir dene bakalım. Bir zararı olmaz. Bebekten bir saat uzakta, ne zaman ihtiyaç duyarsan burada oturup bir şeyler okumak ya da uyumak sana iyi gelir."

Kit şüphelerini bir kenara bırakarak ona uzunca sarıldı. "Çok naziksin. Teşekkür ederim."

Hevesten daha çok yorgunluk ve yenilgiyle onun fikrini denemeye başladı. Haftada birkaç öğleden sonra Ted, Eve'i alıp Kit'i yeni 'stüdyosuna' gönderirdi. Kit'i şaşırtacak ve evet, sinir edecek şekilde Eve ondan uzakta rahat görünüyordu. Ama Kit rahat değildi. Boğazında bir sızı, gözlerinde yaşlarla bitkin ve kayıp hissederek stüdyoda dolaşmıştı. Eğreti raflardaki kitaplara amaçsızca göz atıp, ahşap iskelenin üzerinden bacaklarını nehre doğru sallandırarak ve suyun altında boğulan bir kızın saçları gibi salınan sazları izleyerek saatler geçirdi. Söğüt ağacından dallar koparıp küçük, rustik bir sepet yapmaya çalışmıştı ama içinde bir şeyler doğru hissettirmiyordu.

Zaman harcıyormuş gibi hissediyordu. Ted'in planı yardımcı olmaktan çok ne kadar işe yaramaz olduğunu vurgular gibiydi. Kimdi o? Ted'i destekleyip işlerini kolaylaştırması gerekiyordu. Ted için kızıyla ilgilenerek saatler geçirmek, masasındaki tamamlanmamış oyunundan uzaklaşıp ertelemesinin başka bir yolu muydu? Hatta bu onları borç batağına sürüklemenin daha hızlı bir yolu muydu?

Elma deposunda amaçsızca dolaştıktan birkaç gün sonra tamamen vazgeçti. Eve'in acıktığı için ağladığını duyunca eve geri döndü. "Ver bana onu, ben alayım" dedi bebeği Ted'in kollarından alarak. "Harika bir fikirdi ama işe yarayacağını sanmıyorum." Bebeği göğsüne koydu ve anında gözyaşlarına boğuldu. "Hiçbir şey işe yaramıyor Ted. İşe yaramaz bir anneyim. Senin oyunun da asla tamamlanamayacak."

"Bitireceğim aşkım. Söz veriyorum."

Başını kaldırdı ve ona ümitsizce bir bakış attı. "Gördüm Ted. Masandaki taslakları gördüm. Haftalardır dokunmamışsın bile." İç çekti. "Burasının yuvamız olduğunu düşünmüştüm. Ama değilmiş. İkimizi de boğuyor."

Söyleyecek kelime bulamayan Ted su ısıtıcısını doldurup çay yaptı. Kit'in önüne bir fincan çay koyup omzunu okşadı. Onun tereddütlü dokunuşu daha çok ağlamak istemesine neden oldu. "Doktoru mu arasam?" diye sordu Ted nazikçe.

Kit başını iki yana salladı.

"Çabalıyorum Kitty. Gerçekten çabalıyorum."

Eve ağlamaya başladı. Kit bluzunun düğmelerini açıp bebeği emzirmeye çalıştı ama bebek başını çevirdi. Kit tekrar denedi ama Eve yaygara koparıp geri çekilmişti. "Yüce Tanrım" diye bağırdı. "Ne istiyorsun?"

"Belki biraz temiz hava iyi gelir?" dedi Ted. "Yürüyüş yapmak?"

Kit, Ted'e baktı. Onun evden gitmesini istiyordu belli ki. Elbette isterdi. Onlar burada böyle dikkat dağıtırken nasıl çalışabilirdi ki? Tek bir söz bile söylemeden bebeği bir kumaşa sarıp kundak yaptı ve etrafına bir battaniye sararak evden ayrıldı.

Bahçeye çıktı, meyve bahçesinden geçerek başarısızlığının başka bir sembolü olan elma deposunun yanından nehre ulaştı. Bir dakika kadar orada durup suyun sessizce akışını izledi. Nehrin döndüğü yerde sazlıkların arasında yüzen iki zarif kuğu belirmişti. Biraz gerilerinde bir dizi kirli, gri kuğu yavrusu paytak paytak yüzüyorlardı. "Gururlu ebeveynlere bakarak ne kadar da kolay yapıyorlar" diye düşündü. Geri dönüp suyun kenarındaki yoldan yürümeye devam etti. Eve hâlâ kundağının içinde mızıldanıyordu.

Kit nehri takip ederek yorgun argın yürümeye devam etti. Akşam çökerken zihni boşalmaya başlamıştı. Döndüğünde güneşin tepelerin arkasında batmakta olduğunu gördü. Muhtemelen geri dönmesi gerekiyordu artık ama bunun düşüncesi bile yenik hissetmesine neden oluyordu. Hareketleri yavaşlarken Eve'in sızlanmaları artmıştı.

Kit etrafa bakındı ve nehrin kenarında düz bir kaya çıkıntısı gördü. Kundağı çözüp taşın üstüne oturdu ve düğmelerini açtı. Bebeği tekrar göğsüne koyup emzirmeyi denedi. Bu sefer Eve açlıkla göğsünü kavradı. Bebeğini emzirirken gözyaşları da yanaklarından süzülmeye başlamıştı. Kit başını eğip emzirdiği küçük yaratığa bakarken gözyaşlarına boğuldu.

Doğum sonrası depresyonu denen şeyi duymuştu ama bebek sahibi olmanın hayatını bu kadar sıkıp nefesini keserek tamamıyla klostrofobik hissettireceği aklına bile gelmemişti. Çoğu zaman boğulmakta olan bir kadın gibi hissediyordu. Başını eğip kızının suratına baktı. "Çok fazla" diye düşündü. "Bunun ağırlığı çok fazla."

Etrafına bakınca sanki karanlık düşünceleri tarafından çekiliyormuş gibi gölgeler de yakınlaşmış gibiydi. Bu bebek için neleri feda etmişti? Kendisini ya da Ted ile olan ilişkisini tanıyamıyordu artık, hepsi çok farklıydı. Ona dokunma şekli artık tutkulu bir âşık gibi değildi, daha çok dikkatli ve tereddütlüydü. Kucağındaki bebeğe bakıp gözlerini kısarak "Hepsi senin suçun küçük kerata" dedi.

Doymuş ve ağlaması kesilmiş olan bebeğini sıkıca battaniyeye sararak oturduğu düz kaya çıkıntısının üzerine yatırdı ve kalbi yerinden çıkacakmış gibi atarak bir adım geriledi. Bebeğini dışardan biri gibi görmeye çalıştı; battaniyesinden çıkmak için havayı döven küçük bir yumruk. Küçük, yuvarlak suratı bir esnemeyle genişledi ve ağlamaya başladı. Kit bir adım daha geriledi ve sonra bebeği ile arasına metrelerce mesafe koydu. Aralarındaki görünmez bağ bir örümcek ağı kadar incelmişti. Göğsünde bir sızı yükseldi. Yapabilir miydi? Bebeğini burada, bu taşın üzerinde bırakabilir miydi? Başka birine vermeyi teklif edebilir miydi? Farklı bir hayat ya da belki ölüm? En iyisi bu mu olurdu? Kit gözlerini kapatıp kalbinin damarlarında atışını dinledi.

Windfalls'a dönerken nehrin kenarında yaptığı yürüyüşüne odaklandı ama sanki bir şey ayakkabısının içine kaçan taş gibi onu rahatsız ediyordu. Doğum sonrası haftalardır yaşadığı kafa bulanıklığına alışık olduğu için görmezden geldi. Ama işte yine oradaydı ve yine rahatsız ediyordu. Kit bir dakika durup odaklandı ve bir şeylerin önüne serildiğini hissetti.

Bebek.

Kaya.

Fedakârlık.

Nehrin kenarındaki yürürken zihnine kendi dolambaçlı yollarından gitmesi için izin verdi. Nehirden eve dönen yola gelene dek yürüyüşü sanki bir işi varmış gibi hızlanmıştı. Elma deposunun girişine gelince duraksadı. Şimdi yaz meyveleriyle dolu olan ağaçlar eve giden yolu gösteriyordu ama onlara arkasını dönerek kapıyı açtı ve kapıyı ardından nazikçe kapatarak elma deposuna girdi.

Nefesini tutarak uyuyan Eve'i kundağından çıkardı ve dikkatlice yerdeki battaniye yığınının üzerine yatırdı. "Lütfen, lütfen, lütfen" diye dua etti. Eve biraz ağlar gibi olunca Kit hareketsizce bekledi ve bebek tekrar sessizleştikten sonra derin bir nefes aldı. "Uyu bakalım küçüğüm" diye fısıldadı.

Ted'in onun için duvara çivilediği gaz lambasını yaktı, sonra daktilonun ve boş sayfaların olduğu masaya geçti. Önce Eve'e, sonra da daktilo tuşlarının üzerinde bekleyen ellerine baktı. İçinde gelişen ufacık ve ani bir heyecanla yazmaya başladı.

ÇARŞAMBA

BÖLÜM 7

Lucy yağmurun sesine uyandı. Vücudu ter içindeydi ve içinde kötü bir şeyler olacağına dair bir his vardı. Karanlıkta gözlerini kırpıştırarak uzanmış yatıyor ve vücudunun çoktan bildiği gerçeği yakalamaya çalışıyordu. Bir-iki saniye sonra farkına vardı: Son dakika düğünü, Windfalls'daki Margot ve gelecek günlerde sürecek olan yüksek duygusallıklar. Midesinin bulandığını hissetti. İç çekip yanında uykusunda mırıldanan Tom'a sarıldı, henüz uyanmaya hazır değildi.

Onu uyandırmak istemiyordu ama orada rahatsızlık ve panik hali içinde yatmak da istemiyordu. Telefonunu alıp sosyal medya hesaplarında gezinmeye, tüm o mutlu ve parlak yaşamlarıyla arkadaşlarının paylaştığı gösterişli ve neşeli fotoğraflara bakmaya başladı. Diğerlerinin bozuk gerçekliklerine dair sahte fotoğraflara bakıp kendisine acı çektirmenin sağlıksız bir şey olduğunu biliyordu ama kendine engel olamamıştı.

Bakışları dikkat çekici bir fotoğrafa kilitlendi. Yoga stüdyosundaki eğitimcilerinden biri etkileyici bir yoga pozu yaptığı bir fotoğraf paylaşmış ve bacağının oluşturduğu düz çizginin tam altına da parlak harflerle "Kendi gerçeğini yaşa" yazmıştı. Eğitimci işe yeni girmişti ama dinamik dersleriyle müşteriler arasında şimdiden popüler hale gelmişti. Lucy fotoğrafı stüdyonun Instagram hesabında yeniden paylaştı. Dakikalar sonra telefonu gelen bildirimlerle titremeye başlamıştı.

Tom kıpırdandı. "İyi misin?" diye mırıldandı ona dönerek. "Erkencisin."

"Evet" dedi Tom'a sokulup başını sıcak göğsüne yaslayarak. Kalbi, kulağının altında yavaş ama düzenli bir şekilde atıyordu. Lucy bir süre dinleyerek kendi nefesiyle onun kalp atışını denk getirmeye çalıştı.

"Özür dilerim, gece geç geldim. Biraz daha işim kaldı, ondan sonra gelecek hafta tamamen seninle olabilirim. Annenlerle nasıl geçti?"

"Margot döndü" dedi gülümseyerek. "Onu eve döndüreceğimi söylemiştim."

Tom omzunu sıktı. "Mutlu oldum. Annen nasıldı?"

"Gergindi. Kendi hallerine bıraktım. Umarım konuşup anlaşırlar."

"Aile problemlerini tek başına düzeltmeye çalışmak senin sorumluluğun değil, biliyorsun değil mi?"

"Biliyorum."

"Diğer insanları değiştiremezsin. Uğraşırken tüm enerjini boşa harcarsın yalnızca. Kendine böyle bir baskı kurmanı istemiyorum." Burnunu Lucy'nin boynuna doğru sürttü. "Yeterince derdin var zaten."

"Biliyorum. Ama bence önümüzdeki birkaç gün onlara iyi gelebilir; hepimize iyi gelecektir."

Dışarıdan asfaltta birikmiş suyu sıçratarak geçen bir motosikletin sesi duyuldu. "Bu sabah nasıl hissediyorsun?"

"İyiyim."

"İyi misin?" Tom eğilip şüpheyle ona baktı.

"Yorgunum" diye itiraf etti. "Biraz midem bulanıyor."

"Bu hafta kendine daha çok dikkat etmelisin. Herkesin problemini üstlenip kendini yıpratma. Söz ver bana."

"Gelecek hafta ayaklarımı uzatmak için vaktim olacak."

Tom iç çekti. "Gelecek hafta kendinle ilgilenmek dışında hiçbir şey yapmayacaksın."

"Tam bir anne gibisin."

"Beni bu yüzden sevmiyor musun? İflah olmaz telaşlanmalarım için?"

"Evet." Uzanıp Tom'un kulak memesini okşadı. "Çünkü çok güzel telaşlanıyorsun ve mükemmel kulakların var."

"Öyle mi?"

"Daha önce söyleyen olmadı mı?"

"Komiktir ki hayır." Tom onu yanına çekerek ılık nefesiyle tenini okşadı. Omzunun boynuyla buluştuğu yerden öptü. "Onlara akşam yemeğinde söylemek istediğine emin misin? Neden düğünden sonraya kadar beklemiyorsun?"

Lucy iç çekti. "Emin değilim." Karanlığa doğru baktı. "Hep bir aradayken söylemek istiyorum."

Tom ona hafifçe sarıldı. "Tamam. Uyu hadi. Daha erken."

Lucy tekrar uykuya dalamayacağını biliyordu ama ona arkasını dönüp bir elini karnına hafifçe koyduktan sonra yan dönerek yattı. Birinci kattaki dairelerinin dışındaki sokak lambasının sarı ışığı yorganın üzerine vurarak bir üçgen oluşturmuştu. Düğüne üç gün kalmıştı. Yanında hafifçe horlayarak uyuyan bu harika ve anlaşması kolay adamla evlenmesine üç gün kalmıştı. "Ayakları yere basan." İlk tanışmalarından sonra babası onu bu şekilde tanımlamıştı. Onu anlatmak için iyi bir kelimeydi. Ayakları yere basan, sağlam ve aklı başında. İki yıl önce Glastonbury'de büyük bir çadırın içinde yapılan bir partide tanışmışlardı ve yeni bir erkek arkadaşı olduğunu ilk söylediğinde Eve'in gözlerini devirmesi ve annesinin sessiz kalmasından ikisinin de yeni bir esrarkeş hippi bulduğunu düşündüklerini anlamıştı. Ama tüm o gülüşü, istikrarlı ve iyimser görüşleri, iyi mizacıyla Tom hepsinin kalbini kazanmıştı. Margot bile babasının altmışıncı doğum gününe geldiğinde kulağına "O iyi biri Lucy" diye fısıldamıştı.

Karanlıkta öylece yatarken düşünceleri önceki geceye döndü. Annesi ve Margot'nun akşam yemeklerini kazasız belasız atlatmış olmalarını umuyordu. Belki de bir orta yol bulurlardı. Yaşadıkları tartışmadan sonra Eve'i araması gerektiğinin de farkındaydı. Biraz sonra kalkıp stüdyoya gidecekti. İşlenmesi gereken yeni üyelikler vardı ve gelecek ayın programının güncellenmesi gerekiyordu. Stüdyo duvarına bir mandala deseni çizdirmek için bir ressamla görüşmek istiyordu, ayrıca teslimi geciken yeni yoga matlarının takibi yapılmalıydı. Gelecek hafta cumartesi gününe kadar bitirilmesi gereken tüm işler bunlardı.

Hayat akıp gidiyordu. Sanki bir saat başının üstüne durmaksızın tik tak ediyor ve her şey kalbini tekletmeye yetecek bir hızda ilerliyordu. Her şeyi yavaşlatmak ve hayatına ara vermek istiyordu. Henüz hazır değildi, henüz değil.

"Kendi gerçeğini yaşa." Parlak neon harflerle yazılmış bu cümle gözünün önüne gelince suçluluk hissetti. Hepsine aynı anda söylemeyi istemek konusunda haklı olduğunu biliyordu. Tek seferde ve yüz yüze.

Gelecek haftaya dair düşüncelerinden sıyrılıp yoga sınıflarında stresli profesyonel çalışanlara ve çok meşgul olan ebeveynlere nasıl rahatlayacaklarını ve nefes alacaklarını öğretirken kullandığı teknikle nefes alıp verişine odaklanmaya çalıştı. "Ne komik" diye düşündü, çok doğal ve -çok içgüdüsel- olan bir şey bazen çok zor olabiliyordu. Eğer kendine izin verse korkunun âdeta odasının açık camından içeri girip kendini sarmalayacağını biliyordu. Ama bunun olmasına izin vermeyecekti. Hele yanında Tom yatarken asla. Düğün hakkında ya da ailesindeki iyileşmesi gereken yaralar hakkında ya da vermesi gereken haberler hakkında düşünmeyecekti. Şimdi değil. Şimdi tek yapması gereken nefes almaktı.

BÖLÜM 8

Margot yanındaki duvarın üzerindeki duvar kağıdından parçalar kopartarak yatağında uzanıyordu. Duvar kâğıdının üzerindeki çocukluğundan kalma, artık güneşten renkleri solmuş olan çiçeklere -gelincik ve sarmaşık güller- dair bir şey içinde bir karıncalanma duygusuna sebep oluyordu. Kaç sabah bu yatakta uyanmış ve gözlerini bu duvar kâğıdına açmıştı? Altındaki yatağın çökük yeri ve o çiçek desenleri o kadar tanıdıktı ki bir an için Margot kendini büyümüş bir kadın değil de yeniden bir genç kız gibi hissetti. O tuhaf, değersiz genç kız.

Parmaklarıyla gülün dalını takip ederek iki kâğıdın birleştiği yere dokundu. Kâğıdı kaldırıp daha sert çekti ve kâğıt parçasının tek bir parça halinde yırtılmasını izledi. Kâğıt parçası elma kabuğu gibi parmağının etrafında dolandı. Onu da daha önce yırtıp attığı diğer parçaların yanına atmadan önce kıvrılmış halini inceledi. Duvara eğilip baktığında duvarda kendi yüzünün boyutunda bir iz olduğunu görünce şaşırdı.

Bir insanı olduğu kişiden sıyırıp atan bir eve dönüş ne demekti? İnsanı anında bir zamanlar olduğu kişinin gölgesinde döndüren bu dönüş de neyin nesiydi? Sanki çocukluğunun geçtiği evin kapısından içeri girmek bir tür geri dönüş gibiydi. Kendini test etti. Evet hâlâ oradaydı, derinlere gömülü, kendi katmanlarının altına gizlenmiş ama hâlâ orada içten içe kaynıyordu. Acı. Utanç. Varlığını delip geçen nahoş bir ağrı. Bir yere dair yarım kalan bir meselenin olması çok yıpratıcıydı.

Orada daha fazla yatar halde durmaya dayanamayıp hızlıca kalkarak giyindi. Çantasından bir tişört çıkartırken kıyafetlerinin yanındaki votka şişesini fark etti. Tüm çantayı yatağının altına sıkıştırmadan önce şişeyi kazağının içine sıkıca sarmıştı. Şişeye dokunmayacağına dair kendine söz vermişti. Yalnızca acil durumlar içindi. Duvara dönüp baktı, yatağının oradaki duvarın üzerindeki çirkin izi birkaç yastıkla kapattı ve odadan çıktı.

Ev sessizdi. Mutfağa girip umutla bacaklarına sürtünen yaşlı kedileri Pinter'ı besleyerek kahve hazırladı. Sonra kahvesini yudumlayarak arka kapının girişine oturdu. Dün gece geç saatlerde kuledeki çalışma odasına giden Kit'in ayak seslerini duymuştu. Önceki tecrübelerinden annesinin bir süre daha kalkmayacağını biliyordu. Kit'in her zaman diğerlerinden daha farklı bir düzeni olmuştu. Kit romanlarından birini yazarken, Margot daima farklı bir zaman diliminde olan biriyle birlikte yaşıyorlarmış gibi hissederdi. Eskiden annesinin bu kadar uzak olmasına çok içerlenirdi ama bu sabah şu anki yalnızlığı için minnettardı. Dışarıda bahçe nemliydi. Sabah erken saatte yağan yağmur durmuştu ve çimenlerin üzerinde görebildiği kadar uzağa yayılmış olağanüstü bir örümcek ağı denizi vardı. Çiğ damlalarını yakalayan gümüş rengi örümcek ağları yeşil çimenleri kaplamıştı. Biraz daha uzakta, ilerideki meyve bahçesinde dalından yere düşen bir elmanın tok sesini duydu. Çürümesinin ne kadar vakit alacağını merak etti. Burnuna tanıdık bir koku geldi, vadiden yükselen nehirle birlikte zihninde davetsiz görüntüler belirdi: Yeşil su, koyu renk çamur ve hırpalanmış tırnaklar. Margot yutkunarak başını elindeki fincanına doğru eğdi ve o tanıdık koku ve görüntülerin yerini kahvenin acı kokusu aldı.

Yıllardır ilk kez dün akşam annesiyle baş başa kalmıştı. Lucy'nin acemice oyunu işe yaramıştı. Margot elbette çabalamak için kendini hazırlamıştı. Normal hissetmek istiyordu; masada oturup annesine akşam yemeği hazırlarken yardım etmek, herhangi bir akşammış gibi hissetmek istiyordu. Şarap. Akşam yemeği. Sohbet. Bir süredir görüşmemiş anne ve kızın olan bitenler hakkında sohbeti. Bundan daha sıradan ne olabilirdi ki?

Kendisi için olmasa bile Lucy'nin hatırına her şeyin üzerine bir çizgi çekmek annesi için çok mu zordu? Buradaydı ne de olsa. Bunun bir anlamı olmalıydı değil mi? Geçmişin hayaletini canlandıran Kit'ti. Canlandırmasa bile yangına körükle gitmişti. Tüm geçmiş hataları kelimeler, duygular ve suçlama ile karışık bir bomba gibi üzerine atılmıştı ve Margot kalbi göğsünden fırlayacakmış gibi atarak mutfak masasında oturmuş, annesinin söylediğini doğru duyup duymadığını düşünüyordu. Evet doğru duymuştu. Annesi o konuya giriyordu. "Konuş benimle" demişti. "Neden yaptın?"

Kıl payı ile kurtulmuştu. Bir yanı gerçekleri söyleyip onca yıldan sonra annesiyle yakınlaşmak istiyordu. Ama hâlâ o içini yakan utanç duygusu vardı. Ve tabii Lucy, onun büyük günü ve kız kardeşine normal bir aile olacaklarına dair verdiği söz de vardı. Belki de her şeyden çok bu, kelimelerin ağzından dökülmesine engel olmuş ve odayı terk etmişti.

Lucy'nin mutlu aile oyunu oynamak istediği çok açıktı. Görünüşe göre kız kardeşi herkesi Windfalls'a çekebilirse geçmişe sünger çekilebileceğine, anne ve babasının yeniden arkadaş olabileceğine, Kit ile Margot'nun birkaç sene önceki olayları unutabileceğine ve her şeyin mucizevi bir şekilde çözülebileceğine inanıyordu. Ne var ki Lucy'nin daima naif bir iyimser yanı olmuştu çünkü Lucy hikâyenin bütününü anlamıyordu. Nasıl anlasındı ki? Kit ve Margot devasa ve akıl almaz bir akıntı gibi akan geçmişleriyle bir nehrin farklı taraflarında bulunan yetişkin iki kadındı. Atlatılacak dört gün. Dört gün daha kendini tutacak ve ayrılmadan önce Lucy'nin olmasına ihtiyaç duyduğu kız kardeş olup doğru şeyi yapacaktı.

Lucy'yi, düğünü ve dün gece Eve ile yaşanan gerginliği düşününce telefonuna uzandı ve kız kardeşlerine hızlıca mesaj attı: "Bana biraz iş verin. Yardımcı olmak istiyorum. M. Öptüm." Mesajı gönderir göndermez telefonu çalmaya başladı. Ekranda 'Jonas' ismi görünüyordu. Bir an için duraksadı sonra telefonunu sessize alarak aramanın bitmesini bekledi. Dışarda bir kumru ötüyordu. Arama bittikten sonra yeniden harekete geçti.

Bahçede yumuşak bir hava vardı. Yapraklar sabah yağmurundan kalma damlalarla hâlâ ıslaktı ve zemin, tepeden aşağı gümüşi bir yeşil renkte ayaklarının altında eğiliyordu. Meyve bahçesindeyken o bildiği Bramley elması ağacının yanından geçti. Ağaç nehrin üzerinde doğru eğiliyordu ve gövdesine oyulmuş beş tane harf vardı: K.T.E.L.M.

Margot harflere bakarken ağacın gövdesine yaslanıp harfleri oyan Lucy'nin elindeki bıçağın gümüş renginde parlayışını hatırladı. Uzanıp harflere dokundu. Başka bir zamanda başka bir Margot'ydu. Aklı aynı bıçağa dair başka bir hatırasına kaydı. Yıllar sonrasına ait bu hatırasında bıçak kendi elinde açtığı yarasıyla buluşup derine saplanıyordu. Bir kadının bağırışı duyuluyordu. Bıçak yere düşmüştü. Margot'nun ayakları sertçe yere vurdu. Öfkesini kontrol altında tutmaya çalışıyordu.

Vadinin eğimli tarafı doğal bir eko alanı oluşturuyor, tepelerde öten kuşların sesini yansıtıyor ve uzaktaki bir traktörün sesini arttırıyordu. Meyve bahçesinin uzak bir köşesinde nehre ve nehrin kenarındaki yola açılan demir kapıyı görebiliyordu. "Yeterince cesur muyum?" diye düşünerek ağacın gövdesine dokunup bekledi. Yıllardır o yoldan geçmemişti. Gözlerini kapattı. İçinde duvar kâğıtlarını soyarken hissettiği o yıkıcı duyguların yükseldiğini hissedebiliyordu. Bu bir mecburiyet; tıpkı bir yarayı kaşımak için duyulan dayanılmaz istek gibiydi. Gözlerini açıp tepenin kenarından nehrin aktığı yere doğru ilerledi.

Kapıdan geçerek nehrin yanındaki yola çıktı, yeşil su önünde sessizce uzanıyor, eski bir kayık suyun kenarında kendi halinde çürüyordu. Derin bir nefes aldı, başını suya döndürerek bir nefes daha aldı. Ve bir nefes daha...

Varlığından rahatsız olan bir grup ördek uçmaya başladı. Aniden çıkan bu sesle irkildi ama sonra ördeklerin nehrin üzerine yansıyan gölgeleriyle uçtuklarını görünce rahatladı. Ördeklerin vakvaklaması gittikçe uzaklaşıyordu. Yolun kenarında, gölgede kalan sarmaşığı ve keresteleri görmezden gelerek suyun üzerindeki iskeleye ilerledi. Ahşap zemin ayaklarının altında çatırdadı. Nemli zemine oturarak ayaklarını iskeleden sarkıttı ve suyun yüzeyinde oluşan girdapları izledi. Tepesinde küçük sinekler uçuşuyor, sazlıklar suyun altında bir deniz kızının saçları gibi salınıyordu.

Bir süre sonra yanına bir yusufçuk kondu. Rüzgârda uçuşurken parlayan metalik yeşil ve mavi renkleriyle şeffaf kanatlarına hayran kalarak onu izledi. Yorgun görünüyordu. "Nasıl hissettiğini anlıyorum" diye düşündü. Gözleri yusufçukta, telefonunu eline alarak açılmayı bekleyen sesli mesajını oynattı.

"Margot. Benim. Konuşmamız lazım. Beni ara. Lütfen."

Jonas'ın sesi -özellikle o İskandinav aksanıyla kelimeleri yutuşu- gözlerini kapatmasına neden oldu. Gözünün önünde onun kirli sarı saçlarını, dağınık sakalını ve gök mavisi gözlerini görebiliyordu. Jonas, gardını indirip insanların kendisine yakınlaşmasına izin verdiğinde ne olduğunun mükemmel bir örneğiydi. Kafa karışıklığı. O karanlık utanç. Tam bir geri zekâlıydı; düzeltilmesi gereken yeni bir hatası olan bir geri zekâlı. İç çekerek geri arama tuşuna basıp bekledi.

"Selam" dedi Jonas hemen cevap vererek. Sesi kısık ve yumuşaktı.

"Benim."

"Selam." Jonas tereddütle "Aramana sevindim. Beni görmezden geldiğini düşünüyordum" dedi.

"Hayır."

Sessizlik oldu. "Çok ani gittin."

"Sana not bırakmıştım."

"Evet. 'Aile meselesi' yazmışsın. Tabii. Çok açıklayıcı."

"Kız kardeşim evleniyor" diye açıkladı.

"Hee."

"Evet, bize de son dakikada haber verdi."

"Anladım." Uzun bir sessizlik oldu. "Kavalyeye ihtiyaç duymadın mı? Seninle gelebilecek yardımsever fotoğrafçı bir arkadaşa?"

"Teşekkürler ama bu hafta sonu çalışmayacak mısın? Ayrıca Luce'un senin gibi çok başarılı bir fotoğrafçıya bütçe ayırabileceğini sanmıyorum."

"Para istemezdim. Arkadaşın olarak yapardım."

Aralarındaki sessizlik büyüdü. Gözünün önüne yatağında çıplak bir halde uzandığı an geldi. İçini çekti ve görüntüyü aklından uzaklaştırdı. Tam bir fiyaskoydu. "Geçen gece hakkında konuşalım mı?" diye sordu.

Jonas "Olur" dedi hiç istemeyerek. "Olanları görmezden gelemeyiz" dedi ve duraksayarak devam etti "Görmezden gelmek istemiyorum."

Ne söyleyeceğini bilemedi. Sessizliği bozmak için ilk konuşan Jonas oldu.

"Boş oda ilanım için geldiğinde bunun yalnızca bir anlaşma olması gerektiğini biliyordum ama seni tanıdıkça benim için önemli biri oldun Margot. İyi bir arkadaş oldun."

"Evet" dedi duyduğu kelimeleri düşünerek. "Arkadaşız."

"Evet. Ancak geçen gece olanlar... Şaşırdım ama fark ettim ki..."

Margot gözlerini kapayarak "Yapma bunu" diye düşündü.

"Benim sana karşı hislerim var." Margot nefesini tuttu. "Yani merak ediyordum acaba senin de..."

"Stres yapma Jonas" dedi sözünü keserek. "Sorun değil. İkimiz de sarhoştuk. Bir anlamı yoktu."

Bir an bekledikten sonra "Yok muydu?" diye sordu Jonas. Aralarındaki sessizlik gittikçe büyüdü. "Ben düşündüm ki; belki sen de..."

"Yalnızca arkadaşız Jonas, tamam mı? Ev arkadaşı. İşleri karmaşık bir hale getirmeyelim."

Jonas bir süre sessiz kaldı. "Evet, tabii."

Margot nehri izliyordu. Jonas'ın sesindeki kırgınlığı duyuyor ve içi sızlıyordu. Elini kalbinin üzerine götürdü. "Aramız iyi mi?" diye sordu sesinde sahte bir neşeyle.

"Evet" dedi Jonas tereddütle. "Sen iyi misin? Olmasan bile söyler miydin? Bir şeye ihtiyacın var mı? Arkadaş olarak?"

"İyiyim" diye yalan söyledi. "İyi olmasam söylerdim." Nehrin uzak köşesinden bir şey dikkatini çekti. Yukardan sarkan dalların arasına sıkışmış beyaz bir şey gördü. "İyi." Arkadan farklı konuşmalar duydu. "Evet, ışık yansıtıcı ve yedek batarya."

Jonas telefondan uzakta konuşuyordu. "Pardon" dedi konuşmaya geri dönerek. "Çekimdeyim. Bir erkek grubu." Kısık sesle ekledi: "Tam bir diva gibiler. Bu kadar saç ürününü hayatında görmemişsindir. Gitmem gerek. Gelecek hafta eve dönecek misin?"

"Ev" diye düşündü. Oraya evim diyor muydu gerçekten? "Evet, gelecek hafta oradayım" dedi. Gözlerini kırparak yeniden ağaç dallarına takılmış olan nesneye odaklandı. Bir kayığın gövdesi gibi kavisli, düzgün biçimde beyaz çubuklar yığını. "Görüşürüz o zaman."

"Tamam Margot. Görüşürüz."

Telefon kapandı. Margot bir süre daha telefon kulağında nehri izleyerek öylece durdu. Konuşurlarken aklına gerçek olması korkunç bir düşünce geldi. Belki de Windfalls'a geri dönmek bir geri dönüşten çok bir kabullenmeydi. Evden kaçışından -buradan uzakta geçirdiği onca yıldan sonra- hâlâ aynı kişiydi, değişmemişti. Eskiden olduğu -ve şimdi olduğu- kişiden kaçış yoktu.

Nehrin uzaklarına bakarak yutkundu. Tuhaf çubukların olduğu şekil daha da netleşmeye başlamıştı. Kıvrımlı şekiller artık daha anlaşılır görünüyordu. Korkuyla onların çubuk değil kemik olduklarını fark etti. İskelenin en ucuna kadar giderek yanlış mı görüyorum düşüncesiyle uzun uzun baktı. Kesinlikle kemikti. Kan beynine sıçramıştı. Kalbi hızla atmaya ve nefesi sıkışmaya başladı. Ne yapması gerektiğini düşündü. Elini suya soktu ama su buz gibiydi. Lucy olsa kıyafetlerini çıkarıp suya atlardı ama o Lucy gibi değildi.

Etrafına bakındı ve nehrin kenarındaki eski kayığı fark etti. Bir süre kayığı izledi. Daha yakınına gidince kötü durumuna rağmen üzerinde görünen bir delik olmadığı için suyun üzerinde durabileceğini gördü. Oturma kısmının yanında bir tane kürek vardı. Ahşap gövdeye ayağıyla vurarak ahşaptan gelen tok sesle iyice emin oldu. Etrafına hızlıca bakarak iskeleye bağlı yıpranmış ipleri çözdü ve kayığı nehre doğru itmeye başladı.

BÖLÜM 9

Eve sıcak bir duş almak için banyoya girdi. Sıcak suyun altında, jiletle koltuk altlarının üzerinden geçerken kızlarının uzaktan gelen kahkaha seslerini duyabiliyordu. May'in tiz kahkahalarına ablasının daha tok sesli kahkahaları eşlik ediyor, "Dur Chloe. Dur!" diye bağırıyordu May aslında hiç durmasını istemeyerek. Eve iç çekti. Şu an üstlerini değiştirip okul çantalarını hazırlıyor olmaları gerekiyordu. Andrew yanlarındaydı. O ilgilenebilirdi.

Gözlerini kapatıp saçlarını şampuanladı. Köpüğü durularken başka bir yerde olduğunu hayal etti: Karanlık bir barda, uzun bir taburede oturmuştu ve önünde kokteyl bardağı ile yanan küçük bir mum vardı. Yanındaki taburede bir adamın oturduğunu hayal etti. Adam ona doğru eğilmiş ve kendine çekmek için uzanmıştı, sıcak dokunuşu…

"Anneeeeee!"

Eve hızlıca gözlerini açtı ama hemen sıkıca kapattı. Çok geçti. Gözüne çoktan şampuan kaçmıştı bile. "Siktir" dedi havluya uzanarak.

"Kötü bir kelime söyledin."

"Evet, evet söyledim."

Başını suyun altına sokup hiç köpük kalmayana dek duruladı. Gözlerini yeniden açtığında May'i duş kabininin önünde beklerken gördü. Okul kıyafetini yarım yamalak giymişti, altında hâlâ pembe renkli üzerinde boynuzlu at deseni olan pijaması ve elleri ile ağzında hâlâ Marmite sosu (E.n: Bira mayasından elde edilen ve İngiltere'nin en sevilen sos çeşitlerinden biridir. Oldukça lezzetli olan sos genellikle kahvaltılarda kızarmış ekmeğin üzerine tereyağı ile birlikte sürülerek tüketilir) kalıntıları vardı. Yüzü asık bir şekilde "Anneciğim, Chloe beni öldürmeye çalışıyor" dedi.

"Hayır çalışmıyor hayatım."

"Evet çalışıyor. Üzerime oturup bana babamın ayakkabılarını koklatıyor."

Eve gözlerini devirdi. "Peki neden böyle bir şey yapıyor."

"Çünkü o Scooby Doo'yu izlemek istiyor, ben ise Paw Patrol'u."

"Okuldan önce televizyon yok demiştim."

May dudaklarını büzdü. "Babam izleyebilirsiniz dedi."

"Öyle mi dedi?" Eve iç çekti. "Birazdan yanınıza geleceğim. Chloe ile konuşurum ve babanla da. Tamam mı?"

May bunu bir zafer olarak görüp duş kabininin camına sarıldı. "Seni seviyorum anneciğim" dedi camı öperek. Duş kabininin camına yapış yapış Marmite sosu bulaştırdıktan sonra biraz geriledi. Eve camdaki ize baktı ve kendi kendine sorun olmadığını söyledi, kızıyla yaşadığı bu sevgi anının tadını çıkarmaya çalışıyordu. Eğilip May'in iz bıraktığı yeri öptü. "Ben de seni seviyorum. Hadi şimdi git giyin ve kız kardeşinden uzak dur."

May banyodan ayrıldı. Eve kurulanıp kıyafetlerini giydi. Saatini kontrol etti. Yola çıkmadan önce yirmi dakikaları daha vardı. Alt kata indiğinde Chloe'yi hâlâ pijamaları üzerinde, saçları taranmamış bir halde kanepede oturmuş cips yerken buldu. Minderler yere saçılmış, bir çiçek vazosu devrilmişti ve içindeki su halıya damlıyordu. Ön kapıdaki ayakkabı sepeti salona getirilmiş ve dağıtılmıştı. Televizyonda sinir bozucu bir müzik vardı.

"Chloe! Bu ne hal?"

Chloe dalgın bakışlarını ekrandan ayırdı.

"Neden hâlâ giyinmedin? Bu dağınıklık ne? Baban nerede?"

Chloe, bir programı olmayan dokuz yaşındaki bir çocuğun umarsızlığıyla omzunu silkti. "Babam mutfakta."

May saçları iki yanda toplanmış ama hâlâ yarı giyinik halde odaya girdi.

"Neden bu ayakkabıların hepsi burada?" diye sordu Eve öfkesi gittikçe artarak.

"May onları bana fırlattı."

"O da bana bebek dedi."

"Bebek de ondan. Scooby Doo'dan korkuyor." Chloe bakışlarını yeniden ekrana çevirdi.

Bu bardağı taşıran son damla oldu. Eve uzaktan kumandaya uzanarak Chloe'nin itirazlarına rağmen televizyonu kapattı.

"Şu dağınıklığı toplayın. İkiniz de."

"Ama bu hiç adil değil" diye sızlandı May. "Ben dağıtmadım ki."

Eve içindeki kalan suyun tamamı dökülen vazoyu kaldırdı. "Hemen" diye bağırdı. "Başka bir kelime duymak istemiyorum."

Chloe ayağa kalkıp ayakkabı sepetine yöneldi ve dramatik bir iç çekişle Andrew'ün spor ayakkabılarından birini alarak sepetin içine bıraktı.

"Çok mızmızsın" dedi May savaşı kendisinin başlattığını unutarak, şimdi her ikisi de annelerine karşı cephe almışlardı. Eve, Andrew'ü mutfakta, kirli mısır gevreği kâseleri ve kahve fincanlarının arasında dizüstü bilgisayarının başında buldu. Pencere önündeki radyodan müzik sesi geliyordu. İçindeki kalıntıları donmuş olan bir yulaf tavası lavabonun içine bırakılmıştı. Tezgâha kahve taneleri dökülmüştü. Yarısı dolu olan bir şişe süt buzdolabının yanında öylece duruyordu. Yüzü asık, kaşları çatılmış bir halde oturan kocasına bakarak kapının önünde dikildi.

Andrew başını kaldırıp "İyi misin?" diye sordu.

"Hayır, hiç de iyi değilim." Yürüyüp radyoyu kapattı.

"Onların sesini bastırmaya çalışıyordum" diye itiraf etti gülümseyerek. "Her şey yolunda mı?"

"Kızların oturma odasını mahvedip okul için hazırlanmamış olmaları dışında mı?"

"Kusura bakma. Şu elimdeki iş yüzünden dikkatim dağıldı. İyi vakit geçiriyor gibiydiler."

Eve tek kaşını kaldırdı.

"Ne?"

"Üçüncü Dünya Savaşı çıkmak üzereymiş ama sen farkında bile değilsin. Sabahları biraz daha yardımcı olacağını söylemiştin."

"Buradayım değil mi?"

"Tam olarak değilsin. Yani gerçekten burada değilsin. Kafan hâlâ işinde."

"Onlar bebek değiller Eve. Her dakika izlemene gerek yok. Ayrıca acil bir iş çıktı." Eve'e gülümsedi. "Problem yok. Hazır ve nazır buradayım."

Eve iç çekti. Mesele bu değildi ki. Etrafındaki dağınıklığa bakarak kendisini beklemekte olan saç fırçaları ve okul ayakkabılarıyla edilecek savaşı, okula yetişme telaşını, bu sırada unutulacak olan müzik enstrümanları ve beden eğitimi eşyalarını düşündü. Ayrıca, istihdam ofisinde onu bekleyen işler aklına geldi -belki Andrew'ün işleri kadar önemli değildi- ama yine de işti ve düzgün bir şekilde yapılması gerekiyordu. Gelecek haftayı ve cumartesi günü Lucy'nin düğününden önce yapılması gereken ve gittikçe çoğalan işleri, Kit ve Margot arasında yükselen gerilimi, cuma akşamı onlarla birlikte aynı masaya oturacak olan Sibella'yı ve bunca karışık duyguyu nasıl idare edeceklerini düşündü. Her şeyi düşününce kendini çoktan yenilmiş hissetti.

"Hep böyle miydi?" diye düşündü? Her zaman her şeyi bir arada tutmak mı istemişti? Geçmişi ve kız kardeşlerinin okula götürmesi için hazırladığı öğle yemeklerini düşündü, çünkü annesi geç saatlere kadar çalıştığı için hazırlamayı unutuyor ya da hâlâ uyanmamış oluyordu. Ya da onun yıkamayı unuttuğu okul üniformalarını yıkıyor, saç örgülerini yapıyor ya da imzalaması gereken okul belgeleri için Kit'in başının etinin yiyordu. Sanki hayatı boyunca omuzlarında sorumluluk hissiyle büyümüştü. Hatta bu yüzden kendi çocuklarına annesi gibi bir ebeveyn olmamaya, her zaman orada olan ve güvenilir bir anne olmaya karar vermişti. Yalnızca elinde yapacak çok iş olduğu için her zaman çocuklarının yanında olmak zordu. Bazen artık devam edemeyecekmiş gibi hissediyordu.

Andrew ayağa kalkıp su ısıtıcısını çalıştırdı. "Sana bir fincan çay yapayım." Sarılıp Eve'i kendine doğru çekti. "Kızma bana. Özür dilerim. Çabalayacağım."

Eve dudaklarını ısırarak başını salladı ve kendini Andrew'ün güven veren kollarına bıraktı. O sırada Margot'dan gelen mesajla telefonu titredi. "Eh bu da bir şeydir" diye düşündü. Birazcık yardım elbette iyi olurdu. Hızlıca cevap yazıp gönderdi, sonrasında da babasına mesaj attı.

Andrew içini çekerek su ısıtıcısının başına döndü. "Son dakika düğün operasyonu nasıl gidiyor?" diye sordu fincana su dökerken.

"İyi" diye cevapladı Eve telefonunu bir kenara bırakıp. "Gerçi sanırım babamla birlikte bir şenlik ateşi yakacaksınız. Annem havai fişek istiyordu ama görünüşe göre onu bu fikrinden caydırmışım."

"Şenlik ateşi? Havai fişekler mi? Şatafatlı bir şey olmayacak sanıyordum."

"Yetmiş kişiden fazla misafir gelecek olan bir düğüne şatafatsız olacak diyebilirsen tabii."

Andrew ona bakıp kahkaha attı. "Şu ailen yok mu!"

Eve içinde bir rahatsızlık hissi duydu. Arkasını dönüp kirli kâseleri sudan geçirip bulaşık makinesine dizmeye başladı. "Bu akşam okul aile birliği toplantım var. Kızların yanında sen durur musun?"

"Bu akşam mı?"

"Evet. Yedide."

"Tanrım. Eve özür dilerim ama iş yemeğim var. Biliyorsun sanıyordum." Tezgâhın üzerinden ona bir fincan çay uzattı.

Eve ona uzun süre baktı. "Takvimde işaretlememişsin."

"İşaretli değil mi?" Dizüstü bilgisayarını kapatıp çantasına koydu. "Kusura bakma hayatım. Benim hatam. Bebek bakıcılığı yapmama ihtiyaç duyacağını düşünemedim."

Kan beynine sıçrıyor gibi hissetti. "Kaç kere söylemem lazım, kendi çocuklarınla ilgilenince bebek bakıcılığı yapmış olmuyorsun." İç çekti. "Ne yapacağım o zaman?"

"Alt tarafı okul aile birliği. Sensiz yapamazlar mı?"

Elindeki kâseyi sert bir şekilde bulaşık makinesine koydu. "Mesele bu değil. Bir söz verdim."

"Bakıcı tut o zaman." Andrew başını kaldırarak baktı. "Kusura bakma ama bu yemeği kaçıramam. Önemli bir müşteri." Biraz yumuşayarak, "Biliyorum, yapın böyle ama hem okul toplantıları, hem de kız kardeşinin düğünü derken kendini çok yoruyorsun" dedi.

Eve bir avuç dolusu çatal kaşığı makineye koydu, bir bıçak elinden kayarak yere düştü. "Evet, kendimi çok yoruyorum." Diğerlerinin ne kadar az iş yaptığına dair sözlerini içine atarak lavabonun başında bekledi. Ne kadar üzgün olduğunu Andrew'ün fark etmesini umuyordu ama o eşyalarını toplamaya devam etti. Sonrasında yanağından öpüp neşeli bir şekilde "Görüşürüz" diyerek mutfaktan ayrıldı. Eve bir süre daha oraya durarak duygularını dizginlemeye çalıştı. İçinden ona kadar sayıp mutfaktan çıktı ve kendisinin bile dayanamayacağı bir sesle kızlarına bağırarak "Eğer ikiniz de hemen hazırlanmazsanız okul müdürüne neden geç kaldığınızı pijamalarınızla anlatırsınız! Sizi okula bu halde götüremeyeceğimi düşünmeyin sakın" dedi.

Chloe'nin salondan "Vay" diye mırıldandığını duydu, "dünyanın en kötü annesi."

BÖLÜM 10

"Sence her şey yolunda gidecek mi?" diye sordu Ted, elinde kahve fincanıyla Sibella'nın stüdyosunun kapısına yaslanarak. Sibella için getirdiği fincanı kadının beyaz bir kil yoğurduğu tekerleğin yanındaki tabureye koymuştu. Yeteneğine hayrandı, tıpkı ilk yaptığı eseri gördüğünde hayran kaldığı gibi. Kilin yükselişi ve alçalışı, ellerinin arasında hareket eden materyalin dalgalanışı, tekerleğin üzerindeki ayağının hareketleri... Kadının yeşil gözleri tamamen odaklanmıştı ve yanağında ufak, beyaz bir kil lekesi vardı. Arkasındaki uzun raflarda sıra sıra beyaz çanaklar kurumaya bırakılmıştı. Parmaklarını ıslattı ve bir delik açmak için, kile verdiği şeklin ortasına yerleştirdi. Parmakları biraz içeri batıyor, sonra yeniden yükseliyor, inceliyor ve uzuyordu. Düzgün bir ağız kısmı yapmadan önce bir çıkıntı oluşturdu. Kendi işinde, Ted yoktan kelimeler var edip onları bir araya getirir ve kurgular oluştururdu. Hikâyeyi anlatması için karakterler yaratırdı. Ama Sibella'nın gerçek bir sanatı vardı. Yaptığı şey bir kurgu değildi. Tabaklar, sürahiler, kâseler ve çanaklar... Yaptığı iş fiziksel ve gerçekti. Bazen elinde olmadan onun sanatının gerçekliğine imrenirdi.

Kadın başını kaldırmadan cevaplayarak "Düğünü mü kastediyorsun?" dedi.

"Evet."

Sibella soruyu düşündü. "Bence herkes düzgün davranacak." Başını çarktan kaldırdı. "Yüzünü asıyorsun."

"Tom'u severim. Gerçekten. Ama bu acelenin sebebini anlamıyorum." Çayından bir yudum aldı. "Hamile olmalı."

"Belki de. Gerçi sen gidip de ona, kızımla evlenmelisin diyecek türden bir baba değilsin. Çünkü kendin de yapmamışsın."

"Doğru" dedi kuru bir kahkahayla. "Kit ve ben evlilik dışı çocuklar dünyaya getirdik." Başını eğip parmağındaki altın yüzüğe baktı. Sibella'nın yüzüğü parmağına geçirdiği anı hatırladı. Kit ile evlenmeden geçirdiği ve hâlâ emin olamadığı onca yıldan sonra bu kadınla evlenmesi neden o zaman çok önemli hissettirmişti bilmiyordu ama Sibella ile evlenmenin doğru bir karar olduğunu biliyordu.

"Belki de çok basit: Ona âşık. İkisi için de doğru bir zamandır."

Ted gülümsedi. "Sanırım bunu anlayabilirim. Sanırım Lucy'nin o tez canlı hallerinin yanı sıra güçlü ve romantik bir yanı da var. Ama tamamen bir muamma. Tüm kızlarım gibi."

"Senin için tüm kadınlar bir muamma" dedi Sibella. Parmaklarını yeniden suya batırıp elindeki çanağın ağız kısımlarını yumuşatıyordu. "Etrafın kadınlarla çevrili olduğu halde bunu bu zamana kadar anlamamış olmana şaşırdım."

"Ailemde bir bebek çok harika olmaz mıydı? Gerçek bir lütuf. Belki de törende açıklayacaklardır?"

Sibella gülümsedi. Çarkı yavaşlatarak önündeki çanağı incelemeye başladı.

"Porselene mi devam ediyorsun?" diye sordu Ted.

Sibella başını salladı. "Yapısında bir şey var. Çok kırılgan. Çok nazik dokunman gerekiyor. Çarktayken kolay değil ama öğrenmek hoşuma gidiyor."

Ted stüdyonun pençelerinden sızan güneşin raflarda kurumaya bırakılmış narin, beyaz parçaların üzerine nasıl vurduğunu fark etti. "Haklı" diye düşündü. Harika bir şekilde narin bir saflıkları vardı.

"Erken kalkmıştın" dedi kadın. "Çalıştın mı?"

Ted başını salladı. "Yeni taslağı Max'e göndermeden önce son sahneyi gözden geçirmek istedim."

"İyi oldu mu sence?"

Ted, Sibella'nın sorusunu düşündü. Son birkaç ayını babalar ve kızları arasındaki karmaşık ve derin ilişkileri anlattığı yeni oyununa gömülmüş bir halde geçirmişti.

"Bence iyi. Aceleci davranıp hata yapmak istemiyorum ama bence iyi oldu. Hatta belki de en iyi işim. Gerçi nasıl olduğunu bilirsin" diye ekledi. "Bazen su gibi akıp gider, bazense sanki senin bu çarkında bir şeyler yapıyormuşum gibi biçimsiz facialar ortaya çıkar."

Sibella kahkaha atarak "Hepimizin öyle günleri olur" dedi.

"Cuma akşamı için The Bridge'de yer ayırttım" dedi Ted konuyu değiştirerek. "Geleceksin değil mi?"

Sibella yüzünü buruşturdu. "Sence gerçekten iyi bir fikir mi?"

"Lucy özellikle gelmeni istedi."

"Sadece Kit oradayken gelmesem daha kolay olmaz mıydı?"

"Bu Kit ile ilgili bir mesele değil. Lucy ve Tom ile ilgili. İkisinin de senin gelmeni istediklerini biliyorum. Ayrıca düğünden önceki gece yenilecek bir akşam yemeği cumartesi gününün daha uyumlu olmasını sağlayabilir."

Sibella dudağını ısırdı. "Kızlarınla yakınlaşmam... İkimiz de biliyoruz ki bu Kit'i delirtiyor."

"Bu onun problemi" dedi Ted sertçe. "Lucy gelmeni istiyor."

Sibella iç çekerek taburesinde arkasına yaslandı, bakışları Ted'in üzerindeydi. "O zaman geleceğim" dedi.

Ted eğilip başından öptü, dudaklarına değen kızıl saçları yumuşak ve sıcaktı. Ted önünde oturan bu güzel ve yaratıcı kadının varlığı için içten içe şükrederken telefonu çalmaya başladı.

"Kim o?" dedi Sibella onun yüzünü buruşturduğunu görünce.

"Eve. Cuma günkü rezervasyona bir kişi daha eklememi istiyor." Sibella'ya baktı. "Margot dönmüş."

Sibella tek kaşını kaldırdı. "Bu iyi bir şey sanırım?"

Ted kuru bir kahkaha attı. "Altmışıncı doğum günü partimi unuttun mu?"

"Onu özledin. Özlediğini biliyorum." Sibella nazikçe gülümsedi. "Herkes için iyileştirici olabilir."

Ted tereddütle "Evet olabilir" dedi.

"Belki de geri dönmek yaptığıyla yüzleşmesine neden olur. Sonsuza kadar kaçacak hali yok ya."

"Evet" dedi Ted kaşlarını çatarak. Vadiye doğru bakınca güneşin gri bulutların arkasına doğru kaybolduğunu gördü. Sanki etraftaki tepelerin üzerine çekilen bir perde gibiydi. En küçük kızı Margot neyden kaçıyordu?

Sibella çay fincanına uzanıp bir yudum aldı. "Sanırım iyi tarafından bakarsak, en azından cuma akşamı masadaki tek istenmeyen kişi ben olmayacağım."

Ted başını sallayarak gülümsemeye çalıştı ama gözleri hâlâ vadinin üzerindeki karanlık bulutlardaydı.

BÖLÜM 11

Nehrin ortasına yaklaşırken, Margot yaptığının ne kadar aptalca olduğunu fark etti. Nehir üzerinde tek kürekle karşıya geçmeye çalışmak düşündüğünden daha zor çıkmıştı. Daha da kötüsü, eski kayık su almaya başlamış gibi görünüyordu. Başını eğip oturduğu yerin altına bakınca ayaklarının etrafında çamurlu suyun biriktiğini gördü. Bakışlarını uzağa, kemikleri gördüğü kenara çevirip tek kürekle elinden geleni yapmaya çalıştı. Biraz daha ilerleyince akıntıyı hissetmeye başladı. Gözünde, akıntının onu alıp götürdüğünü ve en sonunda soğuk ve insafsız bir okyanusa atana kadar kayığını sürüklediğini canlandırdı. Ama nehrin diğer yanındaki ağaca takılmış kemikleri hatırlayınca akıntıya ayak uydurarak azimle kürek çekmeye devam etti. Yaklaşmak imkânsızdı. Birbirine girmiş ağaç dalları suyun üzerine uzanıyor ve yaklaşmayı çok zor bir hale getiriyordu. Neredeyse elindeki küreği kaybedeceği birkaç denemeden sonra geniş dallardan birini yakalamayı başararak kendini çekti ve kemik yığınını görebileceği bir seviyeye gelene dek dallara tutunarak tırmandı.

Yakından bakar bakmaz haklı olduğunu anladı. Kaburga kemikleri -iskeleden baktığında gördüğü kısım buydu- hâlâ bozulmamış haldeydiler ve tepesinde kafatası olan bir omurga kemiğine bağlıydılar. Leş yiyen balıklar ve kuşlar tarafından tamamen temizlenmişlerdi. Ancak kemikler, korktuğu gibi bir insana değil bir geyiğe aitti. Eskiden gözlerin olduğu boş delikleri hayranlıkla ve bir rahatlama duygusuyla inceledi. İçinden, nehrin ortasında yavaşça batan bir kayıkta, ölü bir hayvanın iskeletine bakarak bulunduğu saçma hale gülmek geliyordu.

Ayakkabılarını ve pantolonunun paçalarını ıslatan suyu fark edince iskeleye doğru yeniden kürek çekmeye başladı. Nehrin ortasında mola vermek zorunda kaldı çünkü kol kasları kürek çekmekten yanmaya başlamıştı. Nefesini düzenledi ve suyun kayığa vurduğunda çıkardığı o sakin sesi dinleyerek koyu renkteki suya baktı. Yıllar önceki bir yaz akşamını hatırlamıştı, o akşam nehre atlamış ve kendini yavaş yavaş suyun derinliklerine bırakmıştı. Suya bakarken neredeyse kendini suyun altında sessizlik ve gölgelerin dünyasına batmış halde ışığa doğru bakarken görüyordu. Düşüncesi bile içinin titremesine neden oldu.

Derin bir nefes aldıktan sonra küreği alarak kaldığı yerden devam etti. Kayık daha çok su almaya başlamıştı, bu yüzden ilerletmesi de daha zorlaşmıştı. En sonunda iskeleye vardığında büyük bir rahatlama hissetti. Dışarı zıplayıp kayığı nehrin kenarına doğru çekerken ıslak ayakkabıları vıcık vıcık sesler çıkartıyordu. Kayığı yerine iyice bağladıktan sonra çok terlediği için üzerindeki kazağı çıkardı.

Dinlenirken kolundaki dövmeleri inceledi. Parmak ucuyla dirseğinin yakınındaki kalbin ve sarmaşık desenlerinin üzerinde gezindi. İlk yaptırdığı dövmesi dirseğinin yanındaki siyah kalpti, daha sonra tekrar tekrar aynı dövmeciye giderek dövme makinesinin iğnesini derisinde hissetme ihtiyacıyla yeni desenler ekletmişti. O elektriksel heyecan hissizliğini kırıyordu. Hissetmesini sağlıyordu. Acıyı hissedebiliyordu. Derisindeki dövmeler bu ihtiyacın kanıtıydı. Arka cebindeki telefonu titredi. Eve daha önce gönderdiği mesajına cevap yazmıştı. Sibella'ya gitmesini ve cumartesi günü için çiçekler hazır mı diye kontrol etmesini istiyordu.

"Güzel" diye düşündü. Bir işle meşgul olması onu evden ve Kit'ten uzak tutacaktı. Ayakkabıları ıslanmıştı ama gideceği yer çok uzak sayılmazdı. Yeniden nehrin kenarındaki yola çıktı. Windfalls'dan ve şimdiye kadar dikkatle uzak durduğu gölgelerin altında dalların ve sarmaşıkların arasında zar zor görünen kütük yığınlarından uzaklaşarak sola döndü ve kendisini vadinin öte yanına götürecek olan köprüye yöneldi.

BÖLÜM 12

Lucy ayakkabıları iri çakıl taşları üzerinde ses çıkartarak Milsom Sokağı'nda yürüyordu. Tepesindeki bulutların arasından güneş ışığı sızıyor ve her şeyi parlak, gümüşi bir renge boyuyordu. Bath'e özgü taş evlerin duvarları yansıyan güneş ışıkları ile birlikte bal rengine bürünmüştü. Lucy stüdyosunda bıraktığı raporları, onu bekleyen randevuları ya da gelecek haftanın organizasyonunu düşünmüyordu. Tek düşündüğü ayağının bu antik kaldırım taşlarına değmesi, yüzüne vuran nemli hava ve sokağın sonundaki bir dükkâna gitmek için girdiği dar sokakta boynundaki şalının uçlarını hafifçe kıpırdatacak kadar esen tatlı meltemdi. Bu kaldırım taşlarında yürümüş olan birçok kişiden biriydi; buradan geçmiş ve hâlâ geçecek olan insanlardan biri. Kendi önemsizliğini düşününce içinde bir rahatlık hissetti. Kaldırımın biraz ilerisinde bir anne önündeki iki küçük çocuğuna ulaşmak için koşturuyordu. Saçları at kuyruğu yapılmış çocuklar üç ya da dört yaşlarındaydı. "Koşuyorum, koşuyorum" diye bağırıyordu kızlardan biri. Koşarken kendi ayaklarını izliyordu. "İşte buradayım. İşte buradayım." Kız kardeşi de arkasından kıkırdayarak kendisine eşlik ediyordu. "İşte buradayım. İşte buradayım." Her ikisi de hem kendilerinden, hem de yaptıkları hareketten çok memnun görünüyorlardı.

Arkalarından takip eden Lucy gülümsedi. Windfalls'da kız kardeşleriyle birlikte olduğu, bahçede birbirlerini kovaladıkları, tepeden aşağıya yuvarlandıkları zamanları hatırladı. Hareket etmenin zevki. Eski elma ağacına ilk varan kazanır! Eve ve Margot da fena sayılmazlardı ama yarışları her zaman kendisi kazanırdı. Eve ile arasını düzeltecekti. Hafta sonu hepsinin bir araya gelmesi herkes için iyi olacaktı. Bunu biliyordu. "İşte burada, taze sonbahar havasıyla ciğerlerimi dolduruyorum" diye düşündü. Dükkândan içeri girerken kapının üstündeki zil öttü. Dükkânın sahibi Dorothea dikiş makinasının üzerinden başını kaldırıp, ağzına tutuşturduğu iğnelerin arasından "Selam canım" diye mırıldanarak onu selamladı. Lucy gülümseyerek bekledi. "Erkencisin" dedi Dot gülümseyerek. Elindeki dikişi bitirip ağzından iğneleri çıkarmıştı.

"Evet, heyecanlıyım."

"Elbette öylesindir. Elbisen arkada" dedi, başıyla dükkânın arkasındaki perdeli bölümü göstererek. "İçeri geç. Yardım gerekirse seslen."

Beş dakika sonra Lucy giyinme odasından çıkarak uzun boy aynasının önüne geçti. "Nasıl görünüyor?"

"Çok güzel" dedi elbisenin kenarlarını düzeltirken. "Üzerine tam oturuyor."

Canlı, kırmızı renkte ipek kumaştan yapılmış uzun, ben buradayım diyen cinsten gösterişli bir elbiseydi. Lucy elbisenin üzerine tam oturduğuna memnun bir şekilde elini kumaşın üzerinde gezdirdi. Elbiseyi Bristol'de eski kıyafetler satan bir dükkânın vitrininde görmüş ve bayılmıştı. Alışılmadık bir güne özel alışılmadık bir elbiseydi. Giyip giyebileceği açık ara en güzel kıyafet olduğunu biliyordu. "Harika bir iş çıkarmışsın. Sanki benim için yapılmış gibi oldu."

"Belki de öyledir" dedi kadın gülümseyerek. "Bu hafta sonu herkesin başını döndüreceksin."

"Evet" diye düşündü Lucy kaşlarını çatmış aynadaki yansımasını incelerken. "Öyle olacak."

Dot elbiseyi paketleyip dikkatlice torbaya koydu. Kapıdayken Lucy'yi yanağından üç kez öperek "İkinize de bir ömür aşk ve mutluluk dilerim" dedi.

Lucy sıkıca Dot'a sarıldı, bir anda içini saran duygu dalgasına yenik düştü ve gözleri doldu. Elbisenin olduğu torba o kadar hafifti ki elbise onu saran paketten bile daha hafif gibiydi. Bu yüzden rüzgârda sallanıyor ve yürürken bacağına çarpıyordu. Mide bulantısı başladığında elinde torbasını sallayarak Kraliçe Meydanı'ndaki uzun dikilitaşın yanından geçiyordu. Derin bir nefes alarak dikilitaşın çevresini saran demir korkuluklara tutundu ve kendini toparlamaya çalıştı. Boş bir bank görüp ona doğru yürümeye başladı. Banka oturup bulantısının en kötü kısmının geçmesini bekledi. Tepesindeki vişne ağaçları rüzgârda sallanıp uğulduyorlardı. "Hadi, hadi" der gibiydiler. Ama hareket edemiyordu. Henüz değildi. Birkaç derin nefes daha alıp yanından geçip giden insanlara odaklanmaya çalıştı. Elinde salladığı çantasıyla çizgili takım elbisesinin içinde dimdik duran adama, hava hakkında konuşan başlarında eşarpları olan iki gri saçlı kadına, kocaman kulaklık takmış ve müziğe göre kafasıyla ritim tutan genç adama, içinde uyuyan bir bebeğin olduğu bebek arabasını iten bir kadına. Onlar gelip geçerken bebek arabasından küçük mavi bir ayıcık Lucy'nin ayaklarının ucuna düştü. "Af edersiniz" diye seslendi oyuncağı alarak. "Bunu düşürdünüz."

"Teşekkürler" dedi anne banka gelerek. "Kaybetseydik felaket olurdu." Genç kadın oyuncak ayıyı dikkatle uyuyan bebeğinin yanına koyup battaniyesini düzeltti. O sırada Lucy aniden gözyaşlarına boğuldu.

"Ah" dedi anne onun ağladığını görünce. "İyi misiniz?"

Lucy cevap veremedi.

"Yapabileceğim, arayabileceğim biri var mı?"

"Özür dilerim" dedi Lucy en sonunda konuşacak hali kendinde bularak.

Kadın bebek arabasını banka doğru çevirip Lucy'nin yanına oturmadan önce çaresizce etrafına bakındı. "Burada bir süre sizinle otursam olur mu?"

Lucy başını salladı. Gözlerini sildi ve sonra kendine engel olamadan "Cumartesi evleniyorum" dedi.

Kadının gözleri şaşkınlıkla büyüdü. Lucy'den bunu duymayı beklemediği belli oluyordu. "Ah. Bu harika, değil mi?" diye ekledi.

Lucy başını salladı. Kadın çantasını karıştırdı ve "Özür dilerim, elimdeki tek şey bu" diyerek Lucy'ye buruşmuş bir mendil uzattı. "Çok bunalmış hissediyor olmalısın herhalde?"

Lucy meydana, ağaçların üzerinde sallanan yapraklara, oturduğu bankın yanından geçip giden hayatlara doğru baktı. "Lanet olası bir tahterevallinin üzerindeymiş gibi hissediyorum. Son dakika bir düğün yapmak iyi bir fikir gibi gelmişti. Ama şimdi, şimdi pek emin değilim."

"Kararsızlık mı yaşıyorsun?"

Mendille burnunu sildi ve bu yabancıya gerçeği nasıl söyleyeceğini düşündü. "Tom çok iyi bir insan. Çok cömert ve kibar. Her zaman doğru şeyi yapmak ister."

"Kulağa delice gelebilir ama bunlar onunla evlenmek için doğru sebepler gibi" dedi kadın parmağındaki altın yüzüğe bakarak. "Kendi düğün günümden birkaç gün öncesini hatırlıyorum da duygularımla yorgunluğum birbirine girmişti. Tüm o aile çatışmaları da cabası. Neden onlara katlandık bilmiyorum."

Lucy bitkin bir şekilde başını salladı. "Evet, tam olarak bu."

"Benim için söylemesi kolay -seni hiç tanımıyorum- ama eğer onu seviyorsan ve onun da seni sevdiğini düşünüyorsan gerisi için endişelenmemeye çalış. Aileler bir araya gelir ve o geceden hatırlayacağın tek şey sevdiğin kişilerle birlikte olduğundur. Bundan daha önemli pek bir şey yok."

Lucy kadına dönerek gülümsedi. "Teşekkür ederim."

Kadın onun elini tuttu. "Bu bebek ilk doğduğunda" başıyla bebek arabasını işaret ederek, "ilk altı ayı ağlayarak geçirdim; hem mutluluk, hem de keder gözyaşlarıydı. Hayattaki önemli olayların üzerimizde böyle etkileri olabiliyor" dedi.

Lucy gülümsedi. "Dertlerimle sizi de sıktım, özür dilerim." Uyuyan çocuğa baktı. "Güzel bir şey mi?" diye sordu. "Anne olmak yani?"

Kadının yüzü bir gülümsemeyle aydınlandı. "Harika. Dünyadaki en iyi iş."

Lucy bebeğin uzun kirpiklerinin mükemmel yumuşaklıktaki cildine değdiğini gördü. Rahatlamış bir şekilde elini kendi karnının üzerine koydu.

"Ben olsam ne yapardım biliyor musun?" dedi kadın çantasını toparlarken. "Alışverişe çıkar kendime bir şeyler alırdım. Bu seni iyi hissettirebilir."

"Bu kadar nazik olduğunuz için teşekkürler."

"Bizi ayıcık olmadan geçireceğimiz bir uyku krizinden kurtardığın için teşekkür ediyorum say." Kadın ayağa kalkıp bebek arabasına uzandı. "Cumartesi günü için iyi şanslar. Umarım harika bir gün geçirirsin."

Lucy son bulantı dalgasının geçmesini ve gözyaşlarının kurumasını bekleyerek meydanda bir süre daha oturdu. En sonunda elbisenin olduğu torbayı aldı ve küçük taşlı yoldan yürümeye devam etti. Kadın haklıydı. Alışveriş terapisi iyi gelebilirdi. Eve'in hoşuna gidecek ve ona "Teşekkür ederim" diyecek bir şey alabilirdi. Tabii Tom için de. Cumartesi günü için kol düğmelerine ihtiyacı olacaktı. Tırnakları kirli, kafasında güneş gözlüğü ve Woodland Trust'ta giydiği gündelik kıyafetleriyle kendisinin almayı düşüneceği bir şey değildi. Somerset kırsalında, doğal kaynakları koruma projelerinde kirletilmiş alanları temizleyerek ve su kaynakları ile vahşi yaşam alanlarını koruyarak çalışan biri için gömlekler ve kol düğmeleri pek de gerekli değildi. Evet, ona düğün günü için bir çift kol düğmesi hediye edecekti.

Mağazaya girdi ve giriş kattaki mücevher tezgâhlarına baktı. Elbisesi ile harika olacak hoş Art Deco saç tokaları ve şık küpeler tarafından dikkatinin dağılmaması için çabalıyordu. Kısa bir süre sonra, üzerine kibar bir halka oluşturan sarmaşık yaprakları işlenmiş iki tane sade altın bilezik gördü. Eve ile Margot'nun bayılacaklarından emindi. Tezgâhtardan kendisi için paket yapmasını isterken biraz ötedeki vitrinde kol düğmeleri olduğunu fark etti. Daha fazla satış yapmak isteyen tezgâhtar hevesle "Bakmak ister misiniz?" diye sordu.

Lucy sıra sıra dizilmiş parlak düğmeleri inceledi: Domino taşları. Mini Cooperlar, dur işaretleri, şampanya şişeleri. Daha kendi halinde olan Tom için çok züppe tercihlerdi. "Daha sade bir şey arıyorum" dedi. "Daha az gösterişli."

"Bunlara ne dersiniz?" diye önerdi tezgâhtar, kilitli bir vitrinden çıkardığı küçük, siyah kadife bir tablanın içindeki sade gümüş kol düğmeleri koleksiyonunu gösterirken.

Lucy koleksiyonu inceledi ve meşe palamudu şeklinde iki kol düğmesi gördü. Eline alıp ışığa doğru tutarak gülümsedi. "Meşe ağacından meşe palamutları." Doğal, güçlü. Tom'u ifade eden her şey.

Tezgâhtar hediyeleri paketlerken tanıdık bir kahkaha kulağına çalındı. Etrafına bakındı ve birkaç vitrin ötede duran uzun, geniş omuzlu, takım elbiseli ve saçları hafifçe açılmış olan bir adam gördü. Yanındaki arkadaşına doğru -koyu renk kıvırcık saçlı ve kalın kırmızı dudaklı ufak tefek bir kadındı- parlak bir küpe uzatıyordu. Lucy'nin dudaklarındaki gülümseme kayboldu. Kadın, kulağında parlayan küpesi ve yüzünde hayran bir ifadeyle, gözleri parıldayarak Lucy'nin eniştesine bakıyordu. Andrew kadına doğru eğildi ve gözlerini kısarak "Sana yakıştılar" dedi. Lucy dudaklarını okuyabilmişti. Kaşlarını çattı. Kadın, Eve'den birkaç yaş daha genç görünüyordu.

Andrew küpeleri arkadaki tezgâhtara uzatarak cüzdanını çıkardı. Yanındaki genç kadın koluna sıkıca sarılmıştı. Lucy izlerken karnına bıçak saplanıyormuş gibi hissediyordu. Andrew bu kadına mücevher mi alıyordu? Koluna sarılmış ve sanki bir tür ödül kazanmış gibi ona gülümseyen bu kadına? Geçirdiği şokla sendeleyen Lucy, yanlarına gidip ikisini de yumruklamak ile görünmeden ve utanç verici bir yüzleşme yaşanmadan tezgâhın arkasına saklanmak arasında kararsızdı. O karar veremeden tezgâhtar aldığı şeyleri uzattı. "Bizi tercih ettiğiniz için teşekkür ederiz."

Lucy hafifçe başını sallayarak torbaları tezgâhtarın elinden aldı ve mağazadan ayrıldı. Andrew? İlişki mi yaşıyor? İnanamıyordu. Zavallı, zavallı Eve.

BÖLÜM 13

Eve hızla marketten ayrıldı ve aldığı küçük mumları, kâğıt tabakları ve peçeteleri arabasının bagajına koydu. Telefonundan saati kontrol ederek iç çekti. Kızları okuldan almak için zar zor yetişecekti. Ofiste normalde yarım gün çalışması gerekiyordu ama her zamanki gibi patronu on ikiye çeyrek kala masasına gelmiş ve hemen ilgilenilmesi gereken bir yığın imzalı evrak bırakıp gitmişti. O zamandan beri yetişme telaşı içindeydi. Marketteki sıra o kadar sinir bozucu bir şekilde uzundu ki neredeyse vazgeçecekti ama bu, cumartesi Lucy'nin düğünü için alması gerekenleri alabileceği son fırsatıydı.

Hızlıca mesajlarına göz attı ve Margot'nun Sibella'ya gideceğini ve Lucy'nin de Tom'un düğün için bir DJ arkadaşını ayarladığını -hatta daha iyisi, kendi masasını ve hoparlörlerini getireceğini- söyledikleri mesajları gördü. Belki de geçen akşam söylediği etkili sözler işe yaramıştı. Bu bir özür sayılmazdı ama belki de Lucy neyin gerekli olduğunu anlamış ve sonunda istekle çalışmaya başlamıştı. Telefonundaki son mesaj cumartesi günü verilecek yemek ve şarap için son sayıları isteyen bardaki Ryan'dandı. Mesajı bir sıra emoji ile bitirmişti: Şampanya şişesi, kokteyl bardağı, dans eden bir kız ve göz kırpan bir surat. Arabayı çalıştırarak otoparktan ayrıldı.

Okula giden yol normalden daha az kalabalıktı. Yaklaşırken arabalardan biri otoparktan ayrıldı. Hemen yer bulabilmesine şaşırarak arabasını park etti ve okul kapısına doğru koştu. Mucizevi bir şekilde yalnızca birkaç dakika geç kalmıştı. Onu ilk gören May oldu, sırtında boyunu aşan çantası ve eline tutuşturduğu ne olduğu anlaşılamayan parlak renkli boya lekeleriyle dolu bir resimle ona doğru koşarak geldi.

"Anneciğim!"

"Üzgünüm hayatım. Yoğun bir gündü. Nasılsın?" May'e sarıldı ve kızının kafasının üzerinden öğretmenine gülümseyerek selam verdi.

"O nedir öyle?"

"Pop art deniyor."

"Çok güzelmiş."

"Öğle yemeğinde düştüm" dedi May okul eteğinin ucunu kaldırıp dizindeki bandajı göstererek. "Bayan Greenaway bana bir yara bandı verdi."

"Çok cesurdu" dedi öğretmeni.

"Teşekkürler" dedi Eve, May'in saçını okşayıp öğretmenine gülümseyerek. "İşte benim kızım."

Diğer taraftan Chloe göründü. "Bu akşam piyano dersine gitmek zorunda mıyım?" diye sordu. Ayakkabının ucuyla toprağı eşeliyordu.

"Yapma öyle Chloe. Onlar yeni ayakkabıların."

"Piyanodan nefret ediyorum."

"Dönem sonuna kadar devam edeceğin konusunda anlaşmıştık. O zaman yine hoşuna gitmezse bırakman hususunda konuşabiliriz."

Chloe homurdanarak "İyi" dedi.

Elindeki torbaları bagaja attı ve May'in araba koltuğunun askılarını kontrol etti. "Yol üzerinde hızlıca bara uğramam gerekiyor" dedi. "Lucy teyzenizin düğünü için son detayları konuşacağız" diye de ekledi onlar şikâyet edemeden.

Chloe ile dikiz aynasından bakıştılar. "Kola alabilir miyiz?" diye sordu.

"İyi denemeydi" diye güldü Eve. "Ama hayır, vaktimiz yok. Siz arabada bekleyeceksiniz."

Vardıklarında barın otoparkı boştu. Öğle yemeği vakti bitmişti ve akşam açılma saatine daha çok vardı. "Hemen dönerim" dedi arabayı barın önüne park edip. Giriş kapısına doğru yürüyüp kapıyı tıklattı. Merdivenden aşağı inen ayak seslerini ve kapının kilidinin açılma sesini duydu. Ryan kapıda belirdi. Yalın ayaktı, üzerinde bir polo tişörtle kot pantolon vardı. "İşte görmek istediğim kadın" dedi ona gülümseyerek. "Gerçi bir süre daha gelmeni beklemiyordum. İçeri gir" dedi.

"Gelemem. Birkaç dakikam var. Kızlar arabada bekliyor."

Başını salladı. "O zaman hızlıca halledelim." Kapının önünden çekilerek içeri girmesine izin verdi. "Peki" dedi "önce iş. Cumartesi günü için sayılar hazır mı?"

Eve başını evet anlamında salladı. "Herhangi bir şey için Lucy'den net bir cevap almak imkânsız ama sanırım seksen kişi olacağımızı varsayarsak hazırlıklı oluruz."

"Menü içine sindi mi? Servis tabakları ve vejetaryen seçenekler?"

"Evet."

"Harika. Ve bira. Kırmızı şarap, beyaz şarap, şampanya ve yerli biralardan küçük fıçılar?"

"Bira mı?" diye güldü. "Tam bir Avustralyalısın."

Adam omuz silkti. "Sanki kötü bir şeymiş gibi söylüyorsun."

"Biraya evet" dedi Eve. "Hepsi harika duruyor."

"Problem değil. Açılmadan dönen her şey için iade alacağım" dedi ve ona doğru bir adım attı. "Şimdi sıkıcı konuları bir kenara bırakırsak…"

"Kızlar burada" diye zayıf bir itirazda bulundu. Okuldan döndükleri yol boyunca kendine buna izin vermeyeceği konusunda söz vermişti. "Araba hemen önde."

Ryan "Gel buraya" dedi. Onun itirazını ya fark etmiyor ya da umursamıyordu. "Bütün gün seni düşündüm." Eve'i biraz daha kendine doğru çekti, sonra eğildi ve dudağından öptü.

Yanlış olduğunu biliyordu. Karşılık vermemesi gerektiğini biliyordu. "Evliyim, yapamam ve yaptığımız şey yanlış" demesi gerektiğini biliyordu. Ama sanki içinde bir düğme açılmış gibi arzuyla kollarını beline sardı ve ona sarıldı. Çok farklı hissettiriyordu -Andrew'e göre- sıkı, kaslı vücudu ve güçlü kolları onu çok şaşırtıyordu. Yüzünü buruşturarak geri çekildi. "Gitmem gerek."

"Biliyorum." Ryan ona bir bakış atarak, "ama bu akşam görüşüyoruz değil mi?"

"Üzgünüm. Andrew'ün çalışması gerekiyormuş."

Ryan yüzünü astı. "Geçen geceyle ilgili mi bu?"

"Hayır! Tanrım, elbette hayır."

Başını salladı. "Peki, o zaman aramız iyi, değil mi? Merak ediyordum, olanlardan sonra yani."

"Evet."

"İyi, çünkü seni yeniden görmek istiyorum Daha iyi olacak bu sefer. Söz veriyorum. Ne zaman olacağını söylesen yeter."

Eve kaşlarını çattı. Hissettiği arzunun yanında başka bir his daha duydu; beklenmedik bir his. Duyduğu isteğin yanı sıra birisi ondan bir şeye ihtiyaç duyuyor diye hissettiği bir tür rahatsızlık ve öfkeydi bu. "Bilemiyorum" dedi. "Bu hafta sonu tamamen aile meseleleri ile doluyum. En erken gelecek haftaya dek boş vaktim olmayacak."

"Boş vaktim olsa bile bunu gerçekten istiyor muyum?" diye düşündü. Son görüşmelerinden beri ne yapmaya çalıştığını düşünüp duruyordu. Ryan eskiden etkilendiği erkekler gibi bir tip değildi. Gürültücü, gösterişli ve fiziksel olarak güçlüydü ve maskulen enerjiyle doluydu. Aşırı içmeye meyilli olduğunu gösteren kırmızı yanaklarıyla geç saatlere kadar misafirleriyle barda takıldığına şahit olmuştu. Kocasının aksine, Ryan'da çok kaba ve fiziksel bir şeyler vardı. Çocuksu, evet; güvenilmez, muhtemel bir içki problemi ama yine de dizlerinin bağı çözülmüş halde buradaydı.

Ryan omuz silkti. "Önemli değil. Gelecek hafta olsun. Nerede olduğumu biliyorsun."

Yeni bir farkındalıkla Eve'in midesi bulandı. "Ama beni cuma akşamı barda göreceksin" dedi. "Hepimiz aile yemeği yemek için geleceğiz."

Ryan tek kaşını kaldırdı. "Eh bu ilginç olacak."

Eve homurdandı. "Üzgünüm. Açıkçası benim fikrim değildi."

"Evet" Ryan dişlerini gıcırdatarak kollarını göğsünün üzerinde bağladı. "Üzülme. Problem olmayacak. Uslu duracağım."

Onun sözleri aklına Margot'yu getirdi. "Tanrım ne kadar da uslu durması gereken insan var" diye düşündü. Önlerindeki birkaç gün tam bir mayın tarlası olacaktı. Bir an için herkesin bir arada olduğu ve kimsenin "uslu" durmadığı bir senaryo hayal etti; neredeyse histerik bir kahkaha atacaktı. Ancak sonra Ryan ona doğru eğilip sertçe dudaklarından öpünce Margot'yu ve onları bekleyen akşam yemeğini unutup içinde yükselen ateşi ve bacaklarının arasında yanan arzuyu düşündü. İlk başta Ryan'dan neden etkilendiğini hatırlamıştı: Riskli, umarsız bir vazgeçiş, birisi tarafından arzulanma hissi ve kendini kontrol altında tutan tüm o geleneklerden ve sorumluluklardan uzaklaşma düşüncesi.

Bir araba yaklaşıp arka girişe doğru park ettiğinde hâlâ öpüşüyorlardı. "Kahretsin." Eve, gözleri mavi arabanın üzerinde, hemen kendini Ryan'ın kollarından geri çekti. "Kim o?" diye sordu dudaklarını ovalarken. "Bizi gördüler mi?"

"Hayır" dedi Ryan arabaya göz atarak. "Stacey'miş. Barı hazırlamak için geliyor. Şişe dibi gözlük takıyor. Bir şey görmüş olamaz."

Eve hafifçe Ryan'ın koluna vurdu. "Kabalaşma."

"Ne var?" diye dalga geçti Ryan. "Doğru söylüyorum. Pek bir şey görebildiğini düşünmüyorum" dedi genişçe gülümseyerek. "Ki bunu her akşam barı bıraktığı hale dayanarak söylemiyorum."

"Ona karşı kırıcı olmamalısın."

"Değilim zaten. Stacey iyidir." Göz kırparak "Sanırım benden hoşlanıyor" diye de ekledi.

"Ya bizi gördüyse?"

"Sakin ol, problem yok." Uzanıp kolunu okşadı. "Seni yeniden öpmek istiyorum. Tanrım, çok seksisin."

Bu sefer ona gerçekten vurdu. "Bana böyle hitap etmemeni söylemiştim."

Stacey'inin adımları çakıl taşları üzerinde onlara yaklaşıyordu. "Selam" diye seslendi Ryan'a gülümseyerek.

"Selam Stace. Tamam, siparişinizi cumartesi öğlen gibi evinize bırakacağım o zaman" dedi Eve'e sesini bariz bir şekilde ciddileştirerek.

"Teşekkürler."

"Ve gelecek haftaki toplantı için bir tarih belirleyeceğiz, detayları konuşmak için" diye ekledi göz kırparak.

Chloe'nin piyano dersine giderken radyo çok gürültülü bir şekilde çalıyor, kızlar ise arkada konuşup duruyorlardı. Eve tekrar Ryan'ı düşündü. Okulda yapılan bir etkinlikte zararsız bir şekilde tanışmışlardı. Görevli olduğu barbekü standındaki vardiyası için gelmişti ve geldiğinde dumanı tüten barbekünün önünde bekleyen Bridge Inn'in yeni müdürünü bulmuştu. Elini uzatıp "Merhaba ben Eve. Memnun oldum. Çocuklarınızı mı getirdiniz yoksa?" demişti.

"Hayır. Çocuğum yok, karım da yok; en azından artık yok. Beni terk etti" demişti Ryan. "Ben Ryan." Sıkı bir şekilde Eve'in elini sıkmıştı.

"Ah pardon." Eve ne diyeceğini bilememişti. "Siz bu etkinlikte ne iş yapıyorsunuz?"

Önünde Bridge Inn yazan önlüğünü ona göstererek "Barımız bugünkü barbekünün sponsoru" demişti.

Eve şaşırmış ve etkilenmişti. "Bu çok cömertçe."

"Siz İngilizlerin, size bu işin nasıl yapıldığını öğretecek bir Avustralyalıya ihtiyacınız olduğunu düşündüm" demişti Eve'e sırıtarak. "Ayrıca, hayır işi yapmış oluyorsun. Bence bu tür etkinliklere ne katabilirsen karşılığını alırsın."

"Eh, bana da yer açsan iyi olur" demişti önlüğünü üzerine geçirirken. "Bugünkü yardımcın benim."

Hava sıcak, yapış yapıştı ve yağ kokusu vardı. Eve'in saçları sönükleşmişti. Ter sırtından akıyordu. Ama Ryan neşeli tavrını sürdürmüş ve kısa bir süre sonra basit ve net bir görev listesi oluşturmuşlardı. Ryan köfteleri ve sosisleri pişirecek, bu sırada Eve de sipariş alıp ekmekleri yağlayacak ve susamış olan çocuklara meşrubat verecekti. Kendini bu görevleri yapıyorken eğlenir halde bulmuştu ve bunu eğlenceli kılan Ryan'dı. "İyi bir takım olduk" demişti, onun köftelerin üzerine peynir koyuşunu izlerken. "Öyle olduk" diye cevaplamıştı Ryan sırıtarak.

"Güzel ekmekler" demişti, başıyla sosisler için bekleyen ekmekleri göstererek.

Aynı anda hem gülmüş, hem de rahatsız olmuştu. Peçete ve sos şişelerini uzatırken birkaç kez elleri birbirine değmişti. Sonrasında, yani en son sosis satılıp tüpü kapattıktan sonra dondurucudan iki şişe çıkarıp şişeleri tokuşturmuşlardı. "Hak ettik" demişti ve sonra, o ne yaptığını bile anlamadan Ryan elini uzatıp parmağıyla yanağının kenarını okşamıştı. "Hardal kalmış" diyerek gülümsemiş ve parmağının ucunu yalamıştı.

"Ah" demişti Eve yanakları kızarıp yağ lekesi dolu önlüğüne bakarken. "Berbat haldeyim."

"Hayır" demişti Ryan. "Harikasın."

Tek bir dokunuş, tek bir iltifat her şeye yetmişti. İçinde ani bir şekilde yükselen güçlü arzu dalgası yüzünden arkasını dönüp kendini büyük siyah çöp poşetini atmak ve yağlı masaları silmekle meşgul etmişti. Bu tarz adamlardan -enerji dolu, kendine güvenen ve eğlencenin merkezi olan adamlar- uzak durmak gerekiyordu. Yalnızca bir kalp çarpıntısıydı. Bir anlam ifade etmediğini biliyordu.

Ancak o akşam ilerleyen saatlerde banyodaki aynasında kendine bakıyordu. Burnunun üzeri güneşten yanmıştı. Gözlerinin altı torbalanmış ve göz kenarlarında kaz ayakları oluşmuştu. Yan dönüp karnını içeri çekti. "Harikasın." Söyleme şekli o Avustralya aksanıyla o kadar içten ve açıktı ki. Onda ne görmüştü bir türlü anlayamıyordu. Biçimsiz anne kot pantolonları giyen ve kötü aile köklerine sahip bitkin kadınlara duyduğu tuhaf bir fetişi mi vardı? Parmağındaki altın yüzüğü ve doğumdan sonra aldığı kiloları apaçık ortadaydı. Özel biri değildi. Harika görünmüyordu. Oturma odasına dönerek kanepeye her zamanki gibi oturmuştu, bacaklarını Andrew'ün kucağına doğru bir uzatıp bir çekiyordu. Andrew'ün televizyonda açtığı doktor dizisini belli belirsiz izliyordu. Aklı Ryan ile ilgili düşüncelerle doluydu. Yaz tatilinin başlamasıyla Eve'in günleri çocuklar ve iş ile ilgili meselelerle dolmuştu. Ailece, mevsim normallerinin dışında bir soğuk hava ile sert rüzgârın vurduğu ve en sonunda fırtınalı yağmurun bastırdığı, sert, volkanik bir adada yedi günlük gergin bir tatile gitmişlerdi. Andrew ofisinden uzakta geçirdiği bu bir haftanın tam bir fiyasko olduğundan yakınıp duruyor, Eve ise bunun ailece bir tatil olduğunu ve herkesin bir arada vakit geçirebildikleri için eğlenmesi gerektiğini söylüyordu. Açıkçası, kızların yeniden okula başlamasıyla bilindik rutinlerine geri dönmek Eve için de büyük bir rahatlık olmuştu.

Okul korosu provalarıyla çakıştığı için okul aile birliği toplantılarının yeri değiştirilmiş ve Bridge Inn'de yapılmasına karar verilmişti. Eve ise mekâna yeniden gidene dek Ryan'ı hiç düşünmemişti. Ryan barın arkasında durmuş bardakları parlatıyordu. Eve kırmızı şarap sipariş ettiğinde ona göz kırpmıştı. Diğer ebeveynler ve öğretmenlerle otururken "Acaba üzerimdeki bakışlarını hayal mi ediyorum?" diye düşünmüştü. Tatilden sonraki ilk toplantı daima uzun sürerdi. Komite üyeleri tırmanma tahtası ve kaydırağın nereye koyulacağını ve yeni çevrimiçi ödeme portalının nasıl kurulacağını tartışırlarken toplantı uzadıkça uzamıştı. Tartışma devam ederken Eve kendini bara doğru bakarken bulmuştu. Bakışları Ryan'ın bakışlarıyla buluşmuştu. Bu ikinci kez olmuştu. Okulun mali işler sorumlusu olan adam çok önemli biriymiş gibi ayağa kalkıp pantolonunu göbeğinin üzerine kadar çekerken Ryan gözlerini devirmiş, Eve ise kahkahasını bir öksürükle bastırmak zorunda kalmıştı.

Toplantı bitince herkes alelacele ayrılmaya çalışmıştı ama Eve oyalanıyordu. Birkaç boş bardak toparlayıp bara bırakıp "Sana büyük bir teşekkür borçluyuz" dedi Ryan'a. "Geçen yaz okul için iki bin poundun üzerinde para topladık."

"Benim için zevkti. Yardımcı olabildiğim için mutluyum. Bir tane yolluk vereyim mi?" diye önerdi ona yarım şişe kırmızı şarap uzatarak.

"Olmaz. Araba kullanacağım."

"Yazık oldu. Kokteyl tadımı ile ilgili yardımını isteyecektim. Sonbahar menüsü için yeni bir tarife ihtiyacım var."

Eve gülümsedi. "Eğlenceli duruyor. Başka zaman artık."

"En sona sen kaldın" dedi etrafına bakınarak. "Seni arabana kadar geçireyim. Ne olur ne olmaz."

"Gerek yok." Ama Ryan onu dinlemeyip dışarıya kadar peşinden geldi. Eve arabasına dönüp iyi geceler dilerken onu kendine olması gerekenden daha fazla yaklaşmış halde buldu.

"Ben... Iıı... Gitsem iyi olacak."

Ryan başını sallayarak "Bak, biliyorum bunu söylememem gerek Eve. Ama bence sen çok çekicisin" dedi.

Eve dona kalmıştı. Ryan elini uzatıp sıcacık elleriyle yüzüne dokunurken Eve'in kalbi yerinden fırlayacakmış gibi atıyordu. Okul etkinliğindeki aynı dokunuşunu hatırlamıştı ve verdiği karşılık kendiliğinden gelişmişti. Kendine engel olamadan uzanıp Ryan'ı öptü. Dudaklarının verdiği tanıdık hissettirmeyen heyecan ve nefesindeki bira tadıyla, Eve bir panik duygusu hissetti. Ne yapıyordu böyle? Ama başka bir düşünceye yer bırakmadan Ryan onun boynunun arkasını öpmeye başlamıştı. Gittikçe artan heyecanla sesli bir şekilde inleyerek dudaklarını araladı. Ryan'ın elleri şimdi gömleğinin altından onu okşuyordu. Kendi elleri ise Ryan'ın kemerini çözüyordu. Dakikalar sonra, otoparkın karanlık bölümünde arabasına yaslanmış sevişiyorlardı. Sonrasında, orada durmuş şaşkınlıkla bu beklenmedik gelişmeye gülmüşlerdi. Eve kot pantolonunu giymiş ve gömleğini düzeltmişti.

"Normalde böyle yapmam... Böyle biri..."

"Sorun yok" dedi elini tutup dudaklarına götürürken. "Merak etme tuhaflaşmayacağım. Sadece eğleneceğiz, değil mi?"

"Evet" diye onayladı Eve. Daha önce hiç böyle bir şey yapmadığını söyleyecekti; mutlu bir evliliği olduğunu ve bunu neden yaptığını da. Ama belki de söylenmesi gerekmiyordu. Gerçekten onun kendisine tuhaf bir şekilde davranmasını istemiyordu. Yani, en azından bu haliyle iyiydi.

O gece eve girmiş ve Andrew'ün uyuduğunu görünce rahatlamıştı. Duş alıp uzun bir süre aynada kendi yansımasını inceledikten sonra sessizce horlayan kocasının yanına, yatağa girmiş ve yaptığı şeye inanamaz bir halde gözüne uyku girmeden saatlerce öyle uzanmıştı. O -Eve- otoparkta yabancı biriyle mi birlikte oldu? Akıl almazdı.

Ertesi sabah Andrew'ün -ya da kızlarının- yüzüne bakamıyordu. Gerçi hiçbiri de bunun farkında bile değillerdi. Sabah geçmiş ve öğle yemeği paketlemeleri, kaybolmuş ödev kitapları ve okul ayakkabıları ile dolu her zamanki çılgın rutinlerine dönmüşlerdi ve okula ya da işe gitmek için evden ayrılmışlardı. Sanki deprem etkisi yaratacak hiçbir şey olmamış gibi. İşe giderken yolda yaptığı şeyle yüzleşmeye karar verdi. Evlilik yeminlerini bozmuştu. Sarhoş bile değilken hem de. Yaptığı şey için bir bahanesi yoktu. Gerçi düşününce nefesi kesiliyor ve kalbi daha hızlı atmaya başlıyordu ama ardından utançla karışık pişmanlık duygusu da takip ediyordu. Ancak beklenmedik bir şey daha hissediyordu, hiç Eve'in yapacağı bir iş olmayan bir şeyi yapmış olmanın verdiği baş döndürücü bir heyecan hissiydi bu.

O, ailesinin öngörülemez artistik kaosundan mümkün olduğu kadar akılcı bir şey seçip üniversitede işletme okuyan kızdı. İlk ciddi ilişki yaşadığı kişiyle evlenip, iki harika çocuk doğurup dikkatle tadilat yaptırdıkları, yarı müstakil Viktoryan tarzı evinde yaşayan kadındı. Bahçe marketlerden bitkiler satın alan, tanıdık bir yemek pişirme düzenini takip eden, hiç kaçırılmayan randevuları ve etkinlikleri yönettiği bir aile takvimi olan kadındı. İstikrar ve düzen içinde bir hayat kurmak için çok uğraşmıştı. Hayatındaki bu yeni gelişme oldukça kafa karıştırıcıydı.

"Çayın yanında ne var?" diye sordu May, onu daldığı düşünce denizinden çekip alarak. "Acıktım."

"Bu akşam çoban turtası var."

Kızlar hep bir ağızdan itiraz ettiler. "Çoban turtasından nefret ediyorum" dedi Chloe.

"Ne zamandan beri?"

"Hep ettim."

"Ben ilk kez duyuyorum. Geçen sefer yaptığımda yemiştin."

"Çok iğrenç."

"O zaman fırında fasulye yiyebilirsin."

Arka koltuktan biraz daha itiraz yükseldi ama en sonunda yeniden sessizleştiler. Ryan ona tuhaf davranmayacağı konusunda söz vermişti ama onu hissettirdiği tutkuyla takip ediyordu sanki. Eve, aralarındaki duruma ne zaman mantıklı yaklaşmaya ya da onla arasına mesafe koymaya kalksa vücudu başka tepkiler veriyordu. Ryan ona açık saçık mesajlar atıyordu. Onunla birlikte olmak, tadına bakmak istediğini söylüyordu. Ona yapmak istediği her şeyi açık seçik detaylarla yazıyordu. Eve mesajları okurken arzuyla karışık utanç duygusu hissediyor, sonra da kimse görmeden hemen siliyordu. Andrew ile olan seks hayatı hep iyiydi; bebekler olana kadar elbette. Ama Andrew on yıllık evlilikleri boyunca ona böyle şeyler hiç söylememişti. Heyecanlanıyor mu yoksa korkuyor mu karar veremiyordu. Böylesine arzulanıyor olmak heyecan vericiydi. Sorumluluklarından ve prensiplerinden uzaklaşmak onu özgür kılıyordu. Sanki kendi kendini yok etmeye kararlı gibiydi. Bir hafta sonra işyerini arayıp hastayım demiş ve onun yerine otobanın dışında meraklı gözlerden ve romantik beklentilerden uzak olabilecekleri küçük bir otele gitmişti. Eve otelin bitişindeki kasvetli restorana, sıkıcı iş kıyafetlerinin altına giydiği en seksi iç çamaşırlarıyla gelmişti. İliklerine kadar gergindi ama kendini aylardır hiç olmadığı kadar canlı hissediyordu. Tenine değen ipek kumaş ve onun harika göründüğünü düşünen bir adam için siyah dantelli iç çamaşırı takımı giymiş olmak bile nefesini kesiyordu. Sipariş ettikleri öğle yemeğini zar zor yiyebilmiş ve Ryan içkilerini alıp koridorun sonundaki odaya gitmelerini önerdiğinde büyük bir rahatlamayla kabul etmişti. Belki de çekici gelen şey ona kendini sunmasıydı. Hayatının diğer her dakikasında olması beklenen -kontrollü, saygın ve iradeli- kadın olmamaktı. Belki de yeniden genç hissedebilmek içindi. Ya da belki, hayatının geri kalanı boyunca 'böyle' hissetmemekti. Sebebin ne olduğuna emin olamasa da Ryan'ın ona olan ilgisi içindeki bir şeylerin bağını çözmüştü. Şehvet. Arzu. Sanki içinde uyuyan bir şeyler kükreyerek uyanmıştı. Ryan odaya girer girmez üzerine atlamıştı. Heyecan verici bir şekilde kontrolü eline alarak onu duvara yapıştırmış ve kapıyı arkalarından kapatmıştı. Dudakları boynunda, elleri göğüslerinde kıyafetlerini çıkarıp atmıştı. Dokunulmaya muhtaç bir şekilde onun verdiği fiziksel arzuya boyun eğiyordu. Hayal ettiği her şeydi ama dakikalar sonra Ryan ereksiyon olamadığı için hayalleri yıkılmış bir halde yatakta yan yana uzanıyorlardı.

"Üzülme" demişti "olur böyle şeyler."

Ryan elleriyle gözlerini kapatmıştı. "Ben... İlk... İlk kez olmuyor. Geçen geceden sonra, düşünmüştüm ki..."

Eve elini tutup "Sorun yok" diye güvence vermişti.

Ryan, Eve'in göğsüne çocuksu bir şekilde başını koyarak uzanmıştı. "Eski karım bu kadar anlayışlı değildi. En yakın arkadaşımla kaçtılar. Köpeğimizi de aldı. Daha fazlasına ihtiyacı varmış, öyle dedi."

Ryan'ın tereddütle anlattığı özrünü dinlerken içinde bir şeyleri daha iyi anlamıştı. Hayalini kurduğunu fantezi bu değildi. Tutkulu bir sevişme yerine, yol kenarındaki bir otelde, göğsünün üzerinde çocuk gibi yatan bu dev adamın saçını okşayıp teselli ediyordu. Tanrım, belki de mesele buydu. Yaşı büyük kadınlarda olan bir şeydi. Bir tür anne kompleksi gibi. Bu düşünceyle tüyleri ürpermişti.

Kafasında kurduğu 'fantezi Ryan' gerçeğinden çok uzaktı. Onun da kendince yükleri vardı herkes gibi. Ama bağlanma olmayacak diye başladığı bu kaçamakta bir başkasının sorunları ile ilgilenmek istediğinden emin değildi. Ryan gibi bir adamla yaşanacak ilişkinin bir sonu olmayacağını biliyordu elbette. Buna karşılık onun kaybedecek çok şeyi vardı. Ama şu an nasıl yapacağını bilmediği şey ise onu üzmeden nasıl bitirebileceğiydi. Tam bir mayın tarlasıydı.

"Gelecek hafta" diye karar verdi. Düğün işi biter bitmez, Ryan'a ayrıldıklarını söyleyecekti.

Hâlâ karmaşık düşünceler içindeyken Eve bir kavşaktan döndü. Sağından keskin bir fren sesiyle korna gürültüsü duyuldu. Eve frenlerine asıldı, koltuktaki çantası yanına uçmuştu, içindeki kalemleri, cep telefonu ve cüzdanı ayaklarının dibine saçılmıştı. Arka koltuklarında oturan kızlar da ön tarafa savruldular. May yüksek sesle çığlığı bastı. Eve baktığında tamponun hemen kenarında beyaz bir kamyonetin zar zor durabilmiş olduğunu gördü. Sinirli sürücü camdan uzanıp "Seni aptal öküz" diye bağırdı. "Nereye gittiğine dikkat etsene. Birini öldüreceksin."

Eve dehşete düşmüş halde ona baktı. Kalbi göğsünden fırlayacak gibiydi. Nefes alamıyordu. Zihninde farklı bir sahne canlandırdı: Birbirine giren iki araba, beyaz kamyonetin çarpmasıyla tüm darbeyi alacak olan arka koltuktaki kızları.

Birkaç yaya olaya bakmak için durdular. Kamyonetin sürücüsü kafasını sallayarak yeniden sinirle söylendi ve gürültülü bir şekilde arabasını döndürerek kavşaktan uzaklaştı.

"Anneciğim!" dedi Chloe arka koltuktan. "Anne?"

"Efendim" dedi Eve, ana dönmüştü. "Özür dilerim kızlar, iyi misiniz?"

"Evet, sen?"

Eve başını salladı. Konuşabilecek gibi değildi.

"O adam kötü kelime kullandı" dedi May ciddi bir şekilde.

"Evet" dedi Eve tekrar. "Sinirlenmişti. Nereye gittiğimize dikkat etmiyordum."

Arkalarından başka bir korna sesi duyuldu. Eve derin bir nefes aldı ve arabayı çalıştırdı. Yan sokağa girip gümüş bir Volvo'nun arkasına park etti ve başını direksiyona yasladı.

"Anneciğim" dedi Chloe tekrar. "İyi olduğuna emin misin?"

"Sadece bir dakikaya ihtiyacım var."

Kızlar başka bir şey demediler ama direksiyon başında sessizce ağlarken onların endişeli bakışlarını hissedebiliyordu. Bir süre sonra arkadan May'in sesi geldi. "Chloe'nin piyano dersi ne olacak?"

Eve içini çekti. "Evet" dedi. Başını kaldırıp arabayı tekrar çalıştırmadan önce gözyaşlarını sildi. "Özür dilerim kızlar." Trafiğe yeniden çıkmadan önce aynayı dikkatle kontrol ederek sinyal verdi. Nesi vardı böyle? Kendine gelmesi gerekiyordu. Adam haklıydı. Aptal bir öküz gibi orada oturmuş aşağılık bir kaçamak hakkında hayal kuruyordu. Birini öldürebilirdi. Hepsini öldürebilirdi.

BÖLÜM 14

Margot, vadinin öte tarafına giden yola ilerlemeden önce, korkuluklarının altına düşen gölgelerden uzak durmaya çabalayarak nehrin üzerindeki küçük taş köprünün çevresinden dolaştı. Buğday ve mısır anızlarıyla dolu tarlaların, ahır hayvanlarının kana kana su içtiği çamurlu yalakların etrafından ilerledi. Ara sıra dikenli teller üzerinden koyun yünleri uçuşuyordu. Küçük taştan kulübeye doğru ilerlerken Margot ahır kapısına benzeyen kapının yarı açık halde olduğunu gördü. Kapıyı açınca Sibella'yı mutfak masasında otururken buldu. Masanın üzeri kurumuş lavantalardan ve altın rengi buğdaylardan neredeyse görünmez haldeydi. "Selam" dedi.

Sibella sandalyesinde kıpırdanıp "Selam" diye karşılık verdi. Bunca zaman sonra Ted'in kızını kapıda gördüğü için hiç de şaşırmışa benzemiyordu. "İçeri gelsene" dedi. "Çay ister misin?"

Margot içeri girdi. "Evet, lütfen."

Sibella ayağa kalktı ve bakır çaydanlığı ocağa koydu. "Şuradaki kavanozda zencefilli kurabiye var. Baban bahçede bir yerlerde sebze ekiyor."

"Yazmakta zorluk mu yaşıyor?" diye sordu Margot bisküvileri alıp masaya otururken.

Sibella gülümsedi. "Nereden bildin? Eminim işi fazla uzun sürmez."

"Önemli değil. Seni görmek için de geldim. Eve gönderdi beni."

"Azimle çalıştığımı söyleyebilirsin. Kaytarmıyorum."

Gülümseme sırası Margot'daydı. "Casusluk etmeye gelmedim. Yardımcı olmaya geldim."

"Düştün mü?" diye sordu Sibella Margot'nun ayakkabılarının halini görünce.

"Öyle denebilir." Nehrin karşı tarafına geçmiş olması şimdi gözüne komik geliyordu.

"İstersen terlik vereyim?" dedi ocağın yakınındaki işlemeli bir çift terliği göstererek.

"Teşekkürler." Margot ıslak ayakkabılarını ve çoraplarını çıkarıp yumuşak terlikleri giydi. Sibella çaydanlığa çay yapraklarını ve sıcak suyu doldurup masaya geri döndü. Sibella'nın uzun, solgun parmakları çay yapraklarını ayıklarken Margot onu izliyordu. Pencereden vuran güneş ışığı kızıl saçlarını bakır gibi parlatıyordu. Margot onun çıkık elmacık kemikleri ve -kırklı yaşlarının sonlarında olduğunu bilse de- yaşını göstermeyen yumuşak, açık renkli teniyle ne kadar güzel olduğunu hatırladı. "Nasıl yardım edebilirim?"

Sibella ona bir avuç lavanta uzattı. "Bu yaz iyi hasadımız oldu. Eve'in aklına birazını da düğünün çiçek aranjmanı için kullanmak geldi. Lavantaları buğdaylarla bir arada toplayınca harika görünüyorlar. Gül de var ama onları cuma gününe kadar kesmeyeceğim. Tomurcuklar için zarar görmüş sapları kesiyorum." Mavi-gri renkteki çiçeklerle dolu olan geniş çanağı göstererek, "Kalanlarla da lavanta keseleri yaparım diye düşündüm" dedi.

Margot başıyla onayladı ve eline bir avuç sap aldı. Sibella'yı taklit ederek lavantaları iki yığın olarak ayırmaya başladı. Orada oturmuş çalışırken bakışları etrafındaki gizli detaylara kayıyordu. Kurumuş bitkiler, bakır çanak çömlekler. Şifonyerin üzerinden düştü düşecek gibi görünen bir yığın tarif kitabı. Eski, demir ocağın üzerine konumlanmış kuş yuvasına benzeyen bir şey. Kilden tabaklar. Pencerenin önünde duran porselen vazo o kadar güzeldi ki arkasındaki cama yansıması vuruyor ve neredeyse yarı saydam gibi görünüyordu. Babası hayatının en iyi dokuz yılını burada geçirmişti. Ancak ev, babasının evdeki varlığı arka kapıdaki terliklerinden ve koltuktaki katlanmış gazeteden belli olsa da hâlâ Sibella'nın evi gibi hissettiriyordu.

"Eve geri dönmeyeli uzun zaman olmuştu" dedi Sibella dikkatli bir şekilde. "Nasıl hissediyorsun?"

"İyi." Margot ağır konulara girmek istemiyordu.

"Lucy ve Eve memnun olmuştur herhalde."

"Evet."

"Ya annen?"

Margot omuz silkti. "O da olmuştur herhalde."

Sibella kısa bir süre bekledi. "Hâlâ zor mu?"

Margot başını salladı.

Sibella eline yeniden bir avuç lavanta aldı. "Biliyorum. Beni ilgilendirmez."

"Ondan değil." Margot bir süre düşündü. "Tuhaf sadece. Gidiyorsun ve geri döndüğünde hiçbir şey değişmemiş. Hem de hiç. Bir çıkmaza girmiş gibiyiz."

"Belki onunla konuşmaya çalışsan?"

Margot dün gece olan öfkeli konuşmalarını düşündü. "Ne anlamı var ki? Köprünün altından çok sular aktı."

Sibella bakışlarını Margot'ya dikti. "Öyle mi gerçekten?"

Köprünün altından çok sular aktı. Margot arka kapının yanına koyduğu ıslak ayakkabılarına baktı ve yüzünün sıcaklaştığını hissetti. Derin bir nefes alarak lavantanın ağır kokusunu içine çekti ve zihninden istenmeyen anıları uzaklaştırmaya çalıştı.

"Geçmişin, eğer onunla hemen yüzleşmezsek peşimizi bırakmamak gibi komik bir huyu var" dedi Sibella nazikçe. "Geçmişin hayaletleri musallat olabilir."

"Yüzleşecek bir şey yok" dedi Margot düz ve konuşmayı bitirecek kadar kati bir sesle. Uzanıp elini lavantaların olduğu kâseye soktu, tomurcuklar parmaklarının arasında kum taneleri gibi hareket ediyorlardı.

Sibella iki fincan çay doldurarak bir tanesini Margot'ya uzattı. "Fark ettim ki" dedi bir süre sonra, "bizi en çok zorlayan olaylar, eğer biz onlara izin verirsek, bizi güçlendiren tecrübelere dönüşebilirler." Başka bir sap alırken lavantalar elinde hışırdadı. "Sanırım demek istediğim şu, acı bizi değiştirebilir ve onunla yüzleşerek, onu atlatarak kendimizi değişmiş bulabiliriz. Belki daha bilge, bazen de belki daha cesur oluruz. Bir anlam ifade ediyor mu?"

Aynı fikirde olup olmadığından emin olamasa da Margot başını sallayarak onayladı. Ya hayat seni zayıf kılıyorsa? Ya olaylar seni gerçekten değiştiriyorsa ama bu değişim iyi yönde değil de kötü bir değişimse?

"Hepimiz hata yaparız Margot."

Margot yutkundu.

"Hepimiz elimizden geleni yapıyoruz" dedi Sibella kibar bir bakışla. "Eminim annen de öyle yapıyordur."

Annesinin bahsi geçince Margot'nun tüyleri ürperdi. Bu konuyu açık bir şekilde babasının sevgilisiyle -hayır, karısıyla- konuşuyor olmak ince bir ipin üzerinde yürüyen cambaz gibi hissettiriyordu. Kendi annesiyle böyle bir konuşma yapabilmeyi ne kadar çok istemişti. Yıllar önce birisiyle -annesiyle belki, hatta Sibella'yla bile- konuşabilmiş olsa her şey daha farklı olur muydu? Daha önce kimseye söyleyemediği şeyi bu kadına söyleyebilir miydi? Kot pantolonundan sarkan bir ipi koparırken, söylese Sibella'nın ne tepki vereceğini düşündü. Bir an için, bunca yıl içinde sakladığı kelimeleri yüksek sesle söylemeyi düşündü ama anında içini bir utanç duygusu kapladı. Bu zamana kadar yapmış olduğu en kötü şeyi biriyle paylaşma düşüncesi onu hasta ediyordu. Derinlere gömüp saklamak çok daha iyiydi.

Çayına uzanıp bir yudum aldı ve iç çekerek fincanını masaya geri koydu. Bu mutfak masasında oturmanın sakinleştirici bir etki verdiğini inkâr edemezdi. "Belki de havadaki baş döndüren yoğun aromaya sahip lavanta kokusundandır" diye düşündü. Yeniden derin bir nefes aldı ve nefesini geri verirken omuzlarının biraz daha çöktüğünü hissetti. "Dediğim gibi" dedi en sonunda, pantolonundan sarkan ipi koparıp parmaklarının arasında yuvarlarken, "köprünün altından çok sular aktı." Dışarıdan gürültülü ayak sesleri duyuldu. Ted çamurlu eldivenlerini çıkararak mutfağa girdi. Margot'yu masada oturuyorken bulunca şaşkınlıktan kapıda durakladı.

"Margot canım, geldiğini bilmiyordum."

"Sürpriz" dedi kararsız bir omuz silkmesiyle ayağa kalkarak. Babası ona sıkıca sarılırken hâlâ uzun, güçlü ve bahçede geçirdiği vakit yüzünden biraz solgun olsa da, saçlarının daha beyazlamış ve yüzünün daha kırışmış olduğunu fark etti.

"Çaydanlıkta çay var" dedi Sibella.

"Teşekkürler." Margot'ya döndü. "Devasa sebzeler yetiştiriyoruz, iyi anlamda devasa. Şunlara bak." Kapıya dönüp ahşap bir kasa içinde kocaman toprak kaplı soğanlar ve yabani havuçlar getirdi. "Böğürtlenler için bir kâse almaya gelmiştim. Çalıların üstü böğürtlen dolu. Botlarını giy de bana yardım et."

Bahçe yabani böğürtlen çalılarıyla doluydu, çalıların etrafı aşağı sarkan ağaçlar ve çalı çitlerle çevriliydi. Böğürtlenler, Ted'in sebzeler için kazdığı alanı çevreleyen çalılıkların üzerinde mücevher gibi asılıydı. Küreğinin üzerine konmuş olan bir kızılgerdan kuşu onlar yaklaşırken uçarak uzaklaştı.

"Bence Lucy, düğünü için güzel bir hafta sonu seçti" dedi Ted kâseye birkaç böğürtlen koyarken.

"Neden?"

"Pazar günü sonbahar gündönümü, yarımküremiz güneşten uzaklaşacak ve günler kısalıp geceler uzayacak. En uzun son günü, güneşe yakın olduğumuz son anı bir düğünle kutlamak gayet uygun, sence de öyle değil mi?"

Margot başını salladı. "Tam Lucy'lik. Biliyor mu acaba?"

Yakınındaki çalının üzerinde asılı olan iri böğürtlenler dikkatini çekince çalı çit boyunca ilerlemeye başladı.

"Sen küçükken seninle böğürtlen toplamaya giderdik" dedi kısa bir sessizlikten sonra. "Seni omuzlarımın üstüne oturturdum, böylece en sulu böğürtlenlere ulaşabilirdin" diye ekledi çalıların en tepesindeki böğürtlenlere gözünü dikerek.

"Hatırlıyorum" diye gülümsedi Margot bir böğürtlen koparıp ağzına atarken. Hafif kambur duran ve saçları grileşmiş babasına bakarak bir zamanlar onun omuzlarına oturacak ve sanki, babası söz dinleyen bir midilli atıymış gibi kulaklarından onu yönlendirecek kadar küçük olmasına şaşırdı. Bunu hatırlamak yüreğini acıtmıştı.

"En çok Eve toplardı. En sabırlımız oydu. Lucy hemen sıkılırdı ve seninle ben de her zaman kâseye topladıklarımızdan daha fazla yerdik" dedi tereddütle ve devam etti. "Güzeldi değil mi? Yani o zamanlar?"

Ted başıyla onayladı. "Güzeldi."

"Seninle o kadar zaman geçirebildiğimiz için şanslıydık. Diğer babalar gibi değildin. Sen gittiğinde çok zordu."

"Anlamadığını biliyorum ama Sibella bana iyi geliyor. Onu seviyorum. Umarım bunu anlayabilirsin."

"Annem için endişelenmedin mi?"

Boğazını temizledi. "Evet. Elbette. Ama bizim ilişkimiz artık bitmişti. Açıkçası, annen benim gidişimden pek etkilendi mi emin değilim. Yazı yazma işleriyle kafayı bozmuştu. Eminim hatırlıyorsundur. Aynı yerde yaşayan iki yabancı gibi olmuştuk. Bu da benim için yeterli değildi."

Margot başını salladı ve yüreğindeki o acıyı, -özlemenin verdiği acıyı- geri döndüğü evine dair duyduğu o hissi yeniden hissetti. Artık ulaşılamaz olan geçmişine -kız kardeşlerinin coşkulu varlığı, babasının hâlâ evde olması ve annesi, yani annesi her zamanki karmaşık, dalgın kadın olurdu- nostaljik bir özlem duyuyordu. Ama bunların hepsi şeyden önceydi, şey... Margot yutkundu. Böğürtlenler ağzında ekşi bir tat bırakmıştı.

"Kendimi korumak içindi" diye devam etti Ted. "Siz kızlar epey büyümüştünüz. Kit ve ben ise artık birbirimizi mutlu etmiyorduk -uzun zamandır mutlu değildik-ve ben kendimi yaratıcılık bakımından tutuk hissediyordum. Sanırım Sibella ile olmak için buraya taşındığımda yeniden yazabilmeye başlamam tesadüf değil. Anneni suçlamak için söylemiyorum. Benimle alakalı bir mesele. Benim sorunlarımla. Bundan gurur duymuyorum." Sanki gerektiğinden daha fazla şey anlatmış gibi yeniden boğazını temizledi. "Peki ya sen hayatım?" diye sordu konuyu değiştirerek. "Hayatında özel biri var mı? Erkek arkadaş falan?" Öksürerek ekledi. "Ya da kız arkadaş?"

Margot gülümsedi. "Birisi vardı. Gerçi sadece arkadaşım."

"Ah, öyle mi?" Ted bir cevap bekledi ama Margot ona ne söyleyeceğini bilmiyordu. Jonas ile olan son ve karmaşık karşılaşmasının detaylarından bahsedecek değildi. Kafasını çevirdi ve çalı çitlere doğru ilerleyerek böğürtlen çalısıyla meşgulmüş gibi davrandı. Edinburgh'taki o son gecelerinden nasıl bir anlam çıkardı ki?

Votka yüzündendi elbette -her zaman içkiden olur- telefonuna Eve'den mesaj geldiği o gece çok fazla içmişti. Lucy'nin son dakika düğününden bahseden mesajı okumuş ve su ısıtıcısını kapatarak kendine koca bir bardak içki -dolapta kalan portakal suyuyla karışık votka karışımı- doldurmuştu. Sonra bardağını ve şişesini alarak salona gitmiş ve seçeneklerini değerlendirmişti. "Lanet olsun sana Lucy" diye düşünmüştü.

Hiç şüphesiz gitmemek en kolayı olurdu. Gerçi Lucy ile Eve aynı fikirde olmazlardı. Bu büyük günü kaçırdığı için ikisi de onu asla affetmezlerdi. Sanki kilometrelerce öteden Margot'nun bahaneler üreteceğini hissetmiş gibi ona mesaj attığında, Margot ne uyduracağını kafasının içinde çoktan belirlemişti. Lütfen gel. Sana ihtiyacım var.

Jonas'ın en üst kattaki dairesinin salon penceresinin ötesinde Edinburgh manzarası gölgeli gökyüzünün altında uzanıyordu. Bakışları sokağın karşısındaki tanıdık tuğla evlere kaydı, St. Giles Katedrali'nin kuleleri uzaktan gökyüzüne doğru uzanıyordu. Sırtında çantasıyla ne yapacağını ve nereye gideceğini bilmez halde, Windfalls ile arasına mümkün olduğunca çok mesafe koymak amacıyla trenden dışarı adımını attığı o ilk öğleden sonradan bu yana şehir onun için bir sığınak olmuştu. Güzel ve gelişmiş bu şehir kendi ağaçların salındığı, nehirlerin aktığı ve kuşların şakıdığı kırsal evinden çok farklıydı. Eve geri dönüp kendine hâkim olabilir miydi? Buna hazır mıydı? Ailesiyle birkaç gün geçirip kazasız belasız geri dönebilir miydi? Lucy'nin ricasını kırmanın imkânsız olacağına karar kılıp bilgisayarını açtı ve Edinburgh'tan Bath'e giden tren saatlerini ve aktarmaları araştırmaya başladı. Birkaç saat sonra Jonas'ın kamera ekipmanlarının altında sendeleyerek eve dönüşüne kadar çoktan biletini almış ve votkayı ciddi ölçüde azaltmıştı.

"Dönmüşsün" demişti ne kadar sarhoş olduğunun farkında bir halde kanepenin üzerinde dik oturmaya çalışarak. "Nasıldı? İsviçre'ye gitmiştin, değil mi?"

"Harikaydı. Dönüş kötüydü ama. Türbülansa girdik. Ben de şunlardan bir tane içebilirim sanırım." Başıyla votka şişesini işaret etti.

"Tabii, buyur."

Jonas mutfaktan bir bardak alıp kanepede yanına yığıldı. Margot yan yan bakarak onu inceliyordu. Gittiği yerde bronzlaşmıştı ve çene çizgisindeki sarı kirli sakalı loş ışıkta parıldıyordu. Bir tek atıp elini yıpranmış deri ceketinin içine götürdü. "Sana bir hediye getirdim." Cebinden kahverengi küçük bir paket çıkardı.

Paketin içinden zincirinden plastik bir guguk kuşunun sallandığı bir anahtarlık çıktı. "Vay, bu..." kelimeleri bulmakta zorlanıyordu. "Gerçekten..."

"Dandik mi?" dedi ona sırıtarak. "Zinciri çek. Hadi."

Zinciri çekince ufak aksesuar ona şaşırtıcı bir gürültüyle guguk yapmıştı. Kahkaha attı. "Çok sevdim. Teşekkürler." Jonas bardaklarını tazelerken Margot geriye yaslanıp onu biraz daha inceledi. Kütüphane ilanlarında gördüğü boş oda ilanı üzerine ilk kez tanışmalarından bu yana ilişkilerinin geliştiğine şüphe yoktu. Telefonda yaptıkları görüşmede, Jonas kirayı ve faturaları paylaşabileceği 'sessiz ve uyumlu' birini aradığını söylemişti. O da eve bakmak için akşam Jonas'ın yanına gitmişti.

"Ne iş yapıyorsun?" diye sormuştu Jonas, Margot tek tük eşyaların olduğu boş odanın girişinde beklerken.

"Kütüphanede çalışıyorum."

"Kütüphaneci misin?"

"Öyle sayılır. Eğitimdeyim. Genellikle ne iş olsa yapıyorum ama çocukların okuma saatini de ben yönetiyorum" diye eklemişti, onu daha az tuhaf, daha sorumlu ve güvenilir bir potansiyel ev arkadaşı olarak göstermesini umarak. Jonas'ın aksanlı konuştuğunu fark etmişti. Kelimeler ağzından vurgusuz bir ritimle çıkıyordu, ünlü harfleri alışılmadık, neredeyse müzikal denebilecek bir ezgiye sahipti. "İskandinav" diye düşünmüştü dağınık sarı saçlarını, bronz tenini ve mavi gözlerini görünce. Ormanda balta kullanmak için oldukça uygun görünen güçlü elleriyle uzun boyluydu da. Mutfaktayken buzdolabının üzerine asılmış bir fotoğraf gördü. Fotoğrafta çok çekici, sarışın bir kadın göl kenarında oturmuştu, saçları güneşin altında parıldıyordu. Aileden olduğu çok belliydi. "Annen mi?"

"Evet."

"Çok güzelmiş."

"Teşekkürler."

"Sen mi çektin?" diye sordu, girişteki kamera ekipmanlarını düşünerek.

"Evet" dedi tereddütle. "Beş sene önce öldü."

"Üzgünüm."

"Sen pek eğitimdeki bir kütüphaneci gibi görünmüyorsun" demişti kollarında dövmelere bakarak. Açıkça konuyu değiştirmeye çalışıyordu.

Omuz silkti. "Öyleyim ama." Jonas'ın karşısında duran asıl kadını fark edebileceği düşüncesiyle bir an için canı sıkıldı: Keskin kısa kaküllü saçları ve çatık kaşlarıyla yıpranmış siyah kot pantolon giyen zayıf bir kadın.

Ama her ne gördü ise onu endişelendirmişe benzemiyordu. "Ne zaman taşınabilirsin?" Margot tereddüt etti. Yeterince arkadaş canlısı görünüyordu ve dairenin titiz iç düzenine ve penceresinden görünen Edinburgh manzarasına bakınca şu ana kadar kaldığı hostellerden çok daha iyi olduğunu biliyordu. Daha rahat -daha mahrem- ve hepsinden iyisi, kütüphaneden kazandığı parayla karşılanabilir. "Gelecek hafta olur mu?"

İlk başlarda Jonas evdeyken salonda pek vakit geçirmez, kendi odasında saklanır, ara sıra banyoya ve mutfağa gidip gelirdi. İşin aslı, yakışıklı görünümünden ve kulağa afili gelen mesleğinden biraz şüphelenmişti. "Fotoğrafçıyım" demişti onun tahminini doğrular bir şekilde. "Dergiler ve ajanslar için portre fotoğrafları çekiyorum. Genellikle uzakta olurum. Beni evde pek görmeyeceksin." Ancak birkaç ay sonra yatak odasının kapısını tıklatarak, "Dinle Margot, biliyorum sessiz bir ev arkadaşı istediğimi söylemiştim ama görünmez olsun da demedim" demişti ona doğru bir şişe kırmızı şarap sallayarak. "Tek başıma içmeyi sevmiyorum. Bir kadeh ister misin?"

Ara sıra paylaşılan şaraplar, kanepede yenilen yemekler ve hafta sonları nadiren izinli olduğu zamanlarda seri olarak izlenilen dizilerle arkadaşlıkları yavaşça ve dikkatle gelişmişti. Onu severdi. Ona sürekli gününün nasıl geçtiğini sorması, annesinin gerçek yüzünü gördüğünde hiç şaşırmaması ve sohbet ederken araya sessizlik girince korkuya kapılmaması hoşuna gidiyordu. Hemen sessizliği bozmaya çalışmaz, düşünceleriyle sohbetin kıvama gelmesine müsaade ederdi. Bazen yaptığı işleri göstermesi ve bilgisayarından fotoğraflar seçerek, sanki onun düşüncesini önemsiyormuş gibi, hangisini daha fazla beğendiğini sorması hoşuna giderdi.

"Zevklisin. İçinde dışarı çıkmak isteyen yaratıcı bir tarafın var."

"Bir zaman oyuncu olmak istediğimi düşünürdüm" dedi ağzından çıkan kelimelere şaşırarak.

"Ne değişti?"

Omuz silkti. "Sanırım hayat bana gerçekleri gösterdi."

"Başarılı olmak için zor bir alan" dedikten sonra Margot konu hakkında başka bir şey söylemedi.

Aralarındaki sehpaya guguk kuşlu anahtarlığını koyarken Jonas'a gülümsedi. "Teşekkür ederim."

"Tuhaf bir şey duymak ister misin?" diye sordu Jonas, içkisinden koca bir yudum alıp kollarını gererken.

"Her zaman. Tuhaf şeyleri severim."

"Seni özledim."

Margot kahkaha attı. "Bunu söylemeni beklemiyordum."

"Biliyorum." Göz göze geldiler ve gözlerini ilk çeviren Margot oldu. Gözleri o kadar mavi ve dudakları o kadar, o kadar yakındı ki.

"Margot?"

"Evet?"

"Sadece ben miyim?"

"Ne sadece sen misin?"

Tek kaşını kaldırdı. "İlla söyletecek misin?"

Margot önce tereddüt etti, sonra sanki mıknatısla çekiliyormuş gibi ona yaklaştı ve öptü.

"Emin misin?" diye sordu Jonas yüzünü inceleyerek. Margot başıyla onayladı ve onu daha sert öptü. Jonas'a olduğu kadar kendine de emin olduğunu ispatlamaya çalışıyordu. Yatak odasında hızlıca soyunup kıyafet yığınları içinde bir süre birbirlerinde kayboldular. Jonas, ona çok tanıdık ama fiziksel olarak bir o kadar da bilinmedikti. İçinde ani bir özlem dalgası gelişti, uzun zamandır kendisine böyle hissetmek için izin vermediği bir duyguydu. Ancak yakın olma, dokunulma ve görülme ihtiyacının içinde büyüdüğünü hissediyordu. Arkadaşlıklarını ya da bir evi paylaşıyor olmalarının sebep olacağı karışıklıkları düşünmüyordu. Kendini o ana bırakmıştı. Yalnızca içinde yükselen arzuyla beraber bir rahatsızlık da hissetmişti. Gözlerini açıp Jonas'a, -arkadaşına- onu öpmekte olan arkadaşına odaklanmaya çalıştı. Ama rahatsızlığı sanki çürümüş elma ve pis kokulu toprak gibi daha karanlık ve sefil bir hale büründü. İçindeki karanlık büyüyor ve anı yaşamasına engel oluyordu. Artık dayanamayarak başını geri çekti ve Jonas'ın ellerini boynunun etrafına dolayarak sıkıca bastırdı. Jonas ellerini geri çekmeden önce bir süre duraksadı. Margot onun ellerini yeniden boğazına koyarak, "Yap hadi" dedi. "Yapmanı istiyorum."

Jonas kaşlarını çatmıştı. "Margot" dedi sakince uyararak.

"Lütfen" dedi Margot. "Yap."

"Margot sana zarar vermeyeceğim."

Jonas'ı inceledi, bakışları karanlıkta buluşmuştu, boğazının üstündeki parmaklarının ağırlığını hâlâ hissediyordu. Margot başını çevirdi. "Eh, tüm havayı kaçırdım, değil mi?" dedi doğrulup tişörtüne uzanarak.

"Gel buraya" dedi Jonas, onu kendine doğru çekerek. "Sorun değil. Biraz böyle uzanalım."

Ve öylece uzandılar. Parmakları Margot'nun dövmelerinin üzerinde geziniyordu. "Ne anlama geliyorlar?" diye sordu.

Margot dövmelerine bakarak "Hiç" dedi.

Jonas uzun bir süre sessiz kaldı, öyle ki, Margot o yeniden konuşana dek uyuduğunu düşünmüştü. "Bu da neydi şimdi Margot?"

"Hiç."

"Hiç. Tıpkı dövmelerin gibi."

"Hayır" diye düşündü. "Hiç, tıpkı benim gibi."

"Sende bir şeyler var Margot. Çok karanlık ve çok öfkelisin. İçinde çok şey saklıyorsun. Ama ben sende farklı bir şey görüyorum -bir ışık- dışarı çıkmak isteyen."

"Bence gördüğün şeylere inanmamalısın."

"Ama inanıyorum Margot. İnanmak zorundayım. Benim işim bu. Görmek. Ortaya çıkarmak. Dışarı yansıtmak. En iyi fotoğrafçılar her zaman ışığı bulurlar."

Karanlık yatak odasında Jonas'ın göğsüne başını koymuş yatıyordu. Nefesi ona okyanusları ve gelgitleri hatırlatıyordu. Dışarıda bir araba geçmişti. Bir şişenin kırılma sesi duyulmuştu. Tiz bir kahkaha sesi gelmişti. Bir sebepten aklına Jonas'ın annesinin buzdolabının üzerindeki fotoğrafı geldi. O sarışın ve alımlı kadının düşüncesi içinde bir rahatsızlık uyandırmıştı -kadın kendisinin tam tersiydi- altın gibi parıldıyor ve güzel görünüyordu. Jonas gibi bir adamın kendisi gibi bir kadınla işi olamazdı. Gözlerini kapattı ve onun nefesiyle kendi nefesini denk getirmeye çalıştı. Yanında uyumaya çalışıyordu ama Jonas'ın üzerindeki kolu gittikçe ağırlaşıyor ve onu terleterek rahatsız etmeye başlıyordu. En sonunda yatmaktan vazgeçerek yataktan çıktı ve dağılmış olan kıyafetlerini toparlamaya başladı. Bir çanta hazırlamış, bir not karalamış, notu bırakarak şafak vakti evden ayrılmış ve Edinburgh'tan kalkan ilk trene binmişti. Güneşin doğuşuyla birlikte akşamdan kalmalığının ilk belirtileri baş göstermeye başlamıştı.

Şimdi Sibella'nın çalı çitlerle çevrili sebze bahçesinde dikiliyordu, uzaktan su ısıtıcısının sesi duyuluyordu. Şehir, evi, Jonas hepsi uzak bir dünya gibiydi. Margot iç çekti. Jonas'tan çok hoşlanıyordu -hem de çok- ve onunla paylaştığı ev ve arkadaşlığı geçen yıl boyunca onun için bir sığınak olmuştu. Şimdiyse bu şekilde bırakıp gelerek her şeyi berbat etmişti. Kendi kendini yok etme kraliçesiydi âdeta. Durumdan görebileceği tek iyi yan, yaşadıkları onları eski hallerine döndürecekti. Ev sahibi ve kiracı. Onu da herkese yaptığı gibi kendinden uzak tutması gerekiyordu.

Jonas ile ilgili düşüncelerini kafasından uzaklaştırarak elindeki kâseye baktı ve böğürtlenlerle dolup taşmakta olduğunu gördü. Parmakları meyvenin suyuyla kıpkırmızı olmuştu. Biraz daha ilerisindeki Ted de kâsesini doldurmuştu.

"Daha fazla toplayabilir miyim emin değilim" diye seslendi. "Geri kalanını başka bir güne bırakalım mı?"

Ted başıyla onayladı ve kulübeye geri döndüler, ancak eve girmeden hemen önce Margot babasının elini omzunda hissetti. "Margot bekle" dedi ciddi bir sesle.

"Ne oldu?" diye sorarak döndü, şaşırmıştı.

Kaskatı kesilmiş gibiydi. "Bilmem gereken bir şey var."

"Nedir?" diye sordu tekrar.

"Neden yaptın?"

Margot böğürtlenler elinde donakaldı.

"Neden yaktın? Tüm o işler, lanet olası son kitap için harcanan onca sene kül olup gitti. Bunun onu nasıl etkilediğini biliyor musun? Hem şahsi, hem de profesyonel olarak."

Margot başını çevirmeden önce bir süre babasına bakarak kaldı.

Ted içini çekti. "Anlamıyorum. Kötü biri olmadığını biliyorum ama bu çok şeytaniydi."

Margot yutkundu. Kötü biri değil. Elbette babası buna inanmak isterdi.

"Eğer sizi bıraktığım için kızgınsan onu neden cezalandırdın? Buraya gelip benim yazılarımı ateşe verebilirdin" dedi sırıtarak. "Kariyerimin şu noktasında bana bir iyilik yapmış olurdun. Nereden bakarsam bakayım mantıklı gelmiyor."

"Evet" dedi Margot. "Mantıklı değil."

"Anlat bana. Anlamama yardımcı ol."

Margot başını kaldırdı. Gözlerindeki kafa karışıklığını ve üzüntüyü görebiliyordu. Başka bir duygu daha vardı; korku muydu? Belki de babası, olduğu kişiden -yapabileceklerinden- korkuyor muydu? Kızının düşündüğü kişi olmamasından mı korkuyordu? Onu hiç tanımamış olmaktan mı korkuyordu? Bunları düşününce içinde bir rahatsızlık hissetti. Ona söyleyemezdi. Hiçbirine söyleyemezdi. Başını çevirdi. Margot'nun kendini çektiğini ve konuşmayacağını anlayan Ted, "Hadi, Sibella'nın yanına gidelim" dedi.

Babasının daha fazla baskı yapmamasına memnun bir şekilde başını salladı. Eve dönerlerken aklına bir soru takıldı. "Lucy için seviniyor musun?" diye sordu. Lucy'nin ani düğünü hakkında babasının ne düşündüğünü merak ediyordu. "Sence iyi bir karar mı verdi?"

"Seviniyorum ve evet bence iyi bir karar" dedi ona dönerek. "Ama aramızda kalsın" diye ekledi gülümseyerek, "bence evlenme kararlarının arkasında bize söylediklerinden başka bir neden var."

Margot başını salladı. "Biliyorum. Şaşırmış gibi yapmaya çalışacağız."

"Yani bunu düşünen tek kişi ben değilim o zaman."

Margot başını iki yana salladı.

"Eh, umarım doğrudur. İkisi adına da mutlu olurum." Ted uzanıp Margot'nun kasesindeki en sulu böğürtleni aldı. "Akşam yemeğine kalacak mısın yoksa seni Windfalls'a bırakmamı mı istersin?"

Margot duraksadı. "Gece burada kalsam olur mu diye düşünüyordum aslında. Kanepede yatarım" diye ekledi hemen Ted'in kaşlarını çattığını görünce. "Size sıkıntı yaratmam, söz."

"Annen kızmaz mı?"

"Umursamaz."

"Bence umursayabilir" dedi Ted.

Margot onun yorumunu görmezden geldi. "Ona mesaj atıp haber veririm, tabii sizin için de uygunsa?"

Yüzünde hâlâ endişeli bir ifade olsa da Ted başını salladı. Margot telefonunu çıkarıp Ted fikrini değiştiremeden annesine hızlıca bir mesaj gönderdi. Telefonunu cebine koyarken gözleri kırmızı böğürtlen lekelerinin olduğu ellerine kaydı. Babasının peşinden kulübeye doğru gitmeden önce bir süre ellerini inceledi.

GEÇMİŞ

2005

BÖLÜM 15

"Hadi Margot, zıpla."

Margot kaya çıkıntısının üzerinde, kolları önünde bağlı ayak parmaklarını kıvırarak durmuş Lucy'nin aşağıda yüzmesini izliyordu. Nehir derin ve yeşil renkteydi, suyun üzerine güneş ışıkları yansıyor, bulutların yansımaları ise kız kardeşinin sıçrattığı sularla bozuluyordu. Lucy sabrı taşarak bir kez daha ona seslendi, umutsuz bir şekilde iç çekerek suya daldı ve solgun mavi bir görüntü oluşturarak suyun altında yüzmeye başladı. En sonunda fok balığı gibi kaygan bir şekilde, ıslandığı için kafasına yapışmış sarı saçlarıyla yeniden suyun yüzeyine çıktı. Margot suya bakarak derinlerde gezinen balıkları ve bacaklarına dolanabilecek yosunları düşündü. Kız kardeşine baktı. Lucy nasıl bu kadar kolayca suya atlayabiliyordu? Nasıl hiç yorulmuş ve üşümüş hissetmiyordu? Margot onunla bu kaya çıkıntısına çıktığı için pişmanlık duymaya başladı.

"Hadi korkak tavuk" diye seslendi Lucy, "neyi bekliyorsun?"

Yaz mevsiminin son zamanlarıydı. Bir 'dönüm noktasıydı.' En azından babası öyle diyordu çünkü Eve, Birmingham Üniversitesi'nde işletme okumak için evden ayrılacaktı, Lucy genel ortaöğretim sınavlarında berbat bir sene geçirmişti ve Margot ise ortaokula başlayacaktı. Üç kız kardeş yaz mevsimi boyunca özgürce eğlenmiş, bahçelerde dolaşmış, ormanda yürüyüş yapmış, Bath'teki arkadaşlarıyla alışverişe çıkmışlardı ve -özellikle Lucy'nin favorisi olan- nehirde yüzmeye gitmişlerdi. Lucy'ye kalsa yağmur çamur demeden her gün yüzmeye giderdi, ama o sabah Ted nehir kenarında, yalnızca yerel halkın bildiği su bendinin yakınındaki gizli noktada piknik yapmayı önermişti. Fikri kahvaltıda öne atarak, "Kim bilir bir daha ne zaman bir araya geleceğiz" demişti şakayla karışık, bu sırada Kit ayakta suyun kaynamasını beklerken Ted onun omuzlarını ovalıyordu.

"Ne dedin?" dedi Kit bir rüyadan uyanmış gibi dalgın bir şekilde.

"Dedim ki, bugün nehir kenarında piknik yapalım."

"Ne güzel fikir. Ama size ancak sonra katılabilirim. Aklımda yazmam gereken bir sürü fikir var."

Ted yüzünü buruşturdu. "Ama sabahı, oraya birlikte yürüyüp o şekilde geçirebiliriz diye düşünmüştüm."

"Hikâyemin akışını kaçırmak istemiyorum Ted. Sırf güneş parıldıyor diye gelen ilhamı kaçıramam. Sonra gelirken size sandviç ve içecek getiririm, hem de siz yüzerken yiyecek ve içecekler ısınmamış olur."

Ted karşı çıkacak gibi oldu ama Eve araya girerek "Olur" dedi hemen. Aralarındaki gerilimi hissetmişti. "İyi olur, değil mi?"

"Evet" dedi Margot ve Lucy hep bir ağızdan.

Margot göğsünde birleştirdiği kollarını çözerek iki yana açtı ve aşağıdaki suya bakarken kollarıyla dengesini bulmaya çalıştı. Suyun biraz daha yukarısında olan karşı taraftan bu kaya çıkıntısını gördüklerinde bu kadar yüksek görünmüyordu. Hem Margot, hem de Lucy oraya tırmanıp karşı tarafa yüzmenin kolay olacağı konusunda hemfikirlerdi. İlk önce atlayan Lucy olmuştu. Kenardan tırmanıp taşın üzerine çıkmış ve tereddüt bile etmeden bir ok gibi suya atlamıştı. Margot kendisi de kayaya tırmanmadan önce çok etkilenerek onu izlemişti. Ancak çıkıntının ucuna geldiğinde korkusu devreye girdi. Bu tehlikeli kaya çıkıntısı ve altında akan karanlık su onu ürpertmişti. Nehrin biraz daha ilerisinde, yoldan biraz uzak bir kenarda, Eve'in bağlı olan bir kayığın içinde oturduğunu görebiliyordu. Bacaklarının üzerine havlu atmıştı ve elindeki kitabına gömülmüştü. Onların bu tehlikeli hareketlerine katılmayacak kadar aklı başında görünüyordu. Ted ise bir söğüt ağacının altına oturmuş elindeki gazetesiyle oyalanıyordu. Gazeteyi elinde katlayıp Windfalls'ın olduğu yöne doğru rahatsız bir bakış attı. Kit'i birkaç saat sonra onlara katılacağına dair söz alarak nehrin kenarındaki stüdyosuna bırakmışlardı ama görünüşe göre geç kalmıştı. Ted Margot'nun olduğu yöne bakınca Margot kararsız bir şekilde el salladı. Ted ise elini kaldırıp esprili bir selamlama ile karşılık verdi. Böylesine güzel bir gün için nehir şaşırtıcı bir şekilde sakindi. Yakınlarda kayalara tırmanan tek bir kişi bile yoktu. "Ya şimdi ya da hiç" diye düşündü ve bakışlarını yeniden suya çevirdi.

Onun tereddüdünü hissedince Lucy bağırarak saymaya başladı. "Üç... İki... Bir!"

Margot derin bir nefes aldı ve suya doğru kendini bıraktı. Kendini nehrin karanlık sularının en derinine götürmesi için kendini atlayışının kuvvetine bıraktı. Su altındayken gözlerini açtı ve ciğerlerindeki gittikçe büyüyen yanma hissini dinledi. Her şey sus pustu. Tuhaf bir sessizlik etrafını sarmıştı. Sanki onu yukarıdaki herkesten ve her şeyden ayıran farklı bir dünyaya düşmüş gibiydi. Ani bir panikle yönünü şaşırdı, yukarı baktı ve karanlığın içinde yansıyan zayıf güneş ışıklarını gördü. Bir çabayla yukarı doğru yüzmeye başladı, en sonunda mutlu ve rahatlamış bir halde yüzeye çıktı.

Nehir kenarında su içinde amuda kalkma çalışmaları yaparken, Margot cesaretini toplayarak Lucy'ye yaz boyunca kafasına takılan bir soruyu sordu.

"Ucuz roman ne demek?"

Lucy kahkahalarla güldü. "Ciddi misin? Tahmin edeyim, birilerini annemin kitapları hakkında konuşurken duydun, değil mi?"

Margot başıyla onayladı. "Brian Hansen dedi ki annesi bizim annemizin müstehcen ucuz romanlar yazdığını söylüyormuş. Ayrıca annesi diyormuş ki annemin kitapları kütüphaneye koyulmayacak kadar açık saçıkmış." Yanakları kızardı, Bayan Hansen annesinin kitapları hakkında ne düşünüyorsa iyi olmadığını anlıyordu.

"Çok komik. Boş ver onları Margot. Brian Hansen sivilce suratlı bir angut, annesi de eh, mutaassıp yaşlı bir ukala."

Margot ne mutaassıp kelimesinin, ne de müstehcen kelimesinin ne anlama geldiğini bilmiyordu ama yine de anlamış gibi başını salladı.

"Seks demek Margot" dedi Lucy onun kafası karışık yüz ifadesini görünce. "Annemin kitaplarında bol bol seks var."

Margot yüzünü buruşturarak "İğrenç" dedi.

"Evet." Lucy suya daldı, dakikalar sonra ayakları, ayak bilekleri ve parmakları dimdik bir şekilde amuda kalkarak suyun yüzeyine çıktı. Margot, o yeniden görünene dek suyun yüzeyine bakarak bekledi. "Neden öyle kitaplar yazıyor Luce? Neden normal kitaplar yazmıyor?"

"Neden gündüz gecelikle geziyor? Neden çıplak güneşlenip yalınayak dolaşıyor? Neden öğle yemeklerimizi hazırlamayı unutup bizi okula tuhaf çoraplar ve küçük gelen ayakkabılarla gönderiyor? Farkında olmayabilirsin belki Margot ama annemiz diğer anneler gibi değil. Yani etrafına bir bak, nerede? Sandviçlerimizle birlikte saatler önce burada olmalıydı. Açlıktan ölüyorum!"

Doğruydu. Margot her zaman annesinin farklı biri olduğunu bildiğini düşündü. Diğer anneler kekler ve kızarmış balıklar hazırlayıp upuzun saçları harika Fransız örgüleri yapabilirlerken Kit farklıydı. Sanki içinde farklı iki kadın vardı. Bunlardan biri stüdyosuna gömülmüş eski siyah daktilosunda yazılar yazan, sessizliğinden sihirli bir şekilde kelimelerin aktığı bir yazardı. Bu kadın Margot için tam bir muammaydı. Anlaşılmazdı. Kapalı bir kutuydu. O parlak, altın rengi desenli kapakları olan tarihi romanların yaratıcısı, çok ünlü bir yazar olan K.T. Weaver'dı. O insanların kitapçılarda ve festivallerde tanışmak için sıraya girdiği, imza istediği, yayıncılarından önemli telefonlar gelen ve kapalı kapılar ardında tüm dünyadan gazetecilerle röportajlar yapan kadındı. Kapısını tıklatıp içeri girdiğinde elini rahatsız olmuş gibi kaldırıp "Evet, evet, ne vardı?" diye soran kadındı. Bu kadın onun annesiydi ama daha çok ardından gelen kadının gölgesi gibiydi. Diğer kadın stüdyosunda yazarak ve kanepede esneyen bir kedi gibi kaslarını esneterek geçirdiği uzun bir günün sonunda dışarı çıkardı. Kaskatı olmuş omuzlarını esneterek, saçındaki topuzu sarkmış, kıyafetleri kırışmış halde bahçeden doğru eve gelir, kendine demli bir çay yapıp masaya oturur ve yavaşça evin havasına uyum sağlamaya çalışırdı. Ancak o zaman anneleri yokluğunu telafi etmeye çalışır; ani ve yoğun bir şekilde onlarla ilgilenirdi. "Gelin buraya canlarım. Gelin de bana gününüzün nasıl geçtiğini anlatın." Ancak o zaman müzik çalmaya devam eder, yumurtalar ocakta kaynar ve ekmek kızartma makinesindeki ekmekler kızarırdı. Ve Kit kendi kafasının içinde geçirdiği onca kayıp saatin acısını çıkarmak istercesine onlara geri dönerdi. Samimi oldukları zamanlar da vardı. Margot onları hâlâ hatırlayabiliyordu. Margot'nun günün heyecanı ya da ertesi günün gerginliği ile yatakta öylece yatıp uyuyamadığı zamanlarda Kit yatağın kenarına oturup onun kollarını ve saçlarını okşardı, en sonunda Margot rahat ve huzurlu hissederek uykuya dalardı. Ancak yıllar geçtikçe böyle zamanlar azalmaya ve kısalmaya başladı. Annesinin zihninin onu okşarken hep başka yerde olduğu belli oluyordu. Sonrasında sıklıkla, Ted hafifçe kapıyı tıklatıp Amerika Birleşik Devletleri'nden çok önemli birisinin telefonda olduğunu söyler ve Kit'in gelip gelemeyeceğini sorardı.

Margot bu değişimin kafa karıştırıcı olduğunu düşünürdü. Kit bir sıcak, bir soğuk, bir an samimi ve anaç, bir an ise mesafeli ve kayıtsız olurdu. Margot bazen kendini, onun için sıraya girip dikkatini çekmek isteyen hayranlarından biriymiş gibi hissederdi. Annesinin başarısının daha çok farkına vardıkça onu zihninde efsaneleştirip ulaşılamaz bir yere koymaması imkânsızdı.

Lucy yeniden suya dalmıştı. Margot bir sonraki sorusunu sormadan önce onun sudan çıkmasını bekledi. "Babamın yanındaki kadın kim?" diye sordu nehrin kenarına doğru işaret ederek. Lucy kardeşinin işaret ettiğini yere baktı. Margot'nun daha önce dik taşlara tırmanırken gördüğü kişi şimdi salınan söğüt ağaçlarının yanına gelmiş ve ağaçların gölgesinde babasıyla konuşuyordu. Uzun, ince bir kadındı. Yeşil bir pantolon ve bol, beyaz bir tişört giymişti. Boynunun etrafında sarı bir şal sarılıydı. Uzun, kızıl saçları rüzgârla birlikte kurdele gibi salınıyordu. Elinde kahverengi bir demet vardı; sülün kuşu tüyüne benziyordu.

Kadın babasına bir şeyler söyledi. Margot ne olduğunu duyamadı ama babasının kahkahaları suyun karşı tarafından bile duyulmuştu.

"Sanırım bu vadinin karşısındaki kulübeyi alan kadın" dedi Lucy, Margot'ya. "Dul olan. Bayan Ash." 'Dul' kelimesini fısıltıyla söylemişti. Margot kadına yeniden kaçamak bir bakış attı. Tam olarak söylemesi zordu ama uzaktan bakınca otuz yaşından büyük görünmüyordu. "Dulmuş gibi görünmüyor."

Lucy çenesi hâlâ suyun altında Margot'ya doğru yüzdü. Gözleri suyun içinde mavi mavi parıldıyordu. "Fena bir kaza diye duydum. Traktör ezmiş. Düşünebiliyor musun? Anlaşılan adamı bulan oymuş ama artık çok geçmiş."

Margot ürperdi ve zihninde oluşan görüntüyü silmek için suyun altında daldı. Lucy'den ilham alarak, Margot da suyun altında uzanıp çakıllı zemin üzerinde amuda kalmak istedi ancak dengesini kaybederek düştü ve yeniden nefes alabilmek için kendini suyun yüzeyine attı.

"Tekrar dene" dedi Lucy. "Bacaklarını birleşik tut."

Lucy'den aşağı kalmamaya kararlı bir şekilde yeniden suya daldı. Ellerini zemine tam yerleştirdiğinde zafer hissinin yerini avucunun içindeki keskin bir acı aldı. Acıyla bağırarak suyun yüzeyine çıktı. Bir yandan su yuttuğu için öksürüyor, diğer yandan ise elini tutuyordu. Kolunu kaldırınca elinden akan kanların yeşil suya döküldüğünü gördü. Elindeki yarasına bakarak, "Lucy" diye inledi. "Lucy elimi kestim."

"Aman Tanrım." Lucy, Margot'nun eline baktı ve feryat ederek "Baba!" diye suyun karşısındaki babasına seslendi. "Baba çabuk gel! Margot yaralandı."

Ted, Eve ve babasıyla konuşan kadın yanlarına geldiğinde Lucy hâlâ Margot'ya taşlı nehir kenarından çıkması için yardım ediyordu. Margot'nun halini görünce Ted bir hışımla sazlıkların içine daldı ve Margot'yu yakalayarak suyun kenarına çekti. Margot elini sıkı bir yumruk yapmıştı ancak kan bileklerinden aşağı koluna doğru akıyordu. O görüntüyle başı dönmüş ve şoka girmişti.

Ted yüzü bembeyaz halde "Çok fena kesmişsin" dedi. Yanlarındaki kadın uzanıp Margot'nun elini tuttu ve "Bakabilir miyim?" diye sordu. Margot başını sallayıp avucunu açtı. Kadın, Margot'nun eline baktıktan sonra yeniden yumruğunu sıktı ve boynuna sardığı sarı şalını çıkardı. "Eğer yumruğunu yeniden açabilirsen, bunu kanamayı durdurmak için avucuna saracağım. Benim için cesur olabilir misin?"

Margot acıyla suspus olmuş halde başını salladı. Avucunu açarak şalı sarmasına izin verdi. Soluk renkteki şal yaraya değer değmez pembe oldu. Kadın babasına dönerek "Hastaneye götürmen gerek. Dikiş atılması gerekebilir, ayrıca sanırım tetanos iğnesi de gerekecek" dedi.

Ted başını salladı ve o zaman Margot, ilk kez onu da kan tuttuğunu fark etti. "Eve" dedi "eşyalarımızı toparla. Hemen eve dönüyoruz. Lanet olsun! İhtiyacımız olduğunda anneniz nerede?"

Kadın Margot'nun omzunu sıkarak "Cesur bir kızsın. İyi olacaksın" dedi. Lucy ve Margot'nun titrediklerini fark edince ikisini de havluya sardı ve sonra Eve'e tüm eşyalar hasır sepete doldurulana dek yardım etti. Nehirden ayrılırken güneş bir bulutun arkasına girerek kaybolmuş, suyun rengi ise siyaha dönmüştü. "Teşekkürler" diye seslendi Ted kadına. "Çok teşekkürler. Şalın için üzgünüm!"

"Lafı bile olmaz" dedi kadın. "Umarım iyileşir."

"Annem unuttu mu?" diye sordu Lucy, Ted'in yanında nehrin kenarındaki yoldan yürürlerken. Babası cevap vermedi ama yolun eski elma deposunun ve iskelenin olduğu yere giden ayrımına geldiklerinde onları bahçe kapısından geçirdi ve sert bir şekilde "Hadi, siz eve gidin" diyerek gönderdi. "Annenize olanlardan bahsedeceğim. Eve, Margot'ya kuru kıyafetler giydirir misin? Onu hastaneye götüreceğim." Küçük ahşap bahçe kapısını kapatma şeklinden babalarının öfkeden deliye dönmüş olduğunu anlamışlardı.

Meyve bahçesinden geçerken babalarının yüksek sesle kapıya vurarak "Tanrı aşkına Kit! Tek bir şey yapacaktın! Bize değerli vaktinin bir saatini bile ayıramadın mı?" diye bağırdığını duymuşlardı. Sesi ağaçların arasında yankılanıyordu. Eve girdiklerinde piknik sepetini mutfak masasının üzerinde, nasıl bıraktılarsa aynı o şekilde buldular. Eve iç çekerek sepeti kaldırdı. "Babam görmese daha iyi olur" diyerek sepeti kilere sakladı.

İki gün sonra gazeteci Kit ile röportaj yapmak için eve geldiğinde Margot hâlâ eline sarılı beyaz bandajla ile oynuyordu. Eve ise alt katı temizlemek için bir saat uğraşmış ve en sonunda siyah dumanların sardığı mutfağa geldiğinde en küçük kız kardeşini hâlâ pijamaları üzerinde, tehlikeli bir şekilde mutfak tezgâhında oturmuş, bandaj sarılı elindeki bıçağı ekmek kızartma makinesine sokmaya çalışırken bulmuştu. "Ne yapıyorsun öyle?" diye bağırdı. "Kendini öldüreceksin!" Hemen yanına koşarak ekmek kızartma makinesinin fişini çekti ve Margot'nun elinden bıçağı aldı. Dikkatli bir şekilde yanmış ekmekleri makineden çıkartarak çöpe attı. O anda sanki yastık savaşı yapılmış gibi yere saçılmış olan tüyleri gördü ve "Şu lanet olası kediler!" dedi. Margot başını salladı ve ekmek kızartma makinesine iki dilim ekmek yerleştirdi. "Sanırım güvercindi. Bak, orada özel bir hediye var."

Eve kardeşinin gösterdiği yere baktı ve en yeni aile üyelerinden biri tarafından bırakılmış, paspasın üzerinde parlayan birbirine yapışık iç organ kalıntılarını gördü. Ted üç yavruyu birkaç ay önce kümes hayvanlarını korumak için yavruları boğacağını söyleyen bir çiftçinin elinden kurtarmıştı. O zamandan beri Pinter, Miller ve Mamet Windfalls'da ikamet ediyor ve minnettarlıklarını aileye çeşitli av hediyeleri getirerek gösteriyorlardı. "Mutfağı daha yeni temizlemiştim" diye sızlandı Eve.

"Gazeteci mutfağa girecek değil ya. Neden bu kadar endişeleniyorsun bilmiyorum. Bir aptal röportaj daha işte."

Eve iç çekti. Sahi neden endişeliydi? Neden tüm sabahı evi toplayıp, süpürüp silerek geçirmiş ve annesini daha, biraz daha resmi, biraz daha uygun bir şeyler giymeye ikna etmeye çabalayarak geçirmişti? Nedenini biliyordu. Annesinin, arkadaşlarının 'açık kısımlarını' birbirlerine kıkırdayıp gülerek anlattıkları kitabın yazarı olarak bilinmesi yeterince kötüydü. Yerel olarak, "o aile" olarak biliniyor olmaları yeterince kötüydü: Anne babası evlenmemiş, babası çalışmayan, kızları birbirlerinin eskilerini giyen... Bunca şeyin üzerine aile bozukluklarını ve pasaklılıklarını bir de dünyaya ilan etmek zorunda değillerdi, değil mi? Kendi kendine söylenerek lavabonun altındaki süpürgeyi aldı ve tüyleri süpürmeye başladı. Gelecek hafta toplanıp üniversiteye gitmek için evden ayrıldığında her şeyle nasıl baş edeceklerine dair bir fikri yoktu. Ancak Eve, özgür olmak istediği için içten içe suçlu hissetse de tüm bunlardan kurtulmayı da iple çekiyordu. Duman temizlenmiş, tüyler süpürülmüş, kuştan geriye kalanlar kaldırılmış ve düzen yeniden oluşturulmuştu.

Gazeteci tam bir saat sonra geldi. Popüler bir kadın dergisinden Kit'in kitabı -Nadir Elementler serisinin oldukça beklenen beşinci kitabı- sonbaharda yayınlanmadan önce kitap hakkında detaylı bir 'ev' röportajı yapmak için gelmişti. Kızlardan uzak durmaları, bahçede oyalanmaları ya da odalarında kalmaları istenmişti ama Eve dayanamadı. Merdivenlerde oturmuş, tırnaklarını yiyerek başını ahşap tırabzanlara dayamıştı. Bakışları, anne ve babasının kadife yeşil koltukta yan yana oturmakta olduğu alt kattaki salonun açık kapısına kilitlenmişti. Annesi dizlerini yan yana birleştirmiş bir şekilde dimdik oturuyordu. Neyse ki, Eve'in ısrarlı tavsiyesine uyarak hem saçlarını taramış, hem de düzgün bir elbise -yukarıdan aşağıya düğmeli, belinde kemeri olan- giymişti. Güneş ışığı kucağına vururken elbisenin kumaşı basenlerinin olduğu yerde gerilmişti. Babası ise tam tersine, geniş omuzlarıyla bacaklarını birbirine dolamış oturuyordu. Kahverengi ayakkabı giymişti ve bronzlaşmış ellerinden birini hafifçe annesinin dizinin üzerine koymuştu. Eve'in oturduğu yerden görebildiği ayağıyla, duyulmayan bir ritim oluşturarak yıpranmış halının üzerine tık tık vuruyordu. Annesinin yanında yarım bir adam gibi oturmuştu. Ziyaretçinin arkası kapıya dönüktü. Eve'in tek görebildiği gazeteci kadının dik ve kabarık gri saçlarıyla saten gömleğinin kabarık kollarıydı. Boynuna doladığı fuları önündeki dizüstü bilgisayarına her eğildiğinde kayıyordu. Aralarındaki sehpanın üzerine bir ses kayıt cihazı yerleştirilmişti.

"Ah, bu harika" dedi gazeteci etrafına bakınarak. "Bir yazarın evi nasılsa aynı o şekilde: Samimi, rahat ve davetkâr."

Eve gülümsedi ve sehpanın tozunu alıp kilden bir vazonun içine taze çiçek toplayıp yerleştirdiği için kendini tebrik etti.

"Eminim okurlarımız da nasıl hissettirdiğini bilmek isteyecekler" diye devam etti kadın. Sesi sanki burnundan konuşuyormuş gibiydi. "Ajansınızdan o telefonu almak hayatınızı tamamen değiştirmiş olmalı..."

Kadının başı annesine doğru dönüktü. Eve, gazetecinin 'okurlarımız' dediği kişileri zihninde, aynı anda sayfaları çevirerek derginin sayılarını inceleyen bir grup sessiz kütüphaneci tipler olarak canlandırdı.

Kit gülümsedi. "Hatırlıyor musun Ted? İlk taslağı Max'e öylesine göndermiştin. Belki benim için birkaç yerle anlaşma sağlayabilir diye. İkimiz de iki hafta sonra aranmayı hiç beklemiyorduk. İlk duyduğumda çığlık attım ve telefonu elimden düşürdüm."

Eve bu hikâyeyi daha önce duymuştu ama annesinin heyecanını yeniden yaşamak hoşuna giderdi.

Kit tekrar gazeteciye dönerek, "Görüşmeye Ted devam etti. Ben devam edemedim. Resmen fiyat konuşuyorlardı" dedi.

Kit'in yüzü ocağın başında tencere karıştırırken ya da masasında amaçsızca oturmuş kaleminin arka tarafını çiğnerken aldığı yüz ifadesine büründü. Bedenen burada olabilirdi ama zihni o an tamamen başka yerdeydi. "Evde kutlama yapacak hiçbir şeyimiz yoktu değil mi?" diye devam etti Kit, sonra Ted'e dönerek "Hele şampanya gibi afili hiçbir şeyimiz yoktu. O zamanlar öyle iyi şeyleri alabilecek durumda değildik, değil mi?" dedi diziyle Ted'i dürtüp yeniden gülümseyerek. Eve "Ama sen ısrar ettin" dediğini duydu babasının.

"Ted hemen yerel bara koştu" diye devam etti Kit. "Onları bara açıp kendisine şampanya satmaları için zorla ikna etti!"

Gazeteci ilgiyle dinleyerek kafasını sallıyordu. "Tam bir Külkedisi hikâyesi, beş parasızlıktan zenginliğe, okurlarımız böyle hikâyelere bayılır."

Babası tuhaf, boğuk bir ses çıkardı ama kadınların hiçbiri fark etmedi. "Beş parasızdık denemez" dedi Ted.

"Ama zengin de değildik" diye gülümsedi annesi. "En azından o zamanlar değildik. Verilen teklif hayallerimin ötesindeydi elbette ama hiçbirimiz serinin bu kadar popüler olacağını beklemiyorduk. İlk kitap olan Eye of the Stone'un popüler olması epey vakit almıştı. Basıldıktan birkaç ay sonra çok satanlar listesine girdi. Sonra her şey çığ gibi büyüdü. Diğer ülkelerde de basıldı ve serinin geri kalan kısmını yazmak için görevlendirildim. Okurlar sayesinde oldu. Onlar Tora Ravenstone'ın hikâyesini benimsediler ve dünyaya yayılmasını sağladılar."

"Gerçekten de öyle oldu! Dünya çapında çok satan dört kitap yazdınız ve beşinci roman Kuvars Kalp bu sonbahar çıkıyor, değil mi?"

Kit başını salladı. "Toplam yedi tane olacak. Bazı eleştirmenlerin kitaplarımı para için yazılmış müstehcen kitaplar olarak gördüğünü biliyorum ve okurlar da muhtemelen neden daha hızlı yazamadığımı merak ediyorlar ama ilham aceleye gelmez. Ne kadar sürmesi gerekiyorsa o kadar sürecek. Kendi fikirlerinizi takip edip sizi yönlendirmesine izin vermelisiniz. İlham perisine boyun eğmelisiniz."

"Doğru" dedi gazeteci biraz şaşırmış bir sesle. "Ve sanırım her kitap için belirli araştırmalar yapmak gerekiyor?"

"Evet. Tarihi detayların doğru olmasına ve karakterler ile yaşadıkları dünyanın mümkün olduğu kadar doğal ve gerçek hissettirmesine dikkat ediyorum. Stonehenge gibi tarihi bir yere ve Glastonbury gibi festival düzenlenen bir alana yakın yaşadığımız için çok şanslıyız. Manzara mistik bir hava ve büyüyle dolu. Hissedebiliyor musunuz? Ne kadar ilham verici!"

"Eee evet, bence de öyle. Hayranlarınızın yazdıklarınıza verdikleri tepkileri araştırdım da, sadece tarihi detaylarla ilgili değiller. Yazdığınız kadın karakterlerin, erkek egemen bir dünyada yaşadıkları tecrübelerle de ilgililer." Duraksayarak devam etti. "Tüm bu hikâyenin o zaman bebek olan kızınızla yürüyüşe çıktığınızda aklınıza geldiği doğru mu? Bir röportajınızda doğum sonrası depresyon ile mücadele ettiğinizden bahsetmiştiniz. Yazmak sizin için bir çeşit rahatlama yöntemi mi oldu? Ya da kendini kurtarmak?"

"Evet. Anneliğin ilk dönemleri benim için zordu. Çok fazla fedakârlık ve kendinden ödün vermeyi gerektiriyor. İlk romanın açılış bölümü böyle bir duygu durumu ve yorgunluk hali yaşarken aklıma geldi: Bir insanın yeni doğmuş bir çocuğu yüksek bir amaç uğruna feda etmesi için ne olması gerekir? Ya da bir bebeği nehir kenarına bırakıp gitmek için?"

Gazeteci "Evet" diye mırıldandı.

"Roman yazarak yeniden kendim gibi hissetmeye başladım. İlk romanıma başlamadan önce başka bir şey yazmamıştım."

"Tüm kitaplarınızı burada, Windfalls'da mı yazdınız?"

"Evet."

"Belirli bir yönteminiz var mı? Mesela Stephen King'in her zaman sabahları yazdığını ve her gün en az altmış sayfa yazmadan bırakmadığını biliyorum."

Kit başını salladı. "Saçma bir batıl inanç biliyorum ama her kitabımı ilk kitabımı yazdığım şekilde yazıyorum. Aşağıdaki nehrin kenarında güçlü bir enerji var. Yaratıcılığımı besliyor. Bahçenin en sonunda eskiden elma deposu olarak kullanılmış kendi stüdyomda yazıyorum. Şaşalı bir şey değil ama rahat ve sessiz. Ted'in verdiği eski bir Olivetti marka daktilo kullanıyorum." Ted'in dizine hafifçe vurdu. "Her kitap için aynı yöntemi kullanmak beni rahatlatıyor."

"Daktilo mu?"

Eve kadının şaşırarak arkasına yaslandığını gördü.

"Ne kadar... Ne kadar..." Doğru kelimeyi bulmaya çalışıyordu.

"Antika mı?" dedi Kit gülerek. "Evet, Ted sürekli yöntemlerimi güncellemem konusunda beni nutuk atıyor. Beni Apple bilgisayarlar ve USG belleklerle ilgili bitmek tükenmek bilmeyen karanlık tarafa çekmeye çalışıyor."

"USB" diye mırıldandı Ted.

"Ama o kadar teknolojik aletle uğraşamam. Güvenmiyorum. Kendi yazdığım tek kopya üzerinde çalışmayı seviyorum. Hep öyle yaptım. Hikâyeyi takip etmek benim için bu şekilde daha kolay ve daha basit oluyor."

"Harika." Gazeteci notlarını karıştırırken kısa bir sessizlik oldu. "Kesinlikle görülmeye değer bir manzara. Hep buralarda mı yaşadınız?"

"1980'lerin sonundan beri" dedi Ted.

"Harika bir ev, ama tüm eski mekânlar gibi sürekli bakım gerektiriyor" diye devam etti Kit. "Açıkçası okuyucularım böylesine sadık olmasaydı Windfalls bakımsızlıktan çürüyüp giderdi." Kit gülümsedi. "Onlara minnettarım."

Eve, Ted'in ayağını sallamayı bıraktığını gördü. Havada, sanki evde bir yerlerde aniden bir kapı kapanmış ve evin sıcaklığını değiştirmiş gibi ani bir değişim oldu. Eve biraz daha eğildi, tırabzan iyice yanağına dayanmıştı.

"Peki aileniz ve arkadaşlarınız başarınızı nasıl karşılıyor? Herkes sizin için heyecanlanıyor mu? Hiç..." Gazeteci hafif bir kahkaha atarak "kişisel ya da profesyonel bir kıskançlıkla karşılaştınız mı?" diye sordu.

"Ah hayır... Kıskançlık hiç yok. Hatta eşimin de bir yazar olmasının faydası oluyor. Nasıl olması gerektiğini anlıyor, öyle değil mi hayatım?"

Ted sanki söylediklerine katılıyormuş gibi boğazından bir hırıltı çıkardı ama Eve babasının aynı fikirde olduğundan pek emin değildi.

"Okuyucular alev saçlı kahramanınız Tora Ravenstone'u, ailesinin acımasızca katledildiği ve kendisinin de kabilesi tarafından neredeyse pagan tanrılara kurban edilecekken kıl payı kurtulduğu ilk trajedilerinden, yetenekli bir şifacı ve savaşçı olduğu zamana dek takip ettiler. Birçok yorumcu romanlarınızın feminist bakış açısını takdir etti. Kadın kahramanınızı güçlendirip ona gerçekten bir amaç verdiğiniz için övgüler aldınız. Şüphesiz gelecek kitaplarda Tora için daha büyük planlarınız vardır?"

Kit hafifçe kahkaha attı. "Size sırlarımı söyleyemem, ama şunu söyleyebilirim ki okuyucuların Tora'nın neler yapabileceğine ve geleceğine dair gördükleri buzdağının yalnızca görünen kısmıydı. Tora bile kendi gücünün henüz farkında değil."

Gazeteci başını salladı. "Sormak zorunda gibi hissediyorum. Bazı eleştirmenler fazlaca olan seks sahnelerini tartışıyorlar diyelim. Gazetedeki bir yorumcu kitaplarınız için 'Gereksiz bir şekilde tahrik edici, canı sıkılan ev hanımları için çok satan müstehcen bir kitap' olarak değerlendirdi. Bu yorumları okuyor musunuz? Nasıl değerlendiriyorsunuz?"

"Okumamaya çalışıyorum. O tür yorumların dikkat dağıtıcı olduğunu düşünüyorum. Ben kendi okuyucularım için yazarım, yorumcular için değil."

"Kızlarınızın kitaplarınızı okumasından rahatsız olur muydunuz?"

Gazeteci oturduğu yerden annesine doğru eğildi. Eve de kendisini annesinin cevabını daha iyi duyabilmek için eğilirken buldu. Kit omzunu silkti. "Neden rahatsız olayım. Alt tarafı seks. Biz insanların bedenleri ve arzularıyla tuhaf ve rahatsız bir ilişkisi var. Utanç oldukça yıkıcı bir duygu. Kızlarımın ne istiyorlarsa okumasından mutluluk duyarım ancak en küçüğümüz Margot'nun Tora'nın hikâyesini okumaya başlamadan önce birkaç yıl beklemesi gerekebilir" diyerek kahkaha attı. "Açıkçası kariyerime ilgi duyarlarsa şaşırırım. Onlara göre yaptığım iş korkunç bir şekilde sıkıcı."

"Hayır" diye düşündü Eve. Hiç de ilgi duymuyordu. Yıllar önce ilk kitabını yarısına kadar okumuş, sonra da odanın bir kenarına atıp bırakmıştı. Yeni ergenliğe girmiş bir genç kız olarak annesinin zihninden geçen seks sahnelerini okumak çok korkutucuydu. Zaten tüm arkadaşlarının okuduğunu bilmek yeterince kötüydü.

"Kızlarınız kariyerinizden etkilenmiyor mu?" diye üsteledi gazeteci.

"Ah, hayır. Kızlarım işimi korkunç bir şekilde sıkıcı buluyorlar. Stüdyomda her gün tek başıma oturuyorum. Kendi zihnimde çok fazla vakit geçiriyorum. Pek çekici bir tarafı yok. Margot geçenlerde tıpkı arkadaşlarının aileleri gibi veteriner ya da esnaf olmamı tercih edeceğini söyledi. On bir yaşındayken yavru köpekler ve bedava şekerlemeler en çok satan listelerinden daha cazip geliyor."

Gazetecini güldü ve geldiğinden beri ilk kez dikkatini Ted'e vererek başını ona doğru çevirdi. "Peki ya siz Ted?" diye sordu. Eve kadının gülümsediğini göremese de sesinden anlayabiliyordu. "Karınızın yazılarındaki erotik içeriklerden rahatsız oluyor musunuz?"

Eve babasının boğazını temizlediğini duydu.

"Bir şey söylemek bana düşmez. Kit onu ne mutlu ediyorsa onu yazmalı. Yaratıcılık bu şekilde işler."

"Evet, elbette. Sanırım kendiniz de yazar olduğunuz için herkesten daha iyi anlarsınız. Siz de zamanında biraz başarının tadına vardınız değil mi?"

Eve babasının, annesinin dizinin üzerindeki elini sıktığını fark etti, parmak eklemleri beyazlaşmıştı. "Biraz, evet" dedi kısaca. "Bugünlerde beni kızlarla ilgilenip evi çekip çevirirken bulabilirsiniz. Kit'in baş yardımcısıyım."

Kit, Ted'in elini tutup hafifçe sıktı. "Mütevazılık gösteriyor. Asıl yazar olan o" dedi. "Harika bir oyun yazarıdır. Eminim Kayıp Kelimeler oyununu hatırlarsınız." Kit duraksadı ama gazeteci sessizliğini sürdürünce devam etti: "Londra'nın batısında birkaç sezon oynadı, sonra da ülke çapında turlar yapıldı. Hatta Broadway'e bile gideceği konuşuluyordu ama, eh..." cümlesinin sonunu getirmedi. "Bu birkaç sene önceydi. Yeniden yazıyorsun değil mi hayatım? Başka bir oyun." Ted cevap vermeyince Kit zoraki bir gülümsemeyle yeniden gazeteciye döndü. "Ser verip sır vermiyor ama harika olacağından eminim."

Gazeteci başını sallayarak "Şahane" dedi. Eve, gazetecinin konuşulanları not almadığını fark edenin sadece kendisi mi olduğunu merak etti.

"Kızlarınız sizin adımlarınızı takip ediyorlar mı? Aynı çatı altında yetişen başka genç yazarlar var mı?"

Kit düşünmeye başladı. Eve ise tırabzana biraz daha yaklaştı. "Eve en büyük kızımız, çok akıllı ve mantıklı. Hepimize annelik ediyor." Eve elinde olmadan hayal kırıklığına uğradı. Annesi onu çok sıkıcı bir insan olarak tarif etmişti. "Ve ortanca kızımız Lucy'nin de becerebileceğinden emin değilim çünkü beş dakika yerinde duramaz. Çok özgür ruhlu, yazmanın gerektirdiği disipline giremeyecek kadar hareketli. Ve Margot, ondan pek emin değilim. Bence hayal gücüne sahip ama daha teatral bir tarafı var. Bence oyuncu olmak isteyebilir. Eğlenceli değil mi?" diye ekledi gazeteciye gülümseyerek, "hayatın onları nereye götüreceğini düşünmek yani. Tabii elbette, tüm bu hikâyeleri ileride kendileri yazacaklar."

"Hepsi harika kızlardır" dedi Ted yüksek sesle. "Her biriyle gurur duyuyoruz."

Gazeteci not defterini kapattı ve öne eğilerek ses kayıt cihazını da durdurdu. "Şahane. Sanırım ihtiyacım olan her şeyi aldım. Harika bir makale olacak. Eylül sayımızda yayınlanacak. Yayıncınıza kopyalarından mutlaka gönderirim."

Eve röportajın bitmesine hazırlıksız yakalanarak merdivende birkaç adım geriledi. Kit gazeteciye odadan dışarı eşlik edip ön kapıdan veda ederken Eve görünmemek için dikkatle görüş alanından uzaklaştı. Ted'in yüksek sesle ofladığını ve Kit oturma odasına dönmeden önce eski kanepenin üzerine kendini bıraktığını duydu.

"Tanrı'ya şükür bitti. Sana söylüyorum Kit, şu röportajlardan son kez yapıyorum. Siz de zamanında biraz başarının tadına vardınız değil mi?" diyerek ince bir sesle kadının sözlerini taklit etti.

"Bence aşırı hassas davranıyorsun Ted. İlgili davranıyordu."

"İlgili mi?" Sert bir kahkaha attı. "Gazeteciler senin işine ayılıp bayılırken orada sap gibi oturmak nasıl bir duygu biliyor musun? Görünmez bir adam gibiydim. Kızlarla bahçeye sürgün edilsem yeriydi."

"Bu yüzden onlara oyunundan ve yeni yazılar yazdığından bahsettim."

"Önüme kemik atıyordun yani, öyle mi? Sadakaların sana kalsın Kit."

"Böyle davranma."

"Nasıl?"

"Aksi bir çocuk gibi."

Ted yüksek sesle hırıldadı. "Ve tüm o evin başımıza yıkılacağı saçmalığı da neydi?"

"Ona bir hikâye veriyordum Ted. Yazarlar böyle yapar."

Hâlâ merdivenlerde saklanmakta olan Eve, Kit daha uzlaşmacı bir sesle konuşurken nefesini tuttu.

"Reklam işte, yapmak zorunda olduğum şeyler. Minnettar olmalıyız. Daha fazla kitap satıldıkça ailemizin üzerindeki finansal baskı da azalıyor. Sana imreniyorum. Ben bu lanet sözleşmeye bağlı kalmak zorundayım. Lanet olası Tora Ravenstone'dan yıllarca kurtulamayacağım. Sen ise ne istersen onu yazmakta özgürsün."

Ted cevap vermedi.

Kit iç çekti. "Belki de istediğin hayatı yaşamaya başlamayı düşünmenin zamanı gelmiştir Ted. Belki de biraz dürüst olmalısın."

"Bu da ne demek şimdi?"

"Yıllar oldu Ted. Yıllardır kendine yazı yazmak için baskı yapıyorsun. Belki yapacak başka bir şey bulsam daha mutlu olurum diye düşündün mü hiç? Belki başka bir şeyle ilgilensen yaratıcılığını yeniden kazanabilirsin?"

"Birkaç dandik çok satan yazınca yaratıcılık hakkında bilirkişi mi oldun? Bu kadar mı? Üzerine düşünmeden hızlıca yazamam. Yazdığım şeylerin bir anlamı olmalı."

Uzun bir sessizlik oldu. "Peki ya ben o 'dandik çok satanları' yazmasaydım bu aileye ne olurdu? Bunu söyle bana."

"Tanrım, Kit. Ağzından çıkanı kulağın duyuyor mu?"

"Beni suçlayabilirsin. Herkesi suçlayabilirsin. Ama hiç fark ettin mi? Suçlamadığın tek kişi sensin. Bu durumu değiştirebilecek tek kişi sensin. Kendi oyunlarını yazabilecek tek kişi sensin."

Kit oturma odasından bir hışımla ayrıldı. Eve merdivenlerden inip bahçeye sıvışmadan önce bir dakika bekleyerek etrafı kolaçan etti. Piknik örtüsü evin önündeki bahçeye serilmişti, üzerindeki satranç tahtasında yarıda bırakılmış bir oyun vardı. Eve kardeşlerinin meyve bahçesinden gelen kahkahalarını duyabiliyordu. Nehre doğru tepelerin arasında gözden kaybolmadan önce, eğik bir elma ağacının altında toplanmış su birikintisinin yanındaki açıklığa doğru giderek gelen sesleri takip etti. Güneş arkalarındayken kız kardeşlerinin siluetleri görünüyor, küçük sinekler etraflarında güneş ışığıyla birlikte altın gibi parıldıyorlardı. Yakınlarına gelene dek ne yaptıklarını tam görememişti. Yaklaşınca Lucy'nin elindeki çakıyı gördü.

"İşte!" dedi Lucy, bir adım gerileyip eserini gösterirken.

Eve gözlerini kısarak, "Ne yapıyorsun?" diye sordu. Ağacın gövdesin beş tane harf kazınmıştı: K.T.E.L.M.

"Gelecek kuşaklar için."

Eve kaşlarını çattı. "Neden?"

Lucy gülümsedi. "Çünkü sen gidiyorsun ve nereye gidersen git ya da başka bir eve taşınırsan taşın, bu ağaç buraya ait olduğunun kanıtı olacak. Hepimiz buraya aitiz."

"Çok şapşalsın."

Lucy omuz silkti. "Evet."

Margot yaşlı ağacın dallarındaki elmaları fark edince bandajlı eliyle tuhaf bir şekilde elmalara uzanmaya çalıştı.

"Daha çok erken" dedi Eve. "Henüz olgunlaşmamışlardır."

"Kimin umurunda?" diye güldü Margot.

Eve elmayı alıp ısırdı. Haklıydı. Çok ekşiydi. Elmayı ağzından tükürdü ve geri kalanını çimlere doğru attı. Elmaların acı tadı dilinde kalmıştı. Gözleri yeniden ağaca kazınmış harflere kaydı. Buraya aitsin. Belki Lucy haklıydı, Eve Windfalls'ın sınırlarından uzakta onu nelerin beklediğini görmek için sabırsızlanıyordu.

Ted evin önündeki çakıllı yola çıktı. Nereye gittiğini bilmiyordu ama artık o evde bir dakika bile duramayacağını biliyordu. Kit tarafından küçümsenmeye daha fazla dayanamayacaktı. Birlikte olmaya başladıkları ilk zamanlarda Kit onu dinlerdi. Hem de nasıl dinlerdi. Bunu itiraf etmenin zavallıca olduğunu biliyordu ama Kit gibi özgür ruhlu bir kadının hayranlığı kendisini iyi, -daha erkeksi- mesnetli ve saygı değer hissettirmişti. Ancak geçen yıllar içinde Kit'in ona olan saygısı ve hayranlığı azalmış gibi görünüyordu. İlişkilerinin dengesinde belirgin bir değişiklik olmuştu.

Yıllar oldu Ted. Yıllardır kendine yazı yazmak için baskı yapıyorsun. Belki yapacak başka bir şey bulsam daha mutlu olurum diye düşündün mü hiç?

Sözleri bıçak gibi kesmişti, en acısı da bu sözler kendi korkularının yansımasıydı. Gerçekten de yıllar olmuştu. Ülkenin en iyi genç oyun yazarlarından biri olarak ilan edildiğinden beri başarının tadını yaşayamadan onlarca yıl geçmişti. Şimdiki hali ise mahvolmuş, orta yaşlı, karısının telif gelirleri ile hayatını sürdüren bir adamdı. Tam bir utanç kaynağıydı. O hiç kimseydi, karısı ise dünyaca ünlü K.T. Weaver'dı.

Baş yardımcı. Söylediği şeyin arkasındaydı. Windfalls evini çekip çevirmek ve üç kızına babalık yapmak için elinden geleni ardına koymuyordu. Görev paylaşımını nasıl yapacaklarını açıkça konuşmamışlardı ama Kit'in yazarlık kariyeri ve teslim tarihlerine yetişme baskısı arttıkça ana ebeveyn rolünü üstlenen Ted olmuştu. Kasabadaki ilkokula yürürken elini tutan minik eller. Yaralı dizlere yapıştırılan yara bantları. Sallanan salıncaklar ve ağaç gövdelerine tırmanmaya çalışan küçük bacaklara yardımcı olmak. Nehirde yüzme dersleri ve yatmadan önce okunan kitaplar. Kızlarının çocuklukları boyunca tüm güzel anlarında yanlarında olmuştu. Böyle cesur ruhlu kızlara sahip olduğu, kızlarına rehberlik ve koruyuculuk yapabildiği için birçok açıdan kendini şanslı hissediyordu. Ama geleneksel bir yapısı da vardı. Değerleri ve yetiştirilme şekline bağlı beklentileri de vardı. Bir erkek olarak kendini eksik hissetmekten alıkoyamıyordu. Sadece koruyucuları olarak değil, onların geçimini sağlayan kişi olamadığı için görevini yapamıyor gibi hissediyordu.

"Normal babalar gibi değilsin, değil mi?" demişti Lucy bir keresinde okuldan dönerken.

"Ne demek istiyorsun Luce?"

"Yani çalışmıyorsun. Takım elbise giymiyor ya da kravat takmıyorsun. O büyük, süslü arabalara binmiyorsun."

"Hayır binmiyorum." Başını eğip kızının yüzüne bakmıştı. "Bu senin için bir sorun mu?"

Lucy başını iki yana salladı. "Hayır. Seni olduğun gibi seviyorum."

Ted gülümseyip onun elini sıktı. "Ben de seni olduğun gibi seviyorum Lucy."

Böylesine basit bir kabulleniş. Ama Ted bir miktar içerlemediğini söylese yalan olurdu. Kit hemencecik Ted'in işleri üstleneceğini varsayardı. Okuldan arayıp kızların hasta olduğunu söylediklerinde başka söze gerek kalmadan Ted gidip onları alır, eve getirir ve yatırırdı. Tatil zamanı geldiğinde planları Ted yapar, bakımlarını Ted üstlenirdi.

Gittikçe artan bir şekilde, Kit ile paylaştıkları görevler Ted'in üstüne kalıyordu. Kızlarıyla kurduğu yakınlıktan asla pişman değildi ama bu yakınlık Kit ile aralarında açılan uçurumun daha da büyümesine neden oluyor gibi görünüyordu. Kit'in varsayımlarına içerlemeden edemiyordu. Hiç konuşmadan rolleri kendi kafasında belirlemiş ve kararlaştırmıştı.

Temsilcisi Max bile onu eskiler listesine eklemişti. Geçen hafta "Bizim eski Ted" diye selamlamıştı onu telefonda. "Sesini duymak harika." Arkada Londra sokaklarından geçen bir ambulansın siren sesi duyuluyordu. Duyduğu ses, içinde insanlarla dolu o sert kaldırımlarda yeniden yürüme arzusu uyandırmıştı. Bir zamanlar olduğu adam olma arzusu...

"Eğer senaryo için arıyorsan..." diye savunma yapmak için söze başlamıştı ama Max sözünü kesti. "Hayır Ted. Kit'i istiyorum. Onunla Japonya sözleşmeleri hakkında hızlıca bir şey konuşmam gerek. Küçük bir detay. Endişelenecek bir şey değil."

"Tabii" diye cevapladı Ted dişlerinin arasından. "Telefonu veriyorum." Ve itaatkâr bir uşak gibi telefonu uzattı.

Kit'in işlerini beğenmediğinden değildi. İlk iki kitabını büyük bir heyecanla okumuş ve oldukça da etkilenmişti. Son derece sürükleyici bir romandı ve Kit ile hem gurur duymuş, hem de şaşırmıştı; hatta belki biraz da gözü korkmuştu. Tanrı biliyor ya, her gün masaya oturup boş sayfaya bakmanın ne demek olduğunu herkesten iyi biliyordu. Hayır, gerçekten onun işini beğenmediğinden değildi. Ted'in problemi artık kendisini beğenmemesiydi.

Bir keder duygusu içinde ilk oyunu olan Kayıp Kelimeler'i yazmıştı. Bu oyunu yazmak Alzaymır hastalığı yüzünden ellerinden kayıp giden, mesafeli, yaşlı bir adamı sevebilecek tek şekilde seven bir çocuk olarak geçirdiği yıllardan bir anlam çıkarabilmek için hayati ve acil bir süreç gibi hissettirmişti. Annesi arada köprü görevi görmese babası ile aralarında koca bir uçurum vardı. Babasının ölümünden sonra yaşadığı kederle kelimeler âdeta kendiliğinden dökülmüştü. Yaptığı işin -her şeyin- bir anlamı olması gerekiyordu. Belki de aralarındaki fark buydu. Kit'in işi hayalleri ve fantezileri içeriyor, kurmaca bir dünyaya alıp götürüyordu. Öte yandan Ted ise yaptığı işin gerçeklere dayanmasına ihtiyaç duyuyordu. Kelimelerini, yaşadığı hayatın kafa karıştıran gerçeklerini yorumlamak için kullanmak istiyordu. Gerçek ve anlamlı şeyler söylemek istiyordu. Ama günlerce masasında otururken karşılaştığı problem söyleyecek hiçbir şey bulamamasıydı.

Kendinden şüphe etme ve korku duygusu omuzlarında, tek bir oyun bile bitiremeden kızlarla oyalanarak öfke ve hayal kırıklığı içinde yıllar geçmişti. Felç olmuş gibi hissediyordu, Kit'in başarısı arttıkça bu başarının karşısında gittikçe küçülüyordu. Kelimelerin adamı olması gerekirken söyleyecek kelime bile bulamıyordu. Sessiz, eşinin başarısı tarafından susturulmuş, kıskançlıkla sessizce sönmüş bir adam haline gelmişti. İçindeki bu çirkin hisleri ona söyleyemezdi. Yıllar oldu Ted. Sözlerinin nasıl acıttığı hakkında karısının hiçbir fikri yoktu. Kendini Delilah ile yaşayan Samson gibi hissediyordu. Sanki Kit eline makası almış ve onun gücünü keserek yok etmişti. Kayıp Kelimeler. İlk oyunun başlığı şu an kulağına ironik geliyordu.

Gözleri yolda, başını eğerek bir süre yürüdü, adımları ağırdı. Kiliseyi geçerek nehrin üzerindeki köprüye vardı. Köprünün ortasında durup aşağıda akan suya baktı. Dün gece yağan yoğun yağmur yüzünden su seviyesi artmıştı. Suyun altındaki yosunlar dalgalanıyordu. Sudaki akıntıyla birlikte hareket eden taşları ve çakıl taşlarını görebiliyordu. Suyun hareketiyle yuvarlanarak birbirine çarpan taşları düşündü. Taşların yavaşça hareket etmesi, hareket ettikçe kenarlarının yuvarlaklaşması ve yıpranması kendi durumuna uyuyordu. Yavaş süren bir erozyonun kanıtıydı o taşlar, tıpkı Kit ile olan ilişkisi, kariyeri ve kendi benlik algısı gibi. Yıpranmış, kendini tanımlayan kelime buydu. Windfalls'da köreliyordu. Kit'in sözleri neydi? Belki de istediğin hayatı yaşamaya başlamayı düşünmenin zamanı gelmiştir. Haklılık payı var mıydı sahiden?

Tepelere giden yolu yarılayınca başını kaldırıp etrafına bakındı. Nehir geride kalmıştı, etrafında çiftlikler ve tarlalar var. Biraz ilerideki koruluğun ötesinde, mısır tarlasının en sonunda taştan küçük bir kulübe olduğunu biliyordu. Derin bir nefes alıp başını daha da kaldırdı ve yüzünü güneşe dönerek yürümeye devam etti. Kulübeye vardığında ne yaptığının farkına vardı. Bir eli bahçe kapısının üzerinde düşünerek dikilirken neredeyse geri dönmeye karar veriyordu ki kulübenin etrafındaki ek binalardan birinden bir kadın elinde bir bezle dışarı çıktı. Güneş ışığının altında gözlerini kısarak "Selam" dedi. Yosun yeşili bir elbise giymişti, uzun kızıl saçları geriye doğru taranmıştı, güneşte parıldayan yüzünün yanlarından birkaç uzun tutam sarkıyordu.

"Çanaklardan almak için mi geldin?"

"Ah hayır..." Ceplerini yokladı ancak cüzdanının yanında olmadığını fark etti. O an kadının yüzündeki gülümsemeyi görünce yalnızca şaka yapıyor olduğunu anladı.

"Kızın nasıl?" diye sordu kadın.

"İyi. Haklıymışsın. Birkaç dikiş ve iğneden sonra bizi bir saat içinde eve yolladılar. Şanslıydı. Daha derin bir kesik olsa tendonları zarar görebilirmiş."

Kadın irkildi. "Eh, şanslıymışsınız." Elindeki bezi arkasındaki açık kapıdan içeri doğru attı. "Çay demleyecektim. İster misin? Bisküvi de var" diye ekledi şakacı bir ses tonuyla. "Çikolatalı hem de."

Ted, Windfalls'a geri dönmeyi düşündü. Evdeki buz gibi havayı düşününce "Neden olmasın?" dedi yumuşak bir şekilde. "Teşekkürler."

Mutfağa girdiler. Kadın lavaboda ellerini yıkayıp bir yanda su kaynıyorken fincanları ve çay kavanozunu aldı. "Otur" dedi, Ted'in tuhaf bir şekilde ayakta dikildiğini görünce.

Ted bir sandalye çekip oturdu ve bir an için kadını izlemeye başladı. Kadının sade bir zarafetle hareket ettiğini, çay yapma işini bile masada oturmuş onu izleyen bir yabancı yokmuş gibi bir ritüel haline getirdiğini fark etti. Saçlarında ve bir kolunun üzerinde kalan kırmızı kil izlerini gördü. Bu görüntü nedense aklına Margot'nun yaralandığı kazayı getirdi. Kadının kendi fularını çıkarıp nazikçe Margot'nun eline sardığını hatırladı. O anda dikkatini çeken parlak güneş ışığı altında bembeyaz görünen bileği ve ince uzun parmakları olmuştu. Çay demlenirken kadın onun karşısındaki sandalyeye oturdu ve derin bir nefes alarak dikkatini Ted'e yönlendirdi. Bakışları buluştuğunda Ted üzerine bir çeşit rahatlama hissi çöktüğünü hissetti. İncelenme ve gözlemlenme hissinin verdiği sakinlikti bu. Yargılanmadan. Kadın gülümsedi ve Ted gözlerinin etrafındaki çizgileri fark etti. Sol yanağındaki kalp şeklindeki lekesini de. Kadın iki fincan çay doldurup birini ona uzattı. Ted çayından bir yudum aldı, ağzında yuvarlayıp hızlıca yuttu ve boğazının yandığını hissetti.

"Sıcaktır" dedi kadın, sesinde hâlâ o şakacı ton vardı.

Neden böyle olduğunu anlamamıştı. Belki de güneşin altında yaptığı yürüyüştendi. Ya da belki havanın sakinliğinden veya mutfaktaki samimi ortamdan böyle olmuştu. Kadınla göz göze gelmemeye çalışarak yeniden etrafa göz attı. Ocağın üstünde tencere ve tavalar asılıydı, pencereden gelen güneş ışığını yansıtıyorlardı. Yakınında üzerinde işlemeli bir minderin olduğu ahşap bir koltuk vardı. Bir şifonyerin üzerinde bir kâse dolusu kozalak olduğunu gördü. Hepsi de şaşırtıcı şekilde davetkâr görünüyorlardı. Arkasını döndüğünde kadının hâlâ onu izlemekte olduğunu gördü. Paylaştıkları anın tuhaflığında, bir farkındalık kıvılcımıyla gülümsediler ve Ted kendini rahatlamış hissetti. Saçmalıyordu. Elini uzattı. "Ben Ted, nihayet düzgün bir şekilde tanıştığımıza sevindim."

"Sibella." Onun sıcak eline dokununca, kolundan yukarı bir elektrik dalgası yayıldığını hissetti.

"Sana bir teşekkür borçluyum" dedi. "Yardımların için, çok sakin ve nazik olduğun için ve eh harika şalını feda ettiğin için."

Sibella gülümsedi. "Önemli değil. Önemli olan kızının iyi olması."

Mutfakta arkalardan bir yerden gelen saat sesi sessizliği bozuyordu. Sibella çay fincanının üzerinden Ted'i izliyordu.

"İyi misin? Kazadan çok etkilenmiş gibi görünüyordun. Böyle şeyler hatalarımızı hatırlatarak şok etkisi yaratabilirler. Eminim kızının acı çektiğini görmek çok zordur."

Ted nasıl hissettiğinin sorulması karşısında şaşırdı, bunun üzerine boğazına bir yumru oturduğunu fark edince daha çok şaşırdı. "Evet. İyiyim. Tabii ki."

Çayından bir yudum daha aldı. Kadının teninin süt beyazı gibi olduğunu düşündü. Gözleri de elbisesi gibi yosun yeşiliydi. "Otuzlu yaşların sonlarında olmalı" diye düşündü. "Çömlekçilik mi yapıyorsun?"

"Evet."

Çanak çömlekleri ve çömlek atölyesi hariç hiçbir şeyi olmadan buraya tıkılıp kalmak için çok gençti. Buna nasıl dayandığını merak etti. "Kocanı kaybettiğini duydum" dedi birden, neden bu konuyu açtığını kendisi de bilmiyordu ama bir sebepten doğru şeyi yapıyormuş gibi hissetmişti. "Üzgünüm."

Kadın başını kaldırıp ona baktığında, yeşil gözlerinde kayboluyormuş gibi hissetti. "Teşekkür ederim" dedi kadın.

Uzanıp koluna dokunmak ve ona sarılıp rahatlatmak için yoğun bir istek duydu.

"Kocam öleli bu ay yedi sene olacak" dedi sessizce.

"Adı neydi?"

"Patrick."

"Nasıl öldüğünü sorabilir miyim?"

"Staffordshire'da bir süt çiftliğimiz vardı. Bir gün traktörle tarlaya çıkmıştı, bir kapıyı kapatmak için traktörden inmiş. Aracın güvenlik kilidi bozulmuş. Araç üzerinde doğru gelmiş. Korkunç bir kazaydı. En azından sorgu hâkimi öyle demişti."

Ted başını eğip çayına baktı. "Çok üzüldüm. Ne kadar zamandır evliydiniz?"

"İki sene."

Ted daha fazla şey söyleyeceğini hissederek lafını kesmedi.

"O zaman dokuz haftalık hamileydim. Cenazesinden iki gün sonra bebeği de kaybettim. Çiftlikte parasız geçen birkaç seneden kalma borçları kapatmak için arazimizin çoğunu satmak zorunda kaldım. Tek bir gecede tüm hayatım - hayalini kurduğum geleceğim- ellerimden kayıp gitti. Kayıp üstüne kayıp yaşadım. En sonunda onca acıyla dolu o yerden taşınmanın en iyisi olacağına karar verdim. Tabii" diye ekledi üzgün bir gülümsemeyle, "hatıralarından kaçamıyorsun. Seninle geliyorlar."

"Çok üzüldüm." Ted masanın üzerinden uzanıp elini sıktı. Ted orada öylece otururken bir an için hayatın ne kadar tuhaf olduğunu düşündü, bir yabancının elini tutuyordu ama dünyanın en doğal şeyi gibi hissediyordu. Onu rahatlatmak istemesi, bırakmak istememesi ne kadar tuhaftı.

Elini ilk çeken Sibella oldu, çektiği eliyle yanağından süzülen bir damla gözyaşını sildi. "Özür dilerim. Yedi yıl geçti ama hâlâ etkiliyor."

"Onu bu şekilde kaybetmen hiç adil değil. Ve bebeğini de" dedi başını iki yana sallayarak.

Sibella omzunu silkti. "Evet, değil."

"Aynı şey değil tabii ama ben de ondan birkaç sene önce ailemi kaybettim. Küçükken annemi, sonra ergenliğimde demans yüzünden babamı. Son yıllarında onunla hep ben ilgilendirdim. Yakın değildik ama yine de ölümü beni mahvetti. Sen nasıl başa çıktın hayal bile edemiyorum. Keder şaşırtıcı, vahşi ve öngörülemez bir şey."

Kadın başını salladı. "Öyle."

"Tekrar evlenmedin mi?"

"Hayır."

"Burada tek başına yalnız hissetmiyor musun?"

Kadın yeniden omuz silkti. "Bazen. Ama huzurlu." İç çekerek hafifçe gülümsedi. "Özür dilerim. Bunları neden anlattım bilmiyorum. Genellikle yabancılarla çay içerken onları trajik geçmiş hikâyelerimle bombalamam. Yeni arkadaşlarla konuşulacak bir konu da değil, öyle değil mi?"

"Hayır. Ama en azından gerçek." Ted aylardır yapmış olduğu ilk gerçek sohbetin bu olduğunu düşündü. Bir süre birbirlerine baktılar ve Ted aralarındaki o garip enerjiyi yeniden hissetti. Anlayış görme. Bağ kurma. Ne olduğundan emin değildi ama içini kıpırdatıyordu. Fincanına baktı ve boş olduğunu fark etti. "Gitsem iyi olur."

Bahçeye çıktığında bulutların arasından süzülen, aşağıda vadinin üzerine spot ışığı gibi yansıyan bir ışık huzmesi gördü. Yukarılarda bir şahin halkalar çizerek uçuyor, sesi vadide yankılanıyordu. Önünde manzara nefes kesecek kadar güzeldi. Sibella'ya dönüp gülümsedi. "Teşekkür ederim. Hem çay, hem de sohbet için."

"Rica ederim."

Açıklayamadığı bir sebepten ötürü arkasını dönüp gitmek çok zor geldi. Kapıda durup arkasına baktı. Sibella hâlâ oradaydı ve Ted'i izliyordu. "Gelecek hafta tekrar geleceğim" diye bağırdı. "Cüzdanımla birlikte. Çömleklerinden bir tane alacağım!"

Sibella anladığını göstermek için elini kaldırdı. Ted, onun gülümsemesiyle uzun zamandır ilk kez içinde yükselen bir heyecan hissetti.

PERŞEMBE

BÖLÜM 16

Kit erkenden, Windfalls'ın ve sevdiği herkesin korkunç bir cehennem içinde yerin dibine gömüldüğünü gördüğü rahatsız edici rüyasından uyandı. Uzun zamandır görmediği bir kâbustu bu ama dün gece tüm detaylarıyla yeniden görmüştü. Bitkin bir halde yataktan çıktı, keskin duman kokusunu ve çığlıklarını hâlâ duyabiliyordu sanki. Ne yaptın sen? Ne halt ettin?

Rüyasının aklında kalan kısımları onun yatak odasından çıkıp kule odasına gitmesi için yeterliydi. Sandalyesine yerleşti, bilgisayarını açtı ve makinenin çalışma sesini dinledi.

Evde bir sessizlik vardı, Ted'in yıpranmış, eski, deri sandalyesinde oturdukça büyüyen bir sessizlik. Onun evden ayrıldığı gün çalışma odasından almıştı bu sandalyeyi ve o geri gelip eşyalarını almak istediğinde sandalyeyi vermeyi reddetmişti. Sandalye hâlâ Ted'in hatırasını taşıyordu, oyununu yazmak için geçirdiği saatlerin anıları sandalyenin minderine işlemişti. Bu yüzden Kit'e rahatlık veriyordu. Çoğu zaman bu kurumuş kalmış evde yaşayan tek kişi kendisi olsa da, böyle küçük şeyler Ted'in varlığını hatırlatıyordu. Pinter mesela, yıllar önce Ted'in kurtardığı yavru kedilerden geriye kalan bir tek oydu. Önündeki boş ekrana baktı. "Sadece yaz" dedi kendi kendine. "Bir şeyler yaz. Ne olursa." Parmakları havada klavyeye uzandı ama birden parmaklarının görüntüsüyle şok oldu. Bu çizgiler, eklemlerindeki kırışıklıklar, yaşlanmanın ilk belirtileri ne zaman olmuştu? Artık genç bir kadın değildi. Mantıken bunu biliyordu elbette. Tanrı'ya şükür deli ya da hayaller gören biri değildi. Yine de orada oturmuş ellerine, küt tırnaklarına ve kırışık derisine ve evet -mücevhersiz ve takısız oluşuna- evlilik yüzüğü olmayışına bakarken geçen o elli üç senenin her birini hissetti. Göğsünde yalnızlığın verdiği acı gitgide büyürken, Kit başını kollarına yaslayıp ağlamaya başladı. Saten geceliğini kolları ıslanana dek ağladı. Sonra başını kaldırıp gözlerini sildi. Yüksek sesle derin bir iç çekti. Bu kendine acıma anı için kendinden nefret ediyordu. Keşke bir zamanlar yaptığı gibi hayali bir dünyada -kurgusal duygular yaşayan kurgu karakterler- kaybolabilseydi ama kendini şu anki acınası halinden uzaklaştıramıyordu. Tek başına. Yaşlı. Yalnız.

Geçen hafta, Lucy çılgın evlilik planını duyurmadan önce, Windfalls'a banyodaki eski emayeleri değiştirmek ve bozuk rezervuarı tamir etmek için iki tamirci gelmişti. Onların evdeki neşeli varlıkları, radyolarının sesi, aralarında yaptıkları şakalar Kit'in yalnız ruhuna o kadar iyi gelmişti ki, en sonunda onları uğurlarken kendini içten içe "Gitmeyin" derken bulmuştu. "Beni burada böyle bırakmayın" diye bağırmak istemişti.

Hayatının gerçekleri gözlerinin önündeydi. Böyle hayal etmemişti. Yıllar önce, Ted ile bir aile kurduklarında birlikte yaşayacakları hayatı böyle hayal etmemişti. Ted, haftalarca nehir kenarındaki stüdyosunda kapalı kalmasına sebep olan hikâyesini merak edip okumak istediğinde "Sana göstermeye utanıyorum" demişti.

"Utanma. Hepimiz bir yerlerden başlamak zorundayız Kitty" diye cevaplamıştı Ted.

Gönülsüzce, Eve ile yaptığı o meşum yürüyüş sonrası yazdığı taslağın ilk yüz sayfasını Ted'e uzattı ve onu taslakla baş başa bırakıp patikaya çıkarak ileri geri yürümeye başladı, Ted'in -o mükemmel derecede zeki olan Ted'inin- onun acemice kelimelerini okuyor olduğu düşüncesine katlanamıyordu.

Ted mutfakta, sayfalar dağınık bir şekilde önüne saçılmış halde sabırsızca parmaklarıyla masayı tıkırdatıyor ve Kit'in dönüşünü bekliyordu. "Devamı nerede?" diye sordu gözleri parıldayarak. "Devamını göster."

"Ne? Hepsini mi?"

"Evet" diye başını salladı Ted sabırsız bir şekilde. "Hepsini."

Taslağı, kendi Londra temsilcisi olan Max'e göndermek Ted'in fikriydi.

"Bilemiyorum Ted." Fazla acemice ve profesyonel bakış için fazla kabataslak olmasından endişe ediyordu.

"Ne kaybedersin ki?"

Bu soru şimdi kulağa gülünç geliyordu. "Hiçbir şey" diye cevap vermişti. Ne kadar da yanılmıştı. Belki de asıl ironi, hasta birini tedaviye ikna eder gibi, ilk zamanlarda onu cesaretlendirip yaratıcılığını ortaya çıkarması için teşvik eden Ted olmuştu. Elbette hiçbirisi yazdığı ilk romanın böyle bir başarı yakalayacağını ve bu başarının ikisinin arasını açacağını tahmin edemezdi. İç çekip oturduğu Ted'in sandalyesinde arkasına yaslandı. Arkasına yaslanırken duyulan o tanıdık gıcırtı ve tekerleklerin ahşap zemin üzerinde kayarken çıkardığı sesler koca evdeki tek sesti.

Margot, Ted ve Sibella'nın evinde geceyi geçirmiş ve hâlâ dönmemişti. Pencereden vadiye doğru bakarak kendine Ted'in aşk ve kahkaha dolu hatıralarıyla acı çektirdi. Zihninde bir anı canlandı. Margot altı-yedi yaşlarındayken uyku öncesi huzursuzluğu yaşıyordu. Birdenbire çıkmıştı, bir zamanlar kendine güvenen güçlü kızları gölgelerden, yatağının altından korkar olmuş, uykusuz ve endişeli bir şekilde yatağında uyumadan uzanmaya başlamıştı. Margot'nun ona sesleniişini hatırladı Kit. O seslenince işini gücünü bırakıp onun yanına gider ve yatağının kenarına otururdu. Onun için uydurduğu peri masallarını hatırladı, klasik masalları değiştirip prenseslerin eline kılıç verip canavarları yok ettiğini anlatırdı. Margot'nun yorganın altında gözleri kocaman açık bir şekilde yattığını anımsadı. Bir kolu dışarıda kalmıştı, yukarı kıvrılmış pijamasının altından kolu görünüyordu. Kit parmağıyla kızının kolunu okşayarak o uykuya dalana kadar onu rahatlatmış ve korkularını gidermişti. Sonrasında Kit parmak ucunda odadan ayrılmıştı. O tatlı küçük kız. O paylaşılan anlar ne kadar değerliydi. Ailedeki yerini hatırlatan, oraya tutunmasını sağlayan bir çapa gibiydiler. Ta ki bir geceye kadar, Margot o gece Kit yerine Ted'e seslenmişti. Canını acıtsa da Kit kızının onu reddetmiş olmasına takılmamayı başarmıştı. "İyi" demişti kendi kendine. "Yazacak daha çok vaktim olur."

Katlanılması zor bir uğraştı bu, aile ve iş arasında sürekli git-gel yaşıyordu. Daha kısa bir zaman önce sessizlik ve yalnızlık istemişti. Bitmek bilmeyen aile gürültüsü ve sürekli araya girmelerine engel olabilse daha üretken ve daha mutlu olacağına emindi. Ama ev -meşhur boş yuva- ona kaldığı andan beri sessizlik katlanılamaz bir hal almış ve kelimeleri bir şekilde sessizliğin içinde boğulmuştu.

Boş bir evde yazmak zordu. Öğrenmesi acı verici bir ders olmuştu ama ailesinin verimliliği ve sağlam temeli onun varlığının özünü oluşturuyordu ve bu da hem işini yapması, hem de kendi benliği için gerekli kaynaktı. Onlar olmadan kaybolur giderdi. Elbette Sibella ile olan biteni biliyordu, Ted ilişkisini saklamayı beceremediği için değildi ama. Çünkü kafasını işine gömmüş ve herkesten uzaklaşmış bir kadın bile sevdiği adamın ellerinden kayıp gittiğini anlardı. Ted'in dalgın bakışlarından, uzun iç çekişlerinden ve gece yatarken ona dönen sırtının kıvrımından bile anlayabiliyordu. Görmezden gelmeyi tercih etmişti. Neydi o söz? Birini seviyorsan serbest bırak.

Birbirlerine verdikleri ilk sözü, ilk dokunuşlarını hatırladı ve onun bu kaçamağına izin verdiği için kendini akıllı, bağışlayıcı ve cömert hissediyordu. Biliyordu ki eninde sonunda Ted ve o birbirlerine aitlerdi. Bir keresinde ne demişti ona Ted? Senin bana, benim de sana ait olduğumu bilmem için bir yüzüğe ihtiyacım yok. İlişkilerin tek eşli olması gerektiğini kim söyledi ki? Başka biriyle olan bir ilişkinin kendi birlikteliklerini bozmasına gerek yoktu. Bağları böyle bir şey yüzünden kopmayacak kadar güçlü ve derindi. Ama bu merak etmediği anlamına da gelmiyordu tabii ki. Ted'in ilgisini çeken bu kadın kimdi? Parçaları birleştirmek zor olmamıştı. Ted bir gün eve şık, krem rengi bir vazo getirip oturma odasının penceresinin önüne koymuştu ve bütün akşam sanki şekli çok ilgisini çekiyormuş gibi vazoya bakarak oturmuştu. "Bir dükkânda gördüm" demişti Kit sorduğundaysa. "Burada güzel durur diye düşündüm. Beğenmedin mi?"

Windfalls'da yaşadıkları onca zaman boyunca Kit, Ted'in ev dekorasyonuna ilgi gösterdiğini bir kere bile görmemişti. Ted uyumaya gider gitmez Kit vazoyu çevirip altına bakmış ve kurumuş kile kazınan sanatçının imzasını görmüştü. Sibella Ash.

Bath'teki esnaf çarşısına giderek izini sürmüştü. Bir pazar sabahı evden gizlice çıkarak kalabalık çarşı meydanına varmış, bir küp yerli bal ve Lucy'nin doğum günü için örme bir çanta alarak tüm tezgâhları dolaşmıştı, en sonunda asıl gelme nedenini aramaya başlamıştı: Seramik kâseler, tabaklar ve vazolar serili bir tezgâh ve arkasında duran kızıl saçlı, kolsuz lacivert elbise giyen etkileyici bir kadın. Tanınmadığından emin olarak, kadın başka bir müşteriyle ilgilenirken Kit normal bir şekilde yaklaştı ve yaptığı işleri daha yakından inceledi. "Güzel parçalar" diye düşündü, "eğer böyle şeyleri beğeniyorsan." Rustik ve sadelerdi, kadının yeteneğini kesinlikle gösteriyorlardı. Kadının ince beline ve badem gözlerine dikkat ederek yeniden ona baktı. Kit'ten daha gençti. "Acaba Ted buna mı kapıldı?" diye düşündü. "Gençliğine?"

"Yardımcı olabilir miyim?" diye sordu kadın, onun sorusuyla Kit sıçramıştı ve neredeyse elindeki kâseyi düşürecekti. Kit kâseyi yerine koyarak kadına baktı. O zaman kadının yeşil gözlerinin genişlemesinden ve yüzünün kızarmasından kendisini tanıdığını anladı. Kit yaptığı hatanın farkına vardı.

"Sen Kit'sin değil mi?" diye sordu kadın kısık sesle. Kit başını salladı, kadının onu tanımış olmasına şaşırmıştı. Aslında belki de şaşırmaması gerekirdi. Çünkü fotoğrafları yıllarca kitap kapaklarında ve dergilerde çıkmıştı. Ya da belki Sibella da kendi rakibini araştırmak istemişti.

"Evet. Ben Ted'in..." cümlesini bitirmeye tereddüt etti. Karısı değildi. Ne demesi gerekirdi? "Ben onun hayat arkadaşıyım" dedi. "Sibella sen misin?"

Kadın başını salladı. Kit diğer kadının rahatsız hissetmesinden ve onun da aynı şekilde kendisini incelemesinden bir miktar memnun olmuştu. "Benimle mutlu bir birlikteliği ve üzerine titrediği üç tane kızı olduğunun farkındasın değil mi?" Sibella bakışlarını eğecek kadar nazikti. "Ted sizin... Onun..." Tuhaf bir şekilde cümlesinin devamını getiremedi. "Aranıza girmek gibi bir niyetim yoktu."

Kit omuzlarını dikleştirdi. "Eminim Ted'in dediği... İstediği..." Sahte bir kahkaha attı. "Eh, hepimiz erkeklerin ne istediğini biliyoruz, öyle değil mi?" Gözlerini kadına dikti. "Çocuğun var mı Sibella?"

Kadın, Kit'in gözlerine bakamayarak başını iki yana salladı.

"Yok mu? Ben de öyle düşünmüştüm. Eğer olsaydı eminim biraz daha dikkatli davranır, insanlara karşı biraz daha saygılı olurdun."

"Gurur duymu-"

"Evet" diye araya girdi Kit soğuk bir şekilde. "Bence de duymamalısın. Ah, merak etme" diye ekledi hemen. "Ted'e buraya geldiğimi söylemeyeceğim. Tanıştığımızı bilmesine gerek yok. Sen de benim Ted'im ile iğrenç kaçamağına devam edebilirsin. Ona bu izni veriyorum. Ama lütfen, onu bizden alabileceğini düşünecek kadar aptalca davranma Sibella. Sen sadece hoş bir kaçamaksın. Daha fazlası değil."

Sibella cevap veremeden Kit arkasını dönüp kalabalığa karıştı, bacakları hâlâ titriyordu ama içindekileri dökmenin verdiği zafer hissi içinde dalgalanıyordu. O öğleden sonra eve gidip o krem rengi vazoyu kırdığında tatlı bir zafer hissinden başka bir şey hissetmemişti. "Ah, ne sakarım" demişti Ted'in yüzüne bakamayarak kırılan parçaları süpürürken. "Neyse ki hayatım bence tutmaya değer bir şey değildi." Ona her şeyi verebilmek için çok çabalamıştı. İhanetini görmezden gelmeye çalışmıştı. Suçu neydi ki? Çok çalışmak mı? Başarılı olmak mı? Onu özgür bırakmak mı? Hem de ne için?

Kendi kariyeri yolunda gittikçe Ted'inki kötüleşiyordu. Ted'in kendisinden ayrılıp Sibella ile olma isteği Kit ne kadar çok kitap satarsa o kadar fazlalaşıyordu. Ta ki bir gün Ted ayrılmak istediğini söyleyene dek. Yıkılmak Kit'in hissettiklerini anlatmaya yetmezdi. Ted olmadan kim olduğunu bilmiyordu. Neden Windfalls'da olduğunu bilmiyordu. Birlikte kurdukları hayaller onun ayrılmasıyla ve kızlarının büyüyüp yuvadan uçmalarıyla kaybolmuştu. "Geçici bir oyalanma" demişti Sibella'ya. Onun geleceğinde yeri olmaması gerekiyordu. Acıdan kaçmak için kendini hepten işine adamıştı. Kendini yaratıcılığının çekimine bırakmış ve yazdıklarının kendisini daha derine hapsetmesine izin vermişti. Kit stüdyosunda daha uzun saatler geçirmeye, taslağının üzerinde çalışmaya, karakterleriyle karmaşık bir oyun oynar gibi birer piyonlarmışçasına oynamaya başladı, bu sırada ise kendi biten ilişkisinin acısından uzaklaşmaya çalışıyordu. Yedinci kitabı en iyi kitabı olacaktı. Bunu hissedebiliyordu. Kendi hayatı parçalanmış olsa da kahramanı Tora hikâyesinin zirvesine ulaşacaktı. Kahramanı da sayısız tehditler ve tehlikelerle yüzleşmişti. Altıncı kitapta anne olmuş ve bu değişim -annelik gücü- karaktere ve hikâyeye büyüleyici yeni bir boyut eklemişti. Kit stüdyosundaki ilk günleri gibi kendini ilham dolu hissediyordu. Tora'nın dünyasına kaçtığı birkaç günden sonra başını kaldırır, günlerin nasıl bu kadar hızlı geçtiğine şaşırır ve tükenmiş ama mutlu bir halde stüdyosundan çıkardı. Yazdığı sayfaların artan sayısı ona bir tür tatmin duygusu verir ve bu zamana kadar yazdığı en iyi kitap olacağından emin olurdu. Hayalinin neredeyse tamamlanmak üzere olduğunu bilmek heyecan veriyordu. Ancak gerçek hayatının bulmacasında çok önemli bir parçayı ihmal etmişti: Margot'yu. Margot'nun yalnızlığını ve Ted'in ayrılığından ne kadar etkilendiğini görememişti.

Pencereden baktığında meyve bahçesindeki ağaçların arasından yükselen alevleri gördüğü zamanın anısını hatırlamak Kit'e hâlâ fiziksel bir acı veriyordu. Kendi düşüncelerinde kaybolmuş bir halde vadiden yükselen turuncu renkli alevleri görmüş ve bir an için donakalmıştı. "Ne kadar güzel" diye düşünmüştü. Ancak alevler yükselip ağaçların arasından siyah dumanların yükseldiğini görünce kendine gelmişti. Nehir kenarından yükselen bir ateşin ne demek olduğunun farkına varmıştı. Dehşet içinde meyve bahçesine doğru koşup stüdyosuna gitmiş ve alevlere teslim olduğunu görmüştü. Margot ise öfkeli bir halde kenardaki iskelede oturuyordu. Eğer içeri girip kırık kalbinden gelerek yazdığı sayfalardan birini bile kurtarabilse yapardı ama eski elma deposu tam bir cehenneme dönmüştü ve böylesi bir yıkımdan hiçbir şeyin kurtulamayacağı kesindi. Tek taslağı -şimdiye kadarki en iyi işi- dumanların içinde kaybolmuştu ve Margot'nun yaptığı şey için bir açıklaması bile yoktu.

"Babam gitti" demişti sadece Kit öfkeden titreyerek yanına geldiğinde.

"Gitti."

"Gittiğini biliyorum" diye bağırmıştı Kit ona. "Beni de terk etti, seni aptal kız." Dehşet içinde yeniden alevlere ve dumanlar halinde gökyüzüne uçuşan romanına baktı. "Sanki bu yaptığın onu geri mi getirecek!" Kit böyle bir ihaneti yapabildiği için Margot'yu asla affedemeyeceğini düşünüyordu.

Ted'in birkaç ay sonra Londra'nın batısına yaptığı zafer dolu dönüşü son darbeyi indirmişti. Kendi yaralarını sarıp onun yanında kırgın ve soğuk bir şekilde sessiz kalabilmeyi başarsa da Ted'in başarısından bir miktar mutluluk da duymuştu. Bunca yıl sonra bir oyunu bitirebilmiş olmanın onun için ne anlama geldiğinin farkındaydı. "Zayiat"ın ilk yorumlarını okuduğunda ve sinsi gazeteciler onu arayıp eski kocasının (eski kocası değildi çünkü hiç evlenmemişlerdi) oyunu hakkında ne yorum yaptığını sorduklarında yeni oyunun ne hakkında olduğunu ve Ted'in ne yaptığını ancak o zaman anlamıştı. Zayiat oyunu İncil'deki Samson ve Delilah'ın çağdaş bir versiyonuydu. Bir adamın, kendinden daha güçlü ve başarılı sevgilisi tarafından yavaş yavaş yıpratılmasının anlatıldığı bir çöküş hikâyesiydi. Tanınmış bir Hollywood yıldızı başrol oynaması için seçilmişti ve eleştirmenler de hikâyeyi bir zamanlar sevgi dolu olan bir ilişkinin sona ermesi, bir kadınla erkek arasındaki güç mücadelesinin incelenmesi ve modern cinsiyet rolleri ve politikalarının güncel analizi olarak yorumluyorlardı.

Gazete ve dergiler oyun için apaçık modern ve 'sansasyonel' bir şaheser diyorlar ve özünde Ted ile Kit'in başarısız birlikteliklerinin hikâyesini anlatan bu oyun hakkında derin incelemeler yapıyorlardı. Birkaç hafta sonra, yaklaşan on yedinci doğum gününün de verdiği çekingenlikle Margot mutfağa gelmiş ve kendisinin de evden ayrılacağını söylemişti. Bunun üzerine Kit ona karşı çıkmanın bir anlamı olmadığını düşündü. Ona bakmaya bile dayanamıyordu hâlâ. Ancak Margot'nun gidişiyle son kapı da yüzüne sertçe kapanmıştı. Birkaç sene sonra etrafına ördüğü duvarların pek de şaşılacak bir tarafı yoktu. Çünkü savunmasını yüksek tutarak kendini yeniden hem şahsi, hem de profesyonel bir acıdan uzak tutmak istiyordu. Şu an yaşadığı inzivada verdiği tek savaş yalnızlıkla ve yaşlanmaklaydı. Yıllardır ilk kez Lucy'nin bu hafta sonu olan düğününde böylesine bir kalabalığın içinde olacaktı. "Umarım hazırımdır" diye düşündü. Hepsiyle aynı anda yüzlemek zor olacaktı: Ted, Sibella ve Margot. Ama başa çıkacaktı. Lucy için yapacaktı bunu. Belki de Lucy'ye vereceği en güzel hediye kendi acılarını bir kenara bırakmak olacaktı. İçinde gizleyip saklayabilirdi -ki bunda gayet başarılıydı- ve Margot ile olan huzursuz ateşkesini sürdürebilirdi. Herhangi bir çekişme yaşanmadan Sibella'yı Windfalls'da iyi bir şekilde ağırlamak için elinden geleni yapacaktı. Canını ne kadar acıtsa da bunu Lucy için yapacaktı. Onlara olduğu kadar kendine de onların olduğunu düşünmedikleri anne olduğunu ispat edecekti.

Sabah ışıklarıyla gözlerini kırparak yüzünü pencereden çevirdi ve önündeki boş bilgisayar ekranına baktı. Bilgisayarı öylece onu bekliyordu. Yazdıklarının çıktısını aldığı yazıcının yanındaki sabit diskin çalışma sesi masanın altından uğulduyordu. Yazdıkları 'Bulut' denilen görünmez bir sistem tarafından güvenli bir şekilde saklanıyordu. Bir gün Eve ve Andrew gelmiş ve bu sistemi onun için ayarlamışlardı. Daktilonun tatmin edici o sesi olmadan çalışmak tuhaf gelse de en azından bir gün olur da tekrar yazmaya başlarsa yazacağı kelimeler güvenli bir şekilde saklanacaktı. Belki bir gün Nadir Elementler hikâyesine geri dönmek için bir yol bulurdu. Belki de bir şekilde, bu uzun sekiz yıl boyunca yaşadığı tıkanıklığa karşı verdiği savaşta bulacaktı. Belki de bir noktada kelimeler kendiliğinden akmaya başlardı. "Ah Ted" diye düşündü. "Şimdi seni anlıyorum. Hem de nasıl anlıyorum."

Uzaktan arka kapının açılıp kapanma sesi duyuldu. Margot dönmüştü. Dakikalar sonra, evin önündeki garaj yoluna geri geri gelen bir kamyonun sesi duyuldu. Açık pencereden sesler duyuluyordu, kızının sesi çadır şirketinden gelen adamların kalın seslerine karışmıştı. Çakıl yoldan gelen ayak sesleri duyuldu. Kamyonun kapıları açıldı. Kit "Gidip bir şeye yardım etsem mi?" diye düşünüyordu ama bir şey gitmesine engel oluyordu. Olduğu yerde saklanmış, aşağıdan gelen sesleri dinleyerek bir süre daha öyle oturdu.

BÖLÜM 17

Adamlar hızlı ve becerikliydiler. Direkleri ve beyaz tenteleri meyve bahçesine taşıyıp çadırın iskeletini ağaçların arasına kurmaya başladılar. Margot bir işe yaramıyormuş gibi hissederek onları izledi. Çadır şeklini almaya başlayınca Eve ve Lucy'ye fotoğrafını çekip gönderdi. "Vazgeçmek için artık çok geç!" diye şaka yaptı. Garaj yoluna yanaşan başka bir aracın sesini duydu ve dakikalar sonra iş kıyafeti, çamurlu botları ve havacı güneş gözlükleriyle Tom meyve bahçesine geldi. "Yakınlarda bir doğal kaynakları koruma projesiyle ilgileniyordum. Yardıma ihtiyacınız var mı diye bir bakayım dedim."

"Sanırım adamlar hallediyor" dedi Margot. "Ama teşekkürler." Söyleyecek bir şey düşündü. "Proje neydi?"

"Yaban arısı geçidi."

"Ne?"

Tom gülümsedi. "Çiftçiler ve toprak sahipleri ile birlikte nektar bakımından zengin alanlar oluşturmak için çalışıyor, arıların güvenle seyahat etmesi ve üremesi için yardım ediyoruz. Hayatta kalmaları ve tarım için önemli. Herkes kazanıyor."

Margot gülümsedi. "Hoşuma gitti. Yaban arısı otobanı gibi."

"Aynen öyle."

Adamlar ahşap direkleri taşıyıp metal çivileri toprağa çakarken yan yana durup onları izlediler.

"Çok heyecanlı" dedi Margot.

"Öyle" dedi Tom ancak sesindeki bir şey Margot'nun dönüp ona bakmasına neden oldu.

"Her şey yolunda mı?" diye sordu.

"Evet" dedi Tom yüzüne bir gülümseme kondurarak. "Her şey harika."

Beyaz tentelerden birinin köşesiyle uğraşan adamlardan biri tenteyi elinden kaçırdı. Kumaş rüzgâra kapılarak vadide yankılanan kırbaç gibi bir ses çıkardı. Tom hemen koşup kumaşı ucundan yakaladı ve yerine yerleştirdi, sonra da Margot'nun yanına döndü. "Sen düğün için geldin diye Lucy çok mutlu" dedi. "Elbette gelecektim" dedi Margot.

"Senle birbirimizi pek tanımadığımızın farkındayım ama umarım kız kardeşine iyi bakacağıma güvenebilirsin."

Margot güldü. "Açıkçası, Lucy bana hiç 'bakılması' gereken bir insan olarak görünmedi."

"O zaman ona her zaman destek olacağımı bil."

Margot ona dönüp Tom'un bronzlaşmış yüzünü inceledi. Mavi gözlerindeki samimi ifadeyi görüyordu. "Umarım."

"Önümüzdeki birkaç gün seni daha iyi tanıyacağım için sabırsızlanıyorum. Yarın akşam yemeğe geleceksin değil mi?"

Margot başını salladı. İşin aslı, bir bahane bulup bu yorucu düğün öncesi aile buluşmasından kurtulabilir miyim diye düşünüyordu. Düğünde daha fazla misafir olacağından yüzleşme ve çatışmalardan uzak durmak daha kolay olacaktı. Ama aile yemeğinin samimiliği onu korkutuyordu.

"Güzel" diye devam etti Tom, "çünkü senin orada olman Lucy için çok önemli ve ailem hepinizle tanışmak için sabırsızlanıyor."

"Umarım onları uyarmışsındır, biliyorsun biz biraz..."

Tom sırıttı. "En iyi aileler bile öyledir Margot."

Margot bu sözüne gülümsedi.

"Lucy senin dönüşüne çok ümit bağladı Margot."

Margot tek kaşını kaldırarak ona baktı. Tom ellerini havaya kaldırarak, "Biliyorum bazen aşırı derecede hayalperest olabilir ama bu hafta sonunu eğlenerek geçirmesini istiyorum. Aile tartışmaları ile dikkati dağılsın istemiyorum. Sanırım demek istediğim, eğer işleri sakin tutmanın bir yolunu bulabilirsen..." Margot'nun yüzünün kızardığını görünce cümlesini yarıda kesti. "Hepimizi bir araya çağıran kendisi" dedi Margot, Tom'un sözlerine sinirlenerek. "Geçmişi geçmişte bırakmaktan memnun olurum ama sanırım bu konuşmayı annemle yapmamışsındır?"

Tom suçlu görünmeyi başarabilmişti. "Bir şey söylememeliydim."

Margot, Tom'u süzerek "Lucy sana ne anlattı bilmiyorum ama inan bana tüm hikâyeyi bilmiyorsun" dedi.

Tom başını salladı. "Özür dilerim. Söylediklerimi unut. Luce dekorasyon konusunda yardımcı olmak için uğrayacağını söylememi istemişti. Ben de işe dönsem iyi olacak."

Margot, Tom'un müdahalesine kızmış ve rahatsız olmuş bir şekilde onun eve doğru gidişini izledi. Meyve bahçesine döndüğünde ise adamların bir mucize gerçekleştirmiş olduklarını gördü. Sadece çimlerden ve ağaçlardan ibaret olan yerde kocaman beyaz bir çadır duruyordu. Sabah esintisiyle birlikte hafifçe yükselip alçalıyor, sanki kumaş devasa bir akciğer gibi nefes alıyordu. Bir dakika durup çadırın dalgalanmasını izledi. "Evet" diye düşündü kendi kendine. "Sadece nefes al."

BÖLÜM 18

Aralarına küçük ışıklar takıp sandalyeleri çadıra yerleştirirlerken Lucy bombayı patlattı. "Sanırım Andrew'ün ilişkisi var."

"Ne?" Margot neredeyse elindeki ışıkları düşürüyordu, son anda havada yakaladı. "Şaka mı yapıyorsun?"

"Keşke."

"Nerden biliyorsun?"

"Onu başka bir kadınla gördüm. Kadına mücevher alıyordu. Pek de masum görünmüyordu."

"Seni gördü mü?"

Başını iki yana salladı.

"Siktir."

Lucy, Margot'ya baktı. Kız kardeşi öfkeden kıpkırmızı olmuştu, sinirle elindeki ışıkları sıkıyordu.

"Onun derdi ne? Eve ve kızlar ne olacak?"

"Evet" dedi Lucy. "Ne yapacağımı bilmiyorum. Ona söylemeli miyim bilmiyorum."

"Elbette söylemelisin."

"Yıkılacak. Nasıl olduğunu bilirsin, her şeyin kontrolü altında olmasını ister."

Margot iç çekti. "Pislik."

"Onları birlikte gördüğümde yüzleşmeliydim. Çok istedim. O kendini beğenmiş gülümsemelerini yüzlerinden silmeliydim."

Lucy onları gördüğünden beri kafasında kurduğu hayali konuşma senaryolarını düşündü. Andrew'ün karşısına geçip karısına ve çocuklarına karşı sorumlulukları olduğunu hatırlatabilirdi.

"İkisinin ilişkilerinin hep çok sağlam olduğunu düşünürdüm" dedi Margot bir an için düşünerek. "Son birkaç gündür epey tuhaf davranıyordu, çok gergin ve ketumdu. Belki çoktan biliyordur?"

"Elbette bir şeyler söylerdi, değil mi?"

"Belki düğününden önce seni üzmek istememiştir."

Lucy kaşlarını çattı. "Eh, Eve bilse de bilmese de Andrew onu aldattığı için tam bir pislik. Açıkçası, bu erkeklerin derdi ne? Neden bu kadar güvenilmez ve zamparalar?"

"Hepsi öyle değil."

Margot ona acı bir bakış attı. "Babam annemi bıraktı, öyle değil mi? Andrew, Eve'in arkasından işler çeviriyor. Erkekler zayıf Luce. Hepsi uçkurunun peşinde."

"Eee bu cumartesi hayatımın aşkı ile evleneceğimin farkındasın değil mi?"

"Umarım Tom farklıdır. Gerçekten" dedi Margot sessizce.

Margot başka bir şey demeyince Lucy onun öfkesinin arttığını hissetti. "Sen iyi misin? Biraz sinirli görünüyorsun."

"İyiyim."

Lucy köşeye kadar uzanarak çadırın girişinin üzerine kabloyu takmaya çalıştı. Yumuşak zemin üzerinde sandalyesi kaydı, neredeyse düşecekti. "Kahretsin" dedi sandalyesini düzelterek.

"Ver bana" dedi Margot ışıklara uzanarak. "Sen aşağı in. Ben hallederim. Düğününden önce kendini incitmene izin veremem, hem de sen…"

"Ne?" diyerek bir bakış attı Lucy.

"Hayır, ısrar ediyorum" dedi Margot, ışıkları elinden almak için uğraşırken. "Neden gidip evden flamaları almıyorsun? Sonra da onları asarız."

Lucy içini çekti ama söyleneni yaptı. Geri döndüğünde Eve'in geldiğini ve Margot'ya yardım etmekte olduğunu gördü. İkisi de aralarına aldıkları bir ışık telinin düğümünü açmaya çalışıyorlardı. Ablasının yüzüne bakarak yolunda gitmeyen bir şeyler olup olmadığını anlamaya çalıştı. Eve her zamankinden daha yorgun, hatta belki umduğundan biraz da az 'derli toplu' görünüyordu. Kahverengi saçları dağınık bir topuzla toplanmıştı, gömleği ise kırışık ve dağınıktı.

"Yardıma geldiğin için teşekkürler" dedi Lucy ihtiyatla. Margot'ya baktı. "Gelmeni beklemiyorduk."

"Çadırı kontrol etmek istedim, hem de belki yardıma ihtiyacınız vardır diye düşündüm."

Margot boğazını temizledi. "Evde her şey yolunda mı?" diye sordu.

Lucy ona doğru kaşlarını çattı ama Eve, Margot'nun sorusunun ne anlama geldiğini fark etmedi. "Elbette." Başını kaldırıp ışıklara baktı. "Kızlar okulda, Andrew ofiste. Nadir, sessiz anlardan biri şu an."

"Harika" dedi Margot başını sallayarak. "Bu harika."

Eve şüpheli bir şekilde ona baktı. "Sende her şey yolunda mı?"

"Hı hı. Her şey harika. Öyle değil mi Lucy?"

Lucy, Margot'ya uyarıcı bir bakış daha attı. "Evet. İyi."

Margot karman çorman olmuş kabloları salladı. "Ah. Felaket halde. Neden ışıkları bırakıp her yere mum koymuyoruz. Daha güzel görünür."

"Olmaz" dedi Eve. "Şirket yangın riski taşıdığını söyledi. Tüm mekânın alevler içinde kaldığını düşünebiliyor musun?"

Hâlâ karışık kablolarla uğraşan Margot'nun elleri dona kaldı. Üç kız kardeş de aynı görüntüyü hatırlayıp birbirlerine baktılar. Lucy yutkundu. Bu çok saçmaydı. Olanlar hakkında konuşmaları gerekiyordu. Tek yolu buydu. "Annemden özür dilemenin vakti geldi, sence de öyle değil mi Margot?"

Margot ona sert bir bakış attı. "Eğer bilmek istiyorsan geçen gece özür diledim."

"Ah, bu iyi" dedi Eve neşeyle.

"Göründüğü kadar iyi bir sonuç vermedi. Kin tutmaya kararlı."

Lucy içini çekti. "Yıllarca üzerinde çalıştığı işi yok ettin. Altı yüz sayfalık taslak şak diye duman olup uçtu" dedi parmaklarını şaklatarak.

Margot irkildi. "Evet."

"Onun nasıl hissetmiş olabileceğini düşündün mü hiç? Son kitabını yazıp seriyi bitirememesine şaşmamak gerek." Lucy, Margot'nun başı yerde, ayağının ucuyla çimenleri kazıdığını ve öfkelendiğini gördü. "Sen yaptın bunu Margot, onu âdeta felç ettin."

"Lucy" diye uyardı Eve. "Bence..."

"Evet biliyorum" dedi Margot yavaşça. "Elbette biliyorum."

"Destek almayı düşündün mü?" diye devam etti. "Birileriyle konuşmayı?"

"Ne faydası olacak ki?"

"Denemezsen nerden bileceksin?"

Margot yüzü hâlâ yerde, büsbütün kederli görünüyordu. "Sadece konuşmak bir şeyi değiştirmez ki."

"Evet Margot. Sadece konuşmak. İçinde biriktirdiklerini paylaşmaya başlamalısın. Kendini gömdüğün bu sessizlik sağlıklı değil. Bunu anneme borçlusun. Sadece özür değil, neden böyle yaralayıcı bir şey yaptığına dair bir açıklama da borçlusun."

Margot başını kaldırıp gözlerini devirdi. "Söylediklerini duyuyor musun? Sanki sessiz sakin bir çocukluk yaşamışız gibi. Sanki annem ve babam hiç yanlış yapmamış gibi. İşin aslı hiçbiriniz asıl gerçeği bilmiyorsunuz. Ya da belki hiçbiriniz görmek istemediniz. Boktan gerçeği kabul etmektense bir yalana inanmak daha kolaydı, değil mi?"

Lucy, Eve'e kafası karışmış bir bakış attı. "Sen neden bahsediyorsun?"

"Unut gitsin."

"Hayır, bize söyle."

"Ne anlamı var? Bunun geri dönüşü yok. Üzgünüm ama 'mutlu uzlaşma' fikrin çok saçma."

"Bunu bilemezsin. Annem ve sen hâlâ üzgün ve öfkelisiniz ve bu hâlâ birbirinizi umursadığınızı gösterir. Hâlâ birbirinizi seviyorsunuz ve sevginin olduğu yerde umut da vardır."

Margot başını iki yana salladı.

"Denemeyecek misin bile?"

Margot hâlâ onun yüzüne bakmıyordu. "Anlıyorum Lucy."

Lucy hayal kırıklığıyla iç çekti. "Hayır anlamıyorsun."

"Ne?" Margot başını kaldırıp öfkeli gözlerle ona baktı. "Bu hafta sonu gelin olacaksın diye ne istersen yapabileceğini mi zannediyorsun? Mükemmel bir hayatının, harika bir işinin ve ideal bir ilişkinin olmasının ne istersen söyleyebileceğin anlamına geldiğini mi sanıyorsun? İsteklerini sıralarsın ve hepimizi çiğneyip geçersin, öyle mi?"

"Mükemmel değil Margot. Hiçbir şey öyle değil. Ve hayır. Öyle düşünmüyorum. Her şeyi çiğneyip geçen tek kişi var, o da sensin Margot. Bu ailede bunu sana söylemeye hazırlıklı tek kişi benim. Anneme yaptığın şey korkunçtu. Hepimiz öyle düşünüyoruz. Bunu dünyada hiçbir ergenlik buhranı açıklayamaz."

Eve, elini Lucy'nin koluna koydu. "Lucy, biliyorum açık konuşmayı seversin ama bence şu an vakti değ-"

"Şimdi değilse ne zaman?" Öfkeyle Eve'e döndü. "Asıl şimdi zamanı, görmüyor musun? Sahip olduğumuz tek şey şu an. Birbirimizden uzak durarak yeterince vakit harcadık. Bence Margot'nun bilmesi gerekiyor..."

"Biliyor Lucy." Eve, başıyla Margot'nun durduğu yeri gösterdi. "Bak, biliyor."

Lucy dönüp Margot'ya baktı ve onu iki büklüm olmuş, yüzü ellerine gömülü halde ağlarken gördü.

"Margot?" dedi.

Margot cevap vermedi.

"Margot? İyi misin?"

O daha fazla bir şey diyemeden Margot dönüp çadıra doğru koşmaya başladı.

Eve endişeli gözlerle Lucy'ye baktı. "Aferin Luce."

Lucy içini çekip ellerini havaya kaldırarak "Birinin söylemesi gerekiyordu" dedi. Margot'nun ardından bakarken, içinden "Keşke kız kardeşimin tutmakta kararlı olduğu sırları açığa çıkarabilsem" diye geçirdi. "Sence ne demek istedi?" diye sordu Eve'e dönerek. "Asıl gerçek derken ne demek istedi? Neyi göremedik?"

Eve bir süre Lucy'ye baktıktan sonra "Hiçbir fikrim yok" dedi.

GEÇMİŞ

2009

BÖLÜM 19

Ted'in evden ayrıldığı gün Margot'nun okulda Romeo ve Juliet oyununun seçmelerine katıldığı güne denk gelmişti. Yeni ve hevesli bir tiyatro öğretmeni olan Bay Hudson kadroya katılmış ve öğrenciler tarafından çok sevilmişti; bu yüzden seçmelere olan ilgi her zamankinden daha fazlaydı. Seçmeler için olan sıra koridora kadar uzuyordu ama on altı yaşında ve çekingen olan Margot yine de denemek istemişti. Drama dersi alıyor ve notları yeterince iyi olursa konservatuara devam etmek istiyordu. Juliet'in balkon sahnesini oynadığı seçme Hudson'a iletilmişti ve masada jüri olarak oturan, kendini bir şey zanneden iki altıncı sınıf öğrencisi ifadesiz suratlarıyla sinir bozucu bir şekilde hiçbir şey belli etmiyorlardı. Margot kafasında konuşmaları canlandırıyor ve ne sonuç alabileceğini çıkarmaya çalışıyordu.

Eve döndüğünde Ted'i elinde iki bavulla arabaya doğru giderken gördü. "Ne oluyor?" Ellerini göğsünde birleştirmiş olan Kit arka kapıda belirdi. "Baban gidiyor." Margot, Kit'in çatık kaşlı yüzünden başını çevirip babasının sakin yüzüne baktı. Babası hafifçe başını sallayınca Margot midesinde bir sızı hissetti. "Üzgünüm Margot. Böylesi daha iyi" dedi Ted. "Uzağa gitmiyorum. Seni yine her zaman göreceğim."

Sonunda olmuştu işte. O kadın -hepsinin babasıyla ilişkisi yokmuş gibi davrandığı kadın- babasını ellerinden alıyordu.

"Annen ve ben…"

Kit cümlesini bitirmesine izin vermedi. "Baban sonunda benden otlanmaktan ve benim 'dandik çok satanlarımdan' bıkmış. Şimdi siz kızlar büyüdünüz ve onun da yıldızı yeniden yükseliyor diye bize artık ihtiyacı yokmuş. Vadinin öte tarafındaki o sürtükle düşüp kalkıyor."

"Üzgünüm" dedi Ted, Kit'in iğneleyici sözlerini duymazdan gelip Margot'ya dönerek. "Bu şekilde yaşayabilirim sanmıştım ama hepimize zarar veriyor. Beni mutlu eden birini buldum."

"Biz seni mutlu etmiyor muyuz?" diye sordu Margot ona kaşlarını çatarak.

Ted başını iki yana salladı. "Öyle demek istemedim tatlım. Elbette mutlu ediyorsunuz. Ben sizin babanızım. Sizi daima seveceğim."

"Ama onu mu seçiyorsun?"

"Evet" diye tükürdü Kit. "Onu seçiyor."

"Kit!" dedi Ted sert bir şekilde. "Bu hiç adil değil."

"Adil değil mi? Değil mi?" diye feryat etti. "Adil olmayan ne bilmek ister misin? Son dört yılı başka bir kadınla geçiren bir adamla ve belki bir gün onu evde bekleyen olduğunun farkına varması umuduyla bunu görmezden gelerek yaşamak adil değil. Senden hiçbir talebim olmadı. Hiçbir şey istemedim. Sana özgürlük verdim. Ama yine de yetmedi."

"İstediğin gibi çarpıt Kit ama ikimiz de biliyoruz ki bu şekilde yaşanmaz. İlişkimiz yıllar önce bitti. Sibella beni anlıyor. Beni duygusal olarak destekliyor; ki sen bunu yapmayı yıllar önce bırakmıştın. Yıllar önce ayrılmalıydık."

"Peki ya senin çalışmadığın zamanlarda benim sana verdiğim 'destek?' Ben çocuk doğurup kitap yazıp yapabileceğim her şeyi yaparken senin 'yaratıcı potansiyeline' ulaşman için tanıdığım özgürlük?"

Ted'in yüzü kıpkırmızı oldu. "Sanatsal dürtü öylece açılıp kapatılan bir şey değil Kit. Daha kolay bir yol seçebilirdim ama ticari gelirden ve klişelerden daha fazlasını istiyorum."

"Klişe mi?" Kit uzanıp en yakınındaki objeyi eline aldı. Ted tam zamanında eğilip üzerine fırlatılan çamurlu botlardan kurtulmayı başardı, botlar arabasının kaputuna vurdular.

"Kit yeter" dedi Ted. "Ben Sibella ile olmak ve onunla evlenmek istiyorum."

Kit başka bir bot daha alıp Ted'e fırlattı. "Evlilik mi? Seni şerefsiz pislik. Onca yıl sonra..."

Margot daha fazla izlemeye dayanamadı. Onlar birbirlerine bağırıp ayakkabılar fırlatırlarken yanlarından ayrıldı. Eve girdi ve çantasını bir kenara atıp yatağına uzanarak yüzünü duvara doğru döndü.

Siz kızlar büyüdünüz diye... Annesinin sesi kulaklarında yankılandı. Büyümüş müydü ki? Birkaç yıldır düzensiz bir şekilde âdet görüyordu ve göğüsleri, hayal kırıklığı yaşatacak kadar küçük olsa da belirginleşmişti. Okulda cinsellikle alakalı konuşmalar yapmışlardı, hatta Tanya ve Darren'ın sonuna kadar ilerledikleri ile ilgili fısıltılar ve gülüşmeler de duymuştu. Ama Margot kimseyle öpüşmemişti bile. Nasıl hissettireceğini hayal etmeye çalışmıştı. Bir yaz partisinde arkadaşları ile şişe çevirmece oyunu oynarken kızlardan birinin kendi döneminde okuyan çocuklardan birini nasıl kendine güvenerek öptüğünü gizlice izlemişti. Ama Margot'ya hiç çekici gelmiyordu, -hatta korkutucu olduğunu düşünüyordu- bu durum, bir şekilde annesinin kitaplarının 'müstehcenden' daha fazlası olduğunun düşünülmesinin verdiği rahatsızlık ve utanç hissinden kaynaklıydı. Geçen yıl kitaplardan birini okumuştu. Tora Ravenstone'ın üçüncü kitabı olan Rüya Kapanı'nın yazılı taslaklarından birini annesinin stüdyosundaki raflardan birinden çalmış ve Noel'de gizli gizli okuyarak üç gecede bitirmişti. Kitabın kalınlığı düşünülünce etkileyici bir hızdı bu. Kitabı olağanüstü bulmuştu: Annesinin zihninden çıkan hayali karakterler dolu fantastik bir dünya. Baş kahramana bayılmıştı -cesaretine, ruhuna, haydutların ve şiddetin egemen olduğu bir dünyada daima doğru olanı yapmak istemesine- ve maceranın içine çekilmişti. Sonrasında ise etkileyici ve yanlış anlaşılmış savaşçı Aeron, Tora'nın büyük aşkı olarak sahneye çıkıyordu. O zaman Margot arkadaşlarının, annesinin bahsi geçince neden gülüştüklerini, kitaplarının okul kitaplıklarından neden kaldırıldığını ve öğrencilerin elinde neden gizlice dolaştığını anladı. Karakterler birbirlerine neler yapıyorlardı öyle! Başlı başına bir eğitim gibiydi. Margot rahatsızlık, şok ve ilgiyle karışık bir hisle hızlı hızlı sayfaları çevirerek gece geç saatlere kadar kitabı okudu da okudu.

Kitabı bitirdiğinin ertesi sabahı kahvaltıda annesini inceledi. Okumanın verdiği deneyimin -hikâyenin ve Tora'nın heyecanının- hâlâ etkisindeydi ama şimdi yeni ve karmaşık bir farkındalıkla karışmıştı. O sahneleri yazan annesiydi. Kelimeler onun zihninden dökülmüştü. "Ne oldu?" diye sordu Kit, kahvesinin üzerinden ona bakarak. "Neden bana öyle bakıyorsun?"

Margot kelimelerini dikkatle seçti. Bir şey söylememek daha kolay olurdu ama birden patlatıverdi. "Kitaplarından birini okudum."

"Ah, öyle mi?" diye gülümsedi Kit. "Hangisini? Beğendin mi bari?"

"Üçüncüyü" dedi tereddütle. "Aeron'lu olan." Aklına Tora ve sevgilisinin ateşli sahnelerinden biri gelince yüzü kızardı.

Kit geniş bir gülümsemeyle başını salladı. "Ne düşündün?"

"Şeydi, eee..." kelimeleri bulmakta zorlanıyordu, "kabaydı."

Kit kahkahayı patlatıp "Evet hayatım" dedi. "Sanırım sana biraz müstehcen gelmiş olmalı." Dikkatle Margot'ya bakarak, "Biliyorsun, senin yaşında böyle şeyleri merak etmek çok normal, kendi vücudunun farkına varmak da öyle. Bedenin değişiyor, hormonların hızlanıyor. Kafa karıştırıcı bir süreç olabilir" diye devam etti.

Margot başını iki yana salladı. "Hayır" dedi net bir şekilde. "Kafam karışmadı. Sadece iğrenç olduğunu düşünüyorum."

"Eh, uzun süre bu şekilde düşüneceğini zannetmiyorum. Hızlı bir şekilde büyüyorsun. Karşı cinse ilgi duyman, bedenini ve mastürbasyonu merak etmen ve..."

"Anne!"

"Margot, bu çok doğal bir şey. Umarım bedeninin gurur duyup tadını çıkaracağın bir şey olduğunu öğrenirsin. Seks güzel ve dönüştürücü bir deneyim olabilir. Tek istediğim kendine saygı duyman ve korunman. Ama erkeklerden hoşlanmak, -ya da kızlardan- seks yapmak istemek bunlar utanılacak şeyler değil. Biyolojinin bir parçası."

Margot annesinin gözlerine bakamıyordu. Yanakları kıpkırmızı olmuştu. "Bu çok utanç verici. Lütfen kes şunu."

Kit başka bir kahkaha daha atarak ellerini havaya kaldırdı. "Tamam tamam! Ama eminim ki bir gün bu konuşmamızı hatırlayacak ve haklı olduğumu göreceksin. En azından öyle olacağını umuyorum. Birbirini seven iki insanın sevişmesi tadının çıkarılması gereken bir hediyedir."

Margot başını iki yana sallayarak sandalyesini masadan geri itti. "Sanırım Lucy sesleniyor." Mutfağı daha hızlı terk edemezdi herhalde.

Margot iç çekti. Dışarıda babasının ve annesinin bağırışlarını bastıracak kadar gürültüyle çalışan arabasının sesini duydu. Neden yapıyordu bunu? Sibella'nın onu anladığını söylemişti. Babasını Sibella ile düşünmek hoşuna gitmiyordu ama sözleri bam teline basmıştı. Tek yapmak istediği dışarı çıkıp anne ve babasına "Beni kim anlıyor?" diye sormaktı. O an yatağında uzanırken kendini hiç olmadığı kadar görünmez ve 'büyümüş' olmaktan çok uzak hissetti.

Sessiz ve cehennem gibi yavaş geçen bir hafta sonu oldu. Ertesi sabah başlarında asık suratlı Ted ile bir nakliye kamyonu geldi ve Ted'in kıyafetlerini, kitaplarını ve geniş meşe masasını evden aldılar. Windfalls'da bir zamanlar babasının ve eşyalarının yer aldığı büyük boşluklar açılmıştı; hem fiziksel, hem de duygusal boşluklar. Boşluklar can yakıyordu. Margot onlardan uzak durmaya çalışarak hafta sonunu çılgına dönmüş Kit'in etrafında ihtiyatla dolanarak geçirdi. Pazartesi günü okula dönmek büyük bir rahatlık olmuştu ve Bay Hudson okul bittiğinde oyuncu listelerinin açıklandığını haber verince keyfi iyice yerine gelmişti. "Aferin" demişti Margot'ya senaryoyu uzatırken. "Yapılacak çok iş var ama neler yapabileceğini görmek için sabırsızlanıyorum... Juliet."

Margot inanamadı. Gururla okul otobüsünden eve yürüyordu. Arka kapıdan eve girip bir zamanlar paltoların asılı olduğu yerdeki boşluğu görene kadar evdeki yalnızlığını kısa bir süre için unutmuştu. Şimdi arka kapıda yalnızca kendi çamurlu botları ve annesinin güvelere teslim olmuş kadife terlikleri vardı. Mutfağa gidip kendinde bir bardak süt almadan önce botlarını annesinin terliklerinin yanına yerleştirdi. Bardağını kendi şerefine kaldırdı. Annesi kendi dünyasında kaybolmuş halde stüdyosunda yazı yazıyordu. O yüzden gidip iyi haberi paylaşmanın bir manası yoktu. Onun yerine Margot okul çantasından senaryoyu çıkardı ve çalışma odasında güneş alan bir köşeye kıvrılarak kendi repliklerinin üstünü sarı fosforlu kalemle çizdi.

Aynı gece Lucy onu telefonla arayarak tebrik etti. "Güzel bir rol kapacağını biliyordum. Doğal bir yeteneğin var. Evde durumlar nasıl?"

"Sakin."

"Üzüldüm. Babam olmadan tuhaf geliyor mu?"

"Evet, ama bazı açılardan her zamankinden daha iyi. Annem inkâr ediyor ve kendini stüdyosuna kapatıyor."

"Son kitabına mı çalışıyor?"

"Evet, sürekli çalışıyor."

"Üzüldüm. Yalnız hissediyor olmalısın. Neden yarın okuldan sonra Bath'te görüşmüyoruz?" diye önerdi Lucy. "Toparlanmayı neredeyse bitirdim. Yola çıkmadan önce boş bir günüm var. Alışverişe gideriz. O sevdiğin kafede sana pasta ve sıcak çikolata ısmarlarım."

"Gelemem. Yarın ilk prova var."

"Ah, bu harika" dedi cesaretlendirici bir şekilde. "Bu seni oyalar. Romeo nasıl biri? Yakışıklı mı?"

Margot güldü. "Hayır. Jamie Kingston benden 7 santim daha kısa ve berbat akneleri var. Yeni tiyatro öğretmeni iyi görünüyor ama. Diğer öğretmenler gibi değil" diye ekledi açıklama yaparak. "Öğrencileri seviyor mesela."

"Geri kalan öğretmenlerden on beş yaş daha genç olması yardımcı oluyor" diye düşündü. Dersleri eğlenceli ve enerji doluydu ve daima öğrencilerin fikirleri ile ilgileniyordu. Shakespeare'in oyununa getirdiği modern yorum tüm ekibi heyecanlandırmıştı.

"Harika" dedi Lucy. "İyi bir öğretmen çok büyük fark yaratabilir. Kim bilir, benim de iyi öğretmenlerim olsa belki ben de sınavlarımı geçebilirdim. Bak Margot, biliyorum annemle orada tıkılıp kalman zor. O kitabıyla meşgulken sen de başını dik tut ve sıkı çalışıp kendini oyuna ver. Kerala'dan hemen döneceğim. Yoga kursu yalnızca üç ay sürecek. Ve Eve de orada, değil mi?"

"Hı hı" dedi Margot. Eve'in, Andrew ile bir yuva kurup yeni doğan kızlarıyla ilgilendiği için ortalarda olmadığını ikisi de biliyorlardı.

"Her şey düzelecek. Söz veriyorum."

Margot cevap vermedi. Konuşursa ağzından çıkacak kelimelerin "Gitme. Beni bırakma" olmasından korkuyordu.

İlerleyen haftalarda Margot kendini ödevlerine ve oyuna verdi. Evdeki boşluğu -yıkıcı yalnızlığı, can sıkıntısını- görmezden gelmek repliklerini çalışıp ezberlemeye çalışırken daha kolay geliyordu. Boşluğu ekibin arkadaşlığı ve Bay Hudson'ın sevecenliği ile dolduruyordu. "Kelimeleri düşün Margot" demişti Bay Hudson okul sonrası provalardan birinde. "Anlamlarını düşün. Juliet'in ne hissettiğini düşün. Genç ve ilk kez âşık olmuş. Masum ama bir yandan coşkulu da. Bizi ikna etmeni istiyorum, seyirciyi onun aşkına, özlemine ikna et."

Bay Hudson yeşil gözleri parlayarak öyle bir tutkuyla konuşuyordu ki senaryoyu göklere çıkartıyordu. Margot, Romeo'suna baktı, -arkadaşlarıyla boş bir meyve suyu kutusuna vurup gol atmaya çalışan Jamie Kingston'a- Bay Hudson'ı memnun etmek istiyordu ama bir oda dolusu insanı Jamie'ye âşık olduğu konusunda ikna etmek zor olacaktı. Provalara karşı sinir bozucu bir şekilde ilgisizdi ve hâlâ repliklerini ezberlemek zahmetinde bile bulunmamıştı.

"Diğer oyuncular oyunu ciddiye almayınca işler zorlaşıyor biliyorum" diye ekledi öğretmeni onun bakışlarını görünce. "Ama sende özel bir şeyler görüyorum. Yeteneklisin Margot. Bu rolü hak ediyorsun."

Margot başını salladı ve "Keşke yanaklarım bu kadar kızarmasa" diye düşündü.

Dönem ortasına doğru Ted, Margot'yu tereddütle Sibella'nın evine çaya davet etti. Margot istekli değildi ama babası Sibella'ya bir şans vermesi için yalvarmıştı, üstelik giderse babasını oyununa yüz yüzeyken davet edebilirdi.

Tuhaf bir karşılaşma oldu. Eve doğru yürürken kendini ihanet ediyormuş gibi hissetti ve mutfağa adımını atar atmaz babasının yeni hayatının nasıl olduğunu öğrenmek istemediğini fark etti. Köyün uzak köşesindeki bu tuhaf kulübede başka bir kadınla yaşadığını düşünmektense zihninde yok saymak daha kolaydı. Margot, annesinin evde yalnız oturduğunu, Windfalls'ın odalarının boşlukla yankılandığını düşününce Sibella'nın masasına oturup onun yemeğini yemek ve mutlu aile rolü oynamak istemiyordu.

"Ben vejetaryenim" dedi Sibella'nın önüne koyduğu çoban turtası ve sebze tabağını görünce.

"Ah" dedi Sibella yanakları kızararak. "Özür dilerim. Bilmiyordum."

"Ne zamandan beri?" diye sordu Ted şaşkınlıkla.

"Sen gittiğinden beri" dedi gözlerini babasına dikerek, gözlerini ilk çevirenin babası olmasını istiyordu.

Ted anlayışla başını salladı. "Tamam sana bir tost yapayım."

"Tosttan daha iyi bir şey yapabiliriz" dedi Sibella hemen. "Bir şeyler ayarlarım."

"Hayır. Tost iyidir" dedi Ted sertçe.

Margot babasının apaçık öfkesini fark ederek omzunu silkti. Neden onun tarafını tutuyordu? Yalan söylediğini nasıl bilebilirdi? Son günlerde pekala vejetaryen olmaya karar vermiş olabilirdi. Yapmacık sohbetleri Margot babasına oyunundan bahsederken de devam etti. "Biletler gelecek hafta satışa çıkacak. Gelir misin?"

"Üzgünüm hayatım. Daha önceden bilsem ayarlayabilirdim ama o hafta oyuncu seçmeleri için Londra'da olacağım. Nigel seçmelerde bulunmamı istiyor. İşlerin daha hız kazanması için."

Margot sandalyesinde çöktü. Elbette babasının yeni oyunu onun aptal okul gösterisinden daha önemliydi ama yine de bir kez daha reddedilmiş gibi hissediyordu.

Sibella boğazını temizledi. "Ben gelebilirim" diye önerdi. "Yani, gelmemi istersen gelebilirim."

Margot başını iki yana salladı. "Hayır. Sorun değil. Annem gelecek. Bence gelmesen daha iyi."

"Ah, elbette" dedi Sibella ve Margot onun yanaklarının kızardığını görmekten bir miktar memnuniyet duydu. Margot sandalyesini geri itip artık gideceğini söylediğinde hepsi rahatlamıştı.

Gösteriden iki hafta önce kasvetli bir cumartesi öğleden sonrasında Bay Hudson tüm ekibi, Baz Luhrmann'ın Romeo ve Juliet uyarlamasını izletmek için evine davet etmişti. Kasabanın kenarındaki yeni çıkmaz sokaklardan birinde olan modern tarzdaki evine gitmişlerdi. Siyah ön kapısı olan düzgün, taştan evin önünde kırmızı bir Ford Focus park edilmişti. Sevimli eşi Bayan Hudson ise hamileliğinin son aylarındaydı ve öğrenciler, yere atılmış minderler ve kanepelere kurulmuş halde otururlarken etraflarında bisküvi ve çay ikram ederek dolaşıyordu. Capulet'in maskeli balosundaki asansörde Claire Danes ve Leonardo DiCaprio'nun öpüştüğü sahneye kadar eğlenceli bir öğleden sonra olmuştu. Tüm ekip gülüp dalga geçerken Margot'nun yanakları kıpkırmızı olmuştu. Aynı utanmış ifadeye sahip olan Jamie'ye baktı. Bu şekilde öpüşmeleri mi bekleniyordu? Filmden sonra, ekibin geri kalanı dışarı çıkınca Bay Hudson onu geri çağırdı.

"Yüzünün halini gördüm. Endişelenmene ya da utanmana gerek yok. Balkon sahnesine daha çok zaman var. Jamie ile çalışma fırsatınız oldu mu?"

Margot başını iki yana salladı. "Futbol antrenmanları ve eee ödevlerle meşgul." Yüzü kızardı. "Ya da belki beni öpmek istemiyor" diye ekledi şaka yapmaya çalışarak.

"Saçmalık. Güzel bir kızsın. Hangi genç erkek seni öpmek istemez ki?"

Margot yanakları kızararak ellerini cebine soktu.

Bay Hudson nazikçe gülümseyerek biraz daha yaklaştı. "Daha önce birini hiç öptün mü?" diye sordu kısık sesle.

Sanki aklını okuyor gibiydi. Utanarak başını iki yana salladı.

"Endişeli misin?"

Gergin bir şekilde kıkırdadı. "Elbette. Tüm okulun önünde Jamie'yi öpmem gerekiyor. Ailemin önünde."

"Jamie'den hoşlanmıyor musun?"

"Hoşlanıyorum ama onu öpmek istediğimi sanmıyorum."

"Hatırlaman gereken şu ki sen orada Jamie'yi öpen Margot olmayacaksın değil mi? Romeo'yu öpen Juliet olacaksın."

"Evet, biliyorum." Ne demek istediğini anlıyordu ama yine de Jamie'nin dudaklarına değen onun -yani Margot'nun- dudakları olacaktı; hem de tüm okulun önünde. Bay Hudson'ın ne dediğinin bir önemi yoktu. Herkes bunu biliyordu.

Bay Hudson tekrar gülümsedi. "Kendini Juliet karakterinin yerine koy. Genç bir kadın ve ilk aşkın tüm o güçlü duygularını hissediyor. Belki de biraz pratiğe ihtiyacın var. Üzerindeki baskıyı at. İkisini birbirinden ayır."

Margot bu sefer yüksek sesle güldü. "Arkadaşım Amy diyor ki elinle pratik yapabilirmişsin. Elimi yumruk yapıp kıvrılan baş parmağımı ve işaret parmağımı öpmemi söyledi." Sözlerini bitirir bitirmez utanarak pişman oldu.

Ama Bay Hudson söylediklerine gülmedi. Onun yerine elini yumruk yaptı ve "Böyle mi?" diye sordu.

Margot başıyla onayladı. "Aptalca, değil mi?"

Bay Hudson omuz silkti. "Kımıldama öyleyse, yakarım gerçekleşirken " diye alıntıladı. Margot ne olduğunu anlamadan Bay Hudson yumruğunu Margot'nun dudaklarına bastırdı. Margot donakaldı ve hepten kıpkırmızı olarak başını çevirdi.

Bay Hudson kahkaha attı. "Ah Margot, çok tatlı bir çocuksun."

"Ben çocuk değilim" dedi hemen utanarak.

"Tabii, elbette değilsin." Kolunu sıktı. "Özür dilerim, on altı yaşındasın."

"Neredeyse on altı" diye düzeltti.

"Shakespeare'in Juliet'i kaç yaşında biliyor musun?"

Margot başını iki yana salladı.

"On üç."

"Aaa." Margot'nun şaşkınlıkla gözleri büyüdü. "Vay." Şaşırmalı mı utanmalı mı bilemiyordu. Eğer Juliet on üç yaşındayken Romeo'ya âşık olup evlenmek istiyorsa kendisi on altı yaşındayken Jamie'yi öpmek istememekle dar görüşlülük ediyordu.

"Evet" diye başını salladı Bay Hudson. "Günümüz toplumu onu hâlâ bir çocuk olarak görürdü ama Shakespeare onu anlıyordu. Onda kadınlığına erişmek üzere olan genç bir kız gördü."

Ne diyeceğini bilemedi. Öğretmeniyle aşktan ve öpüşmekten konuşmak daha önce hiç yapmadığı bir şeydi. Çok deneyimsizdi ve Bay Hudson'ın onu Juliet olarak seçtiği için pişmanlık duymasından çekiniyordu. Margot yola doğru baktı. Herkes çoktan gitmişti. Eve tek başına yürümek zorunda kalacaktı.

"Tamamen güvenle ilgili. Tüm ekip olarak bu güveni aramızda inşa etmeliyiz. Birbirimizin rahat hissetmesini sağlamalı, bariyerlerimizi yıkmalıyız. Jamie ile birkaç prova daha yaptıktan sonra eminim daha rahat hissedeceksin." Tereddütle ekledi: "Tavsiye mi ister misin?"

Margot başını salladı, eğer istemiyorsa Jamie'yi öpmek zorunda olmadığını söylemesini umuyordu.

"Eğer Jamie senin için ideal Romeo değilse o zaman gözlerini kapat ve hoşlandığın başka birini öptüğünü düşün" diyerek gülümsedi. "Öyle biri var mı?"

Margot başını iki yana salladı. "Ben, eee hayır. Sanmıyorum. Düşünmem gerekecek."

Bay Hudson yeniden gülümsedi. "Çok tatlısın. Merak etme Margot. Harika bir Juliet olacaksın."

Ekipte bu rol için harika olabilecek diğer kişileri düşündü. "Belki de başka biri..."

"Hayır" dedi kati bir şekilde. "Kendimizden şüphe etmek yok. Sen bu rol için mükemmelsin. Yalnızca öz güvenini yükseltmemiz gerekiyor."

Margot evden biraz daha rahatlamış hissederek ayrıldı. Mükemmel bir Juliet.

Tüm gece onun sözlerini düşünmüş ve gece yatarken zihninde yeniden oynatmıştı. Mükemmelsin. Bay Hudson onun bu rol için mükemmel olduğunu düşünüyordu. Elini yumruk yapıp dudaklarına bastırarak biriyle öpüştüğünü hayal etti. Karanlıkta Jamie Kingston'ın yüzü kayboldu ve yerine zihninde başka bir yüz canlandı. Yeşil gözlü, kıvırcık koyu renk saçlı bir adamın yüzü. Margot gülümsedi. Elbette öğretmeni yalnızca onun rol kabiliyetinden bahsediyordu ama yine de kimse ona daha önce tatlı biri olduğunu söylememişti.

İki hafta sonra Margot, sahnenin kenarından perdelerin arkasına gizlenerek seyircilere baktı. Seyircilerin yüzlerini taradı ve arkadan üçüncü sırada kucağında bebeği Chloe ile oturan Eve'i gördü. Yanındaki koltuk boştu, yani annesi gelmemişti. En azından henüz gelmemişti.

"Oyunun başlamasına iki dakika kaldı" diye seslendi Bay Hudson. Margot derin bir nefes aldı ve gergin bir şekilde Jamie ile birbirlerine gülümsediler. Öğretmenleri ikisinin yanında duruyordu. "Şimdi unutmayın, en önemli şey..."

"Eğlenmek" diye bağırdılar aynı anda. Bay Hudson kahkaha attı. "İyi öğretmişim." Uzanıp Margot'nun beyaz elbisesinin askısını düzeltti. "Sütyen askın görünüyordu" diye fısıldayarak hafifçe omzunu sıktı.

Margot onun dokunuşuyla içinin titrediğini hissetti. Zihninde onun yumruk yaptığı elinin dudaklarına değdiği an canlandı. O anı odasında tek başınayken çok düşünmüştü, bir öğrencinin öğretmenini düşünmesi gerektiğinden daha çok hem de. Dudaklarına değenin yumruk yaptığı eli değil de onun dudakları olduğunu hayal etmişti.

"İyi şanslar Margot" dedi Jamie ona gülümseyerek.

"Sana da." Seyircilere bir kez daha bakış attı ama ışıklar karartılmıştı ve tek görebildiği perdenin açılmasını bekleyen karanlık figürlerdi. İkinci sahnenin ortasına doğru, Friar Laurance acı verici bir monolog sahnesi gerçekleştirirken seyircilerin arasından kulak tırmalayan bir bebek ağlaması duyuldu. Margot perdelerin arasından baktı. Eve'in yangın çıkışına doğru ilerlerken etrafındakilerden özür dilediğini görebiliyordu, arkalarından kapanan kapıyla birlikte Chloe'nin ağlama sesleri de artık duyulmaz olmuştu. Margot fazla önemsememeye çalıştı. Belki bir sonraki sahneye yetişebilirdi. Belki de annesi son dakikada yetişmiş ve karanlıkta seyircilerin arasındaki yerini almıştı. Son perde bittiğinde Margot hızlıca seyircilerin yüzlerini taradı. Eve'in koltuğu hâlâ boştu ve annesinden de hiçbir iz yoktu. Margot dudağını ısırdı ve seyircilere doğru eğilirken gülümsemeye çalıştı. O kadar çalışmıştı ama ailesinden bir kişi bile gösterisini izlememişti. Perdeler kapanır kapanmaz Margot koşarak uzaklaştı. Birisinin arkasından "Nesi var?" diye sorduğunu duydu ama tüm ekibi geçip gitmişti. Giyinme odasında, vazelin ve gözyaşlarıyla makyajını temizlerken onu bulan kişi Jamie oldu.

"İyi misin?"

Başını salladı. "Konuşmak istemiyorum."

Jamie yanına oturdu. "Çok iyiydi. Hepimizden iyiydin."

"Teşekkürler."

"Partiye geleceksin değil mi?"

"Bilmiyorum." Aynadaki yansımasına baktı, göz kalemi yanaklarına doğru akmıştı. "Canım istemiyor."

"Gelmelisin" dedi Jamie. "Sensiz olmaz. Ayrıca" diye ekledi sesini alçaltarak, "Riley babasının kulübesinden bir fıçı elma şarabı yürütmüş. Bay Hudson o kadar iyi ki bilmiyormuş gibi davranıyor. Hadi ama, eğlenceli olacak."

Margot yeniden aynadaki yansımasına baktı. Ya parti için kalacak ya da eve gidecekti. Evde onu neyin beklediğini de biliyordu. Kocaman bir hiç.

Okul koridoruna döndüğünde çocukların sandalyeleri kaldırıp içecekler ve abur cuburlarla dolu bir masa hazırlamış olduklarını gördü. Birisi Margot'ya plastik bir bardak uzattı. Yakınlardaki bir hoparlörden Beyonce şarkıları çalıyordu. Bir yudum içti ve tropikal meyve kokteyli ile karışık alkolün tadını aldı. Jamie ona göz kırptı. "Sert bir tadı var, değil mi?" Margot bardağını tek seferde kafasına dikerek başka bir tane daha aldı. Bir süre sonra yaşadığı hayal kırıklığını unutmaya başlamıştı. Ona uzatılan kokteyl bardaklarını art arda içerek Jamie'nin ekipteki diğer kişilerle birlikte kendisini dans pistine sürüklemesine izin verdi, ta ki okul hademesi saat onda gelip onları eğer gitmezlerse buraya kilitlemekle tehdit edene kadar.

"Şimdi nereye?" diye sordu büyük sınıflardan uzun boylu bir çocuk. Bazıları bara gitmek istediler ama içlerinde anlayışlı olanlar yaşı tutmayan öğrencilerin içeri giremeyeceğini biliyorlardı.

"Bize gidebiliriz" dedi Margot.

"Ailen kızmaz mı?"

Margot omuz silkti. "Sadece annem var ve kızmaz. Muhtemelen çalışıyordur."

"Siz de gelin Bay Hudson" diye bağırdı birkaç öğrenci.

"Hadi!"

"Evet" dedi Margot, gecenin devam etmesini istiyordu çünkü oyunun bitmesinin yaratacağı boşlukla önündeki günler zaten bomboş geçecekti. Döndü ve Bay Hudson'a en güzel gülümsemesiyle gülümsedi. "Hadi Bay Hudson. Herkes bizim eve."

Bay Hudson ellerini havaya kaldırarak güldü. "Çok ısrarcısınız. Tamam" dedi. "Bir süre kalırım. Birinin başınızda durması gerek."

Alkollü kokteyllerden sonra hâlâ ayakta durabilen ve gece izinlerini uzatabilmiş öğrencilerden oluşan yaklaşık on iki kişilik bir grup oldular. Margot büyük sınıflardan birinin arabasına sıkışarak onları Windfalls'a yönlendirdi. Garaj yoluna arabayı park ettikten sonra yürüyerek Margot'yu takip ettiler.

Köşeyi dönünce evi karşılarında gördüler. Margot'nun kalbi sızladı. Düşündüğünün aksine Kit stüdyosunda çalışmıyordu. Evin ışıkları yanıyordu, mutfak penceresinden annesinin hareket eden gölgesini görebiliyordu.

"Sorun değil" dedi hemen. "Nehrin oraya gideriz."

"Emin misin Margot?" dedi Bay Hudson kaşlarını çatarak. "Belki de geceyi bitirmeliyiz. Aileni kızdırmak istemem."

"Hayır!" dedi sertçe. "Sorun değil. Annem umursamaz. Her şey harika. Burada istediğimiz kadar gürültü yapabiliriz."

Gruptakileri eğimli zeminde ayağı takılarak meyve bahçesine doğru yönlendirdi. Ağaçlar karanlıkta kenarları bulanık bir şekilde belli belirsiz görünüyordu, tepelerindeki gökyüzünde yıldızlar parlıyordu. Bir ağaç dalına takılan Margot neredeyse düşecekti ama yanındaki tepeden kayarak inen Jamie onu kolundan yakaladı. "İyi misin?" diye sordu elini tutup sıkarak.

Jamie elini bırakmayınca hafifçe çekerek "İyiyim" dedi. Diğerlerinin önünde neden ne yaptığını biliyormuş gibi davrandığından emin değildi ama kimsenin yanlış bir fikre kapılmasını istemiyordu, özellikle de Jamie'nin.

Reddedildiğini hisseden Jamie'nin omuzları çöktü ve karanlığa doğru gözden kayboldu. Başka birinin daha ayağı takıldı ve küfürler savurdu. Arkasından yüksek sesle atılan kahkahalar ve onları susturmak için söylenen 'Şışt' sesi duyuldu. Margot ileride parlayan nehri görebiliyordu. Ani bir panik duygusu hissetti. Onları buraya getiren kendisiydi ama dışarıda, onları yönlendirecek yalnızca ay ışığı varken, sanki kurallar ortadan kaldırılmış gibi gece yeni bir boyut kazanmış olacaktı. "Olsun" dedi kendi kendine. Ne yapacağını umursayan kimse yoktu nasılsa. Hem Bay Hudson da onlarla birlikteydi. İşlerin kontrolden çıkmasına engel olurdu mutlaka. Arkasını dönüp baktığında onu birkaç adım gerisinde büyük sınıflarla konuşurken ve kızlardan birinin söylediği şeye kahkaha atarken gördü. İçinde bir çeşit kıskançlık duygusu hissetti. Onun yanında yürüyen, onu güldüren kişinin kendisi olmasını istiyordu. Onun kendisini beğenmesinin verdiği hissi biraz daha uzun yaşamak istiyordu. Bay Hudson başını kaldırıp Margot'nun bakışlarını yakaladı ve gülümsedi. "İyi misin Juliet?" diye sordu. Margot başını sallayıp gülümsedi ve yeniden nehre doğru baktı.

Ekibin geri kalanı iskeleye doğru giderken Margot annesinin stüdyosuna giderek dışarıdaki düğmeye bastı ve nehir boyunca ağaçların üzerine asılmış iskeleye kadar uzanan ışıkları açtı. Işıkların açılmasıyla sevinç çığlıkları yükseldi ama o ışıkların görüntüsü Margot'yu huzursuz etmişti, sanki alabora olan bir teknedeymiş gibi hissediyordu. Büyük, gri bir pervane böceği karanlıktan uçarak ampullerden birine kondu. Bira kutularının açılma, şişelerin ahşap iskele üzerinde yuvarlanma sesleri duyuluyordu. Kahkahalar ve kutlama sesleri. Bir şeyin büyük bir şırıltıyla suya düştüğünü duydu.

"Yani bütün sihir burada mı gerçekleşiyor?" Ses Margot'yu ürkütmüştü. Arkasını döndüğünde Bay Hudson'ı stüdyonun duvarına yaslanmış halde gülümserken buldu. Ampullerden yansıyan ışıklarla beyaz dişleri parlıyordu. "Annenin kitaplarını yazdığı yer" diye ekledi. "Ne harika bir yer."

Margot onun beğenisini duymanın verdiği heyecanla gülümsedi. "Evet, burası onun stüdyosu."

"Bana gösterir misin?"

"Sanırım kilitli" dedi ama kapıyı açmayı deneyince kolayca açıldı.

"Bir göz atabilir miyim?" diye sırıttı. "Ünlü K.T. Weaver'ın fikirlerinin oluştuğu yeri görmek isterim."

Margot omuz silkti. Annesinin sıkıcı çalışma odasıydı işte ama görmek isteyen Bay Hudson'dı ve onu üzmek istemiyordu. İçerisi daha da karanlıktı, ayın ve ampullerin ışığı stüdyonun içine yetişmiyordu. Margot'nun gözlerinin alışması biraz zaman aldı. Tütsü, kâğıt ve annesinin tanıdık çiçekli parfümünün kokusu akla sonradan gelen bir fikir gibi havada asılı kalmıştı. Masa lambasını açmak için uzandı. "Açma" dedi Bay Hudson. "Yoksa hepsi gelir. Annenin hususi yerini dağıtacak o karmaşayı burada istemezsin."

Haklıydı. Başka kimsenin gelmesini istemiyordu. Bay Hudson'ın sadece kendisiyle olmasının Margot'yu heyecanlandıran bir yanı vardı. Onun yanındayken sanki üzerine spot ışıkları vuruyormuş gibi hissediyor ve bunu kimseyle paylaşmak istemiyordu.

"İşte burası" dedi Margot üzerinde yayılmış kâğıtlar, pembe renkli kristal kâğıt tutucusu, kalemlik, karanlıktan göremediği halde kendisinin Eve ve Lucy ile bahçedeki salıncakta gülümserken yıllar önce çekildiği bir fotoğrafının olduğu çerçevenin olduğu çalışma masasını göstererek. Çalışma odası pek de özel bir yer sayılmazdı. Öğretmeninin orayı sıkıcı bulmamasını umuyordu. Bay Hudson masaya doğru ilerledi ve yazılı kâğıtlardan birini alıp kelimelere göz attı. "Son romanı mı?"

Margot başıyla onayladı. Kelimeleri boğazına düğümlenmiş gibi hissediyordu. Karanlık bir odada, tüm samimiyeti ve yakınlığıyla Bay Hudson ile yalnızdı, tıpkı odasında hayal ettiği anlardan biri gibiydi. Tanrı'ya şükür Bay Hudson onun düşüncelerini okuyamıyordu. Göz kırparak Margot'ya dönmeden önce kâğıttakileri okudu. "Oldukça açık saçık şeyler var değil mi?"

Margot o an yerin dibine girmek istedi. Bay Hudson kâğıtları masaya koydu. "Annenin kitapları hoşuna gidiyor mu?"

Margot omuz silkti. "Bilmem. Fena değiller."

"Eminim onlardan çok şey öğrenmişsindir."

Margot başını iki yana salladı. Bay Hudson'ın annesinin müstehcen seks sahnelerini okuduğu düşüncesiyle utançtan kıpkırmızı kesildi. "Bana göre değil." Boğazı kupkuru olmuştu, dudaklarını yaladı. Onunla yalnız kaldığını daha önceleri de hayal ettiği olmuştu ama hayallerinde böyle hissetmemişti. Hayallerindeki Bay Hudson farklıydı, hayali Margot'nun kontrolü altında olan bir adamdı, şu an önünde kanlı canlı, ne yapacağını tahmin edemediği adam değildi.

"Bu akşam çok iyiydin" dedi. O kadar yakınlaşmıştı ki kolunun kendi koluna değdiğini hissedebiliyordu.

"Teşekkürler."

"Özellikle balkon sahnesi. Gergin olduğunu biliyordum ama hiç belli etmedin. Çok dokunaklıydı."

"Teşekkürler" dedi tekrar. Bir adım geriledi ve masaya çarptı.

Bay Hudson kristali alıp elinde çevirdi. "Peki Jamie'yi öpmek hoşuna gitti mi?" diye sordu göz göze gelmeden.

Margot hafifçe utangaç bir kahkaha attı. "Hayır."

"Tavsiyeme uydun mu? Başka birini düşündün mü?"

Margot başını salladı, nefesi boğazında takılı kalmıştı. Bay Hudson yeniden masadaki kâğıtlarla ilgilenmeye başladı ve "Kimi düşündün Margot?" diye sordu.

Margot hafifçe sallanıyordu, karanlıktan mı yoksa onunla yalnız kalmanın verdiği bilinmedik histen mi emin değildi. Söylese miydi? Aptal biri olduğunu düşünürdü. "Şeyi düşündüm..." Söylememesi gerektiğini biliyordu ama annesinin gelmemesine duyduğu öfke ve kanına karışan alkol onu daha cesur bir hale getirmişti. Odadaki atmosfer tuhaf bir şekilde samimiydi ve onun yakınlığından hem heyecan, hem de korku duyuyordu. Her şey çok hızlı, kontrolünün dışında ilerliyordu. Bay Hudson karanlıkta belli belirsiz görünüyordu. Kendisini öpmesinden korkuyordu, öpmemesinden de korkuyordu. Eğilip masanın üzerindeki yazılı kâğıt destelerine baktı ve annesinin kahramanını hatırladı. Geçen Noel'de okuduğu kitabın hatıraları zihninde canlandı. "Daha çok Tora gibi olmalıyım" diye düşündü. Daha cesur, daha büyümüş. Utanacak bir şey yok. Biyolojinin bir parçası. Annesinin sözlerini hatırladı. Margot ağzını açtı ve "Seni... Seni düşündüm" dedi.

Neredeyse fısıldayarak söylemişti, kendi bile sözlerinin duyulduğundan emin değildi. Kızardı, karanlığa şükrediyordu. Başını eğip gözlerini kaçırdı ama Bay Hudson uzanıp elini tuttuğunda çok şaşırdı.

"Ah Margot." Bay Hudson Margot'nun elini sıktı. Margot başını kaldırıp onun gözlerine baktığında Bay Hudson'ın gülümsemediğini fark etti. "Senin dudaklarınla, dudaklarım günahtan arındı" dedi Romeo'nun repliğinden alıntı yaparak. Margot ne olduğunu bile anlamadan Bay Hudson eğilip onu öptü. Margot, dudakları onun dudaklarında, gözleri kocaman açılmış halde donakaldı. Bu gerçek miydi? Bay Hudson'ı mı öpüyordu? Çok kez düşündüğü o an - odasında gizlice hayalini kurup günlüğüne yazarak eğlendiği, içini gıcıklayan o an- gerçekten yaşanıyor muydu? Hiç de hayal ettiği gibi hissetmemişti. Dudakları ve teni Jamie'ninkinden daha sertti, öpücüğü daha güçlü ve daha tereddütsüzdü. Çenesindeki sakallar hoş olmayan bir şekilde yanağına batıyor ve Bay Hudson'ın dilinde kalan kokteylin tadını alabiliyordu. Hem heyecanlanmıştı, hem de bunun bir şekilde yanlış olduğunu düşünüyordu. Geri çekildi, Bay Hudson'ın yüzüne odaklanarak nefes almaya çalıştı ve utangaç bir şekilde gülümsedi. "Üzgünüm" dedi. "Söylememem gerekirdi."

"Utanma." Margot'ya sarılmak için onu kendine doğru çekti. Yüzü gömleğine gömülmüştü, gömleğinin altından kalp atışlarını duyabiliyordu.

"Aaa geri mi dönsek?" diye sordu Margot kapıya bakarak. Bay Hudson cevap vermedi. Onu yerine daha sıkı sarıldı. Margot tuhaf hissetse de onun sarılmasına izin verdi. Yüzü Bay Hudson'ın göğsüne gömülmüştü, öğretmeninin başı ise kendi başının üstündeydi. Gömleğinden çok hafif bir ter kokusu geliyordu. "Ah Margot, açmak üzere olan bir çiçek gibisin."

Gülmek istedi ama Bay Hudson uzanıp çenesini kaldırdı ve yeniden dudaklarına yapışarak dilini Margot'nun dudaklarının arasında gezdirdi. "Öp onu" dedi kendi kendine. "Çocukluk etme. Arıza çıkarma." Ama Bay Hudson ellerini göğüslerine götürüp tişörtünün üzerinden göğüs uçlarını okşamaya başladığında Margot geri çekildi. Korkunç bir şekilde utanarak kendini sakladı.

"Bence yapmamalıyız."

"Kendini saklama. Çok güzelsin. Ne söylediğimi hatırlıyor musun? Güvenle ilgili değil mi? Bariyerlerini yıkmakla. Bana güveniyorsun değil mi?"

Margot başını salladı. Dışarıda nehirden gelen kahkaha sesleri duyuluyordu. "Bence geri gitmeliyiz" dedi tekrar.

Bay Hudson kaşlarını çattı, gözleri karanlıkta parıldıyordu. "Ama benden hoşlandığını sanmıştım. Beni öpmek istediğini düşünmüştüm."

Margot başını sallayarak gülümsemeye çalıştı. "İstiyorum. İstedim." Ondan hoşlandığını da söyleyecekti ama onu öpmenin yanlış bir şey olduğunu ve başlarını derde sokabileceğini biliyordu, ancak o daha bir şey diyemeden Bay Hudson yeniden dudaklarına yapıştı. Ağzını açması için diliyle ısrarcı bir şekilde zorluyordu ve Margot'nun elini alıp bacak arasındaki sertliğe götürdü. "Senden ne kadar hoşlandığımı görüyor musun Margot? Bana ne yaptığını?" Sonra kendi elini Margot'nun bacaklarının arasına götürerek ona -sertçe- dokunmaya başladı. Margot acıyla büküldü.

"Hoşuna gidiyor mu?"

"Yapma" dedi elini iterek. "Yapmak istemiyorum." Boğazına bir yumru oturmuştu. "Ağlama" dedi kendi kendine. "Bay Hudson bu. Öğretmeni. Arkadaşı."

"Eğer daha önce yapmadıysan yapmak istemediğini nereden biliyorsun? Bana güvendiğini düşünmüştüm. İyi bir oyuncu olacaksan kendini nasıl rahatlatacağını bilmen gerek Margot."

"Biliyorum. Sadece..." Aralarında yükselen bu tuhaf durum üzerine ne diyeceğini bilemiyordu.

"İyi. Çünkü oynak biri olduğunu düşünmek istemem. Şu gösterip de elletmeyen kızlardan biri olduğunu. Kimse öyle kızları sevmez Margot. Bundan daha olgun olduğunu sanmıştım."

"Hayır!" Tiz bir kahkaha attı. "Öyle biri değilim." Sanki olan biten bir şakaymış gibi Bay Hudson'ı gülerek geri itti. Çünkü her şey bir şaka olmalıydı. Öyle değil mi? Ama Bay Hudson sert bir şekilde, onu bacaklarının arasına kıstırmış halde duruyordu. Margot'nun sırtı annesinin çalışma masasına yaslanmıştı ve ay bulutların arkasından çıkıp ışığını odaya yansıttığında Bay Hudson'ın yüzünü yeniden görebildi ve gördüğü karşısında titredi. Bay Hudson yoğun bir dikkatle kendisine bakıyordu. "Bay Hudson bu" diye hatırlattı kendine. Korkacak bir şey yoktu. Bir yanlış anlaşılmaydı. İstemişti... İstemişti de neyi istemişti? Onun ilgisini mi? Onunla yalnız kalmak mı? Takdir edilmeyi ve güzel olduğunun söylenmesini mi? Hatta belki onun tarafından öpülmeyi mi? Ama şimdi burada, karanlıkta baş başalardı ve aslında ne istediğinden emin değildi. Bay Hudson - öğretmeni ve arkadaşı- artık Bay Hudson gibi gelmiyordu gözüne. Israrcı bir şekilde öpmeye çalışıyor, elleriyle onu korkutacak bir şekilde sarılıyor ve bacağıyla kendi bacaklarını aralamaya çalışıyordu. Margot çok içmişti ve başı dönüyordu. Düzgün düşünecek halde değildi. Onu itip gidebilirdi ama kabalaşmak da istemiyordu.

"Bana ne istediğini söyle Margot" dedi ellerini Margot'nun beline koyup tişörtünden içeri sokmaya çalışarak. "Ne düşündüğünü söyle. Annenin kitaplarını okudum. Ne derler bilirsin, armut dibine düşermiş. Tek başına kaldığında neler düşündüğünü söyle bana."

Sanki onu öptüğünü hayal ettiği saçma zamanları zihninde okuyabiliyormuş gibiydi. Ama bunu onunla paylaşmak istemedi.

"Diğerlerinin yanına gitmek istiyorum" dedi. Onu gücendirmek istemiyordu, hele kendisine karşı bu zamana kadar çok nazik davranmışken ama tek istediği dışarı çıkıp nehir kenarında gülmek ve eğlenmekti.

"Gideceğiz" dedi. "Ama henüz değil." Yeniden üzerine doğru eğilerek Margot'yu masaya sıkıştırdı ve kendi vücudunu Margot'nunkine yasladı. Nefesindeki kokteylin kokusu ona Windfalls'daki meyve bahçesindeki tepelikte çürümekte olan elmaları hatırlattı. İçinde yaşadığı panikle birlikte koku, eski elma deposunun zemininden ve duvarlarından daha fazla sızmaya başlamış gibi geliyordu burnuna. Kusmak istemişti.

"Diğerleri nerede olduğumuzu merak edecek" dedi başını çevirip onu göğsünden iterek. Onu bırakmasını istiyordu.

"Henüz değil dedim sana." Artık gülümseyen ve şakalaşan Bay Hudson gitmiş, onun yerine canını acıtacak kadar at kuyruğu yaptığı saçını çeken ve başını eğerek boynunu açığa çıkaran karanlık adam gelmişti. İnledi -ama zevkten değil acıdan- vücudunu ondan uzak tutmaya çalışıyordu.

"Hoşuna gidiyor, değil mi?" Kesik kesik nefes alıyordu ve ellerini Margot'nun kemerine götürmüştü.

"Hayır. Lütfen…" dedi. Tam dur diyecekti ki Bay Hudson dudaklarıyla onun ağzını kapattı ve kelimeleri ağzından çıkamadan boğularak kayboldu. Sert bir şekilde pantolonunu çıkarmaya çalışarak Margot'yu döndürdü ve yüzünü masaya doğru bastırdı. "Yapma" dedi yüksek sesle. Korkusu sesinden anlaşılıyordu ama Bay Hudson dinlemedi. Onun yerine bacaklarını ayırmaya zorlayarak masadaki sayfaların üzerine yüz üstü bir şekilde bastırdı. Bir eli omzundan tutuyor, başparmağıyla boynunun kıvrımına bastırıyordu. Margot çığlığını bastırdı. Her tarafını kırık camlarla kesiyorlarmış gibi canı acımıştı. Diğerlerinin iskeleden gelen sohbet ve kahkaha seslerini hâlâ duyabiliyordu ama herhangi birinin gelip onları bu halde -Bay Hudson'ın ona yaptığı şeyi yaparken- görebileceği düşüncesine katlanamazdı. Ağzını sıkı sıkı kapatmaya çalışarak bir an önce bitmesini istedi. Aptal gülümsemeleri ve öpüşme düşünceleri ile başlattığı bu şeyin sona ermesini istiyordu. Ama Bay Hudson'ın durmaya niyeti yoktu.

"Neden bunu yapıyorsun?" dedi artık akmaya başlayan gözyaşları içinde. Bay Hudson kulağına eğilerek "Çünkü yapmamı istediğini biliyorum" dedi. Altında sayfalar kırışıp masa sallanırken, Margot onun ağırlığı altında hareketsiz bir şekilde kaldı. Elmaların mide bulandırıcı kokusu ciğerlerine dolup, dışarıdaki nehir sessizce akarken gözlerini kapatıp acısını engellemeye çalıştı; kendini o anın korkutuculuğundan kurtarmak istiyordu.

CUMA

BÖLÜM 20

Margot, oturma odasının penceresinden dışardaki çadırı görebiliyordu, beyaz kumaşı ağaçların arasında hayalet gibi salınıyordu. Yarın bu zamanlarda Lucy evlenmiş olacak, ev ise ailedekilerin ve yabancıların gürültü patırtısıyla dolacaktı. Şimdilik sakindi, yalnızca o, tıkırdayan bir saat, kanepede esneyen kedi ve evde bir yerlerde saklanan annesi vardı. Kitaplıkta, annesinin Nadir Elementler serisinin beşinci kitabı olan "Kuvars Kalp" kitabının bir kopyası dikkatini çekti. İlk sayfasını açarak kitabın Margot'ya ve kız kardeşlerine ithaf edildiğini gösteren kelimeleri okudu.

Tüm elementlerin en değerlisi olan kızlarım için

Özgürce sevin. Cesurca yaşayın.

Margot kelimeleri okurken içinde sevgi, gurur ve kederle karışık bir duygu yükseldi. En değerli. Değerli miydi gerçekten? Öyle hissetmiyordu. Hepsinin onun hakkında ne düşüneceklerini biliyordu. Onu nasıl yargılayacaklarını biliyordu.

Ve yazının geri kalanı: Özgürce sevin. Cesurca yaşayın. Keşke o kadar basit olsaydı. Lucy'nin nasıl iyimser bir şekilde her şeye açık yüreklilik ve umutla atlayabildiğini görüyordu ama Margot bu şekilde yaşayamazdı. Denemişti ama sonuç acı ve şiddet olmuştu. Kendi tecrübesi tarafından hapsolmuş bir halde, travmasının yarattığı sınırları aşamıyordu.

Ne kadar denerse denesin acısını annesinin ilgisizliğine, sözlerine, seks ve ilişkiler hakkındaki bir temele dayanmayan özgürlükçü tavrına bağlamaktan başka bir şey gelmiyordu elinden. Margot'nun artık insanların yakınlaşmasına izin vermemesi gayet normal değil miydi? Hissettiği herhangi bir arzunun ve samimiyet hissinin karşılığında ceza görmesi gerektiğini düşünmesi çok mu tuhaftı?

İthaf bölümüne baktıktan sonra kitabı kapatarak rafa yerleştirdi. Ne kadar görmezden gelmeye çalışsa da üst katta valizinin köşesinde saklı duran votka şişesinin çağrısına karşı koymak imkânsızdı. Annesi hakkındaki rahatsız edici düşünceleri, yaklaşan aile yemeği konusundaki artan huzursuzluğu ve çadırdaki tartışmalarından bu yana Lucy ile hiç konuşmamış olduğu gerçeği, içinde içki içme ihtiyacı yaratıyordu. "Çok az" dedi kendi kendine, sadece sinirlerini ve endişesini yatıştırmak için. Yatağının altından valizini çekerek kıyafetlerine sarılı olan şişeyi çıkardı. İlk yudum boğazını yakmıştı ama üçüncü yudumunda vücudunu saran sıcaklıkla keyifli bir hissizliğe ulaşmıştı. Şişeyi kaldırıp yatağına uzanmadan önce birkaç yudum daha aldı. Bu kadardı. Sinirlerini yatıştırmak için bu kadarı yeterliydi. Çadırdayken Lucy'nin söylediği sert sözlerden sonra neredeyse Edinburgh'a geri dönecekti. Dönüş bileti bakmaya başlamıştı. Lucy'yi ve aptal düğününü boş ver gitsin. Hepsini boş ver. Onca yolu onlarla birlikte olmak için gelmişti. Bu neden yeterli olmuyordu? Neden Lucy bu kadar üstüne geliyordu? Ondan ne yapmasını istediğini bilmiyordu Lucy.

Margot başını çevirdi ve yatağın kenarındaki soyulmuş duvar kâğıdını gördü. Biraz daha soymak istiyordu ama telefonuna gelen bildirim sesiyle düşüncelerinden sıyrıldı. Ekran kilidini açtı ve Jonas'tan mesaj geldiğini gördü. Bir fotoğraf gönderilmişti. Herhangi bir kelime yoktu. Kafası karışmış bir halde mesajı açtı ve ekranına gelen siyah beyaz fotoğrafı gördü. Kaşlarını çatarak kendine bakan yüzü gördü. Kendi yüzü. Fotoğrafın çekildiği yeri hatırladı. Arkada siyah bir siluet halinde Edinburgh manzarası görünüyordu. Fotoğraf Jonas'ın evinde çekilmişti. Biraz düşününce o günü hatırladı, birkaç ay önce bir gün Jonas yeni kamera lensleriyle işten dönmüştü.

"Evet, deneyebilirim. Çektikten sonra silerim. Söz."

"Tamam ama poz vermeyeceğim."

"Poz vermeni istemiyorum" demişti kamerasını kaldırıp fotoğrafını çekerken.

"Bekle, hazır değildim."

"Sorun değil. Bu şekilde olmanı istiyorum. Doğal. Samimi. Tamamen kendin olarak."

Kameranın tekrar eden açılıp kapanma sesiyle dalgınlaşana dek utangaç ve gergin hissederek öylece oturmuştu. "Bu kadar" demişti birkaç dakika sonra çektiği karelere bakarken. "Harikaydın."

Fotoğrafları görmek istememişti. Jonas'ın sözünü tutup fotoğrafları sileceğini düşünmüştü ama görünüşe göre yanılmıştı. Telefon ekranına bakıp fotoğrafı biraz daha yakından incelerken ikinci bir mesaj daha geldi.

"Gördün mü?" yazmıştı. "Güzelsin."

Yeniden fotoğrafa baktı. Güzel olduğunu düşünmüyordu ama fotoğrafta kesinlikle göz alıcı bir şeyler vardı. Gözlerinden yansıyan ışık, yüzünün yumuşaklığı, uzaklara doğru bakışı ve hafif aralanmış dudakları… Kendini genellikle böyle pek görmezdi.

"Sileceğini söylemiştin" diye cevapladı.

"Sildim. Bir tanesi hariç. Bu silemeyeceğim kadar harikaydı."

Silemeyecek kadar harika mı? Bundan pek emin olmasa da fotoğraf kesinlikle Jonas'ın yaptığı işin imzasını taşıyordu. Fotoğrafta bir samimiyet ve netlik vardı. Zaten Jonas da fotoğrafçı olarak bu özellikleri sayesinde son aylarda artan bir rağbet görüyordu. Nedense Jonas'ın evindeki buzdolabına asılı fotoğrafı düşünürken buldu kendini. Jonas'ın İsveç'teki evlerinin yakınındaki bir göl kenarında annesini çektiği fotoğraf.

"Neredesin?" diye sordu, her neredeyse onu hayal etmek isteyerek.

"York yakınlarında bir yerde. Bir sonraki işime gidiyorum."

"Umarım iyi bir iştir" diye cevapladı, aniden gelen onun yanında olma isteği karşısında afallamıştı. Telefonu yatağına fırlatarak kendini durdurmaya fırsat vermeden yatağın yanında duran şişeye uzandı.

BÖLÜM 21

Andrew ofisinden aradığında Eve, May'i giydirmekle uğraşıyordu. "Şimdi çıkıyorum" dedi. "Eve geldiğimde konuşabilir miyiz?"

Telefonu omzu ile kulağının arasına sıkıştırarak kıyafeti May'in kafasından geçirdi. May karşı çıkmaya çalışıyordu. "Nefes alamıyorum" diyerek kıyafetinin altından şikâyet etti. "Çok dar."

"Kıpırdanmayı bırakırsan bir şey olmayacak."

"Eve? Orada mısın?"

"Evet buradayım. Pardon, kızların üstünü değiştiriyorum. Bu akşamki yemeği unutmadın değil mi?"

"Hayır. Bu yüzden erken çıkıyorum."

"Tamam."

"Ee, peki konuşacak mıyız? Eve geldiğimde?"

"Evet, tabii" dedi Eve tereddüt ederek. "Her şey yolunda mı? Önemli bir şey gibi görünüyor."

"Öyle. Bak, oraya geldiğimde konuşuruz. Tamam mı?"

"Tamam." Eve biraz telaşlanmıştı.

"Kızları hazır et, ben de birazdan geleceğim."

"Tamam."

Andrew telefonu kapattı ve Eve, kızlar söylenip kıyafetleriyle uğraşırken, May'in yatak odasının zemininde bir dakika kadar oturdu. Andrew'ün bu kadar gergin konuşması pek onun yapacağı bir şey değildi. Ne hakkında konuşmak istiyor olabilirdi ki? İşi mi? İlişkileri mi? İç çekti. Bu akşamki yemekten ödü kopuyordu. Dün Lucy ile Margot'nun arasında gerginlik çıkması yeterince kötüydü. Yanında Andrew varken Ryan'ın olduğu barda yemek yiyecek olmak da tüm gün midesine kramplar girmesine sebep olmuştu. Şimdi de Andrew bir tuhaf davranıyordu. Öğrenmiş miydi? Yoksa başka bir şey mi vardı? Yanındaki diğer elbiseye uzandı. "Chloe" diye seslendi. "Gel de üstünü değiştir."

"Birazdan anne" dedi alt kattan ufak bir ses.

"Birazdan değil. Şimdi!"

Chloe uflayarak yukarı çıktı. "Of anne." Elbiseye baktı. "Fırfırlı elbise olmasın."

"Hadi. Benim için. Bu elbise sana çok yakışıyor."

Chloe sızlandı. "Anne çok kötüsün."

Eve kızına bakarak, "Evet Chloe öyleyim. Şimdi buraya gel."

Kırk beş dakika geçmiş ama Andrew hâlâ gelmemişti. Eve mutfaktaki saate baktı. Eğer vaktinde yetişmek istiyorlarsa on dakikaya çıkmaları gerekiyordu. Çantasında kırmızı bir ruj bulup holdeki aynada sürdü. "Çok mu kırmızı acaba, biraz edepsiz bir kadın gibi mi?" diye düşünürken telefonu çaldı.

"Özür dilerim hayatım, trafik korkunç. Beş dakikaya geliyorum."

"Kızlar ayakkabılarınızı giyin. Babanız gelir gelmez çıkıyoruz."

Dakikalar sonra Andrew aceleyle kapıya geldi ve Eve'in yanağına ufak bir öpücük kondurdu. "Üzgünüm. Londra Caddesi'nde kaza olmuş. Üstümü değiştireyim çıkalım."

Eve başını salladı. "Ya konuşmamız? Arabada mı konuşacağız?"

Andrew kızlara baktı. "Hayır. Sonra."

Eve, kocasının aceleyle merdivenlerden basamak atlayarak çıkmasını izledi ve içini büyük bir huzursuzluk kapladı. Neden her şey ortaya dökülecekmiş gibi hissediyordu?

BÖLÜM 22

"İçki mi içtin?" Bara yaklaşırlarken Kit şaşırtıcı bir şekilde sertçe tutarak kolunu çekti. Margot dönüp arkasına baktı.

"İçtiysem ne olmuş yani?"

"Ah Margot."

"Ah Margot ne? Ne yapacağımı düşünüyorsun? Neyden korkuyorsun bu kadar anne?" Margot hafifçe kelimeleri yuvarladığını fark ediyor ve daha net konuşmaya çalışıyordu. "Buradayım, değil mi?"

"Evet" diye iç çekti Kit. "Buradasın. Hareketlerine dikkat et, tamam mı?"

"Endişelenmene gerek yok" diye mırıldandı Margot. "Hiçbirinizin."

On üç kişilik bir masa hazırlanmıştı. Margot bara girer girmez Ted ve Sibella'yı gördü. Tom'un ailesinin yanında, masanın uzak köşesinde çoktan yerlerini almışlardı. Tom'un babası kırışık bir takım elbise giyen, bastonunu sandalyesinin köşesine asmış gri saçlı yaşlı bir adamdı ve Lucy'nin söylediğine göre Parkinson hastalığı yüzünden çalıştığı üniversiteden erken emekli olmak zorunda kalmış saygıdeğer bir fizik profesörüydü. Ted ve Sibella ile konuşmak için eğildiğinde ellerindeki titreme bariz görünüyordu. Tom'un annesi, Tom'un gülüşüne benzer bir gülümsemeye sahip ufak tefek bir kadındı, kocasının yanında oturmuş, Tom'un ilkokul öğretmeni olan kız kardeşi Sarah ile derin bir sohbetteydi. Margot, Sarah'ın kırmızı yanakları, çiçekli elbisesi ve arkada topladığı saçları ile ilkokul öğretmeni olmasa bile yine de öğretmen olması gerektiğini düşündü. Bir ilkokul öğretmeni nasıl görünmeliyse aynı öyle görünüyordu, temiz ve tertipli. Margot kendisinin tam zıddı olduğunu düşündü. Lucy, soluk yeşil bir elbise içinde harika görünerek masanın orta kısmında tek başına oturuyordu. Bilekliğiyle oynuyor ve parmaklarıyla masada ritim tutuyordu. Margot ile Kit'in geldiğini görünce el salladı ve başıyla, barda içki almakta olan Tom'a işaret yaptı. "Tam vaktinde" dedi Tom, önce Kit'in sonra Margot'nun yanağından öperek. "Ne getireyim size?"

Kit bir kadeh şarap istedi. "Votka tonik lütfen" dedi Margot. "Büyük olsun" diye ekledi Kit'in kızgın bakışlarını görmezden gelerek.

"Sen Margot olmalısın" dedi Ryan bardağa toniği doldururken. "Seni duymuştum" diye ekledi, Margot deri ceketini çıkartıp tüm kolunu kaplayan dövmelerini açığa çıkartırken.

"Kötü şeyler duymuşsundur herhalde."

Ryan güldü ve içkisini uzattı.

"Barın yeni işletmecisi misin?"

"Günahlarımın bedeli" dedi şakayla ve elini uzattı. "Ryan."

Barın kapısı açıldı ve birbirine benzeyen mavi elbiseleriyle May ile Chloe içeri hücum ettiler. Eve ise arkalarından geliyordu. "Margot Teyze" diye bağırarak üzerine atladılar. Andrew arkalarından elleri tabletler, kalemler ve boyama kitaplarıyla dolu bir halde içeri girdi.

"Aman Tanrım" dedi Margot kızlara sıkı sıkı sarılarak. Onların sıcak karşılamasıyla gerginliği biraz azalmıştı. "Kim benim yeğenlerimi çalıp yerine bu devleri bıraktı?"

Eve uzun bir nefes vererek etrafına baktı ve barın uzak köşesine kurulmuş masaya bakmadan önce başıyla Ryan'a selam verdi. "İyi misin?" diye sordu Margot'ya kısık sesle.

"Daha iyi olamazdım" diye cevapladı Margot sesini daha gür çıkartarak. Eve irkildi. "Sen iyi misin?" Lucy gibi, Eve de tuhaf bir şekilde gergin görünüyordu. Margot, bu akşamki yemekten çekinen tek kişinin kendisi olduğunu düşünüyordu bir de.

"Evet iyiyim" dedi Eve ama hiç de iyi görünmüyordu.

Tom'un elini sıkmaya çalışırken aynı zamanda Chloe'nin pembe, kürklü montunu çıkarmaya çabalayan eniştesine baktı. "Andrew ile mi tartıştınız?"

"Hayır."

"İyi akşamlar Margot" dedi Andrew onu yanağından öpmek için gelirken.

Margot hafifçe dönüp soğuk bir şekilde "Merhaba" dedi.

Ryan, bardan Eve'e doğru bir kadeh kırmızı şarap uzattı ve sonra "Ya sizin için bayım?" diye sordu Andrew'e dönerek.

"Eh, şerefe" dedi Margot, Eve'in kadehiyle kendi bardağını tokuşturup. "Olaysız bir akşama" diye ekledi yalnızca Eve'in duyabileceği bir sesle.

"Evet, oldukça olaysız" diye onaylayarak şarabından bir yudum aldı Eve.

Kit masaya yöneldi. "Ted, Sibella" diye mesafeli bir şekilde selamladı ve daha sıcak bir selamlama için Tom'un ailesine döndü.

Margot, annesinin Ted ve Sibella'dan uzakta, masanın diğer ucunda bir yer seçerek oturduğunu fark ederek bu tuhaf gösteriyi izledi.

Eve ve ailesi, Lucy'nin yanında tek bir sandalyeyi boş bırakarak Kit'in yanına oturdular. Margot masadaki yerini alarak dikkatli bir şekilde içkisini önündeki bardak altlığının üstüne yerleştirdi. Geçen öğleden sonra çadırda yaptıkları tartışmadan bu yana hiç konuşmamışlardı ama Margot hiçbir şey olmamış gibi davranmaya karar vermişti bile.

"Eh, böyle çok güzel değil mi?" dedi Kit, kadehini masadakilere doğru kaldırarak ama Margot, annesinin kasılmış haldeki çenesinden bu neşeli tavrının zoraki olduğunu anlayabiliyordu. Kit'in bakışları Margot'nun dövmelerine takıldı ve irkildi. Margot ise annesine cevap olarak bardağını ona doğru kaldırdı. Diğer uçta oturan Ted, Kit'in bıraktığı yerden devralarak "Mutlu çiftimize kadeh kaldırmalıyız" dedi. "Yarınki büyük gün için ikisine de bol şanslar dileyelim."

"Evet" diye onayladı Kit. "Bol şans Tom ve Lucy. Birlikte uzun ve mutlu bir hayatınız olsun."

"Teşekkürler" dedi Tom, Lucy'nin kolunu sıkarak. Lucy anne ve babasına başını salladı ama yüzü tuhaf bir şekilde asıktı. Margot, Eve'in bakışlarını yakaladı ve sırıttı. Demek böyle olacaktı: Sahte cana yakınlıklar ve şaka gibi görünen iğnelemeler.

"Dövmelerini sevdim" dedi May, Margot'nun kolunu saran desenlere hayranlıkla bakarak. Uzanıp, parmağını dirseğinin oradaki küçük kalbin yakınına gelene kadar kolunun üzerinde gezdirdi. "Büyüdüğümde ben de bundan yaptıracağım. İkimizde de aynısından olur."

"Evet" dedi Margot göz kırparak. "Diğer koluma da yaptırabilirim diye düşünüyorum" diye ekledi boş kolunu göstererek.

"Evet!" dedi May. "Bence de."

"Çok sağ ol" diye mırıldandı Eve.

Sohbet giderek menü tartışmalarına dönmeye başladı. Margot, Lucy'ye doğru eğilerek "Dünü unutalım mı?" diye bir barış teklifinde bulundu. "Bu akşama odaklanalım."

Lucy ona bakarak "Evet, tamam" dedi.

Margot başını salladı ama tam olarak ikna olmuş hissetmiyordu. Lucy solgun ve dikkati dağınık görünüyordu, kendinde değil gibiydi.

"Sen iyi misin?" diye sordu sessizce. "Biraz şey görünüyorsun; bitkin."

Karışmaması gerektiğini biliyordu ama onun ve Tom'un meseleyi bu kadar büyütüyor olmaları saçma geliyordu. Sanki çocuk taşıyan tek kadın Lucy'miş gibi gizli gizli hareket etmeleri saçmaydı. "İyiyim" diye cevapladı Lucy önündeki hiç içilmemiş içkisine dokunarak. Tom kolunu Lucy'ye dolayarak "İyi misin?" diye sordu ve yanağından öptü. Lucy başını salladı.

"Ben de az önce aynı şeyi sordum" dedi Margot. Gözlerini kısarak "Sence içmeli mi?" dedi kısık bir sesle Lucy'nin önündeki şarabı göstererek.

"Ne demek istiyorsun?" Lucy önce elindeki bardağa baktı ve sonra kıpkırmızı kesildi.

"İşte, senin durumundayken yani." Margot hafifçe dirseği ile dürttü. "Hadi ama Luce" diyerek devam etti. "Artık bize söyleyebilirsin."

Tom eğilerek yalnızca ikisinin duyabileceği bir sesle "Üsteleme Margot. Bırak da kendi istediği gibi..."

"Tom" diye uyardı Lucy.

Margot, Tom'un müdahil olmasından rahatsız olarak ellerini havaya kaldırdı. Aşırı korumacılığını yanlış zamanda yapıyordu çünkü Lucy'yi ondan korumasına gerek yoktu. "Üzgünüm evlenmenin ilk şartı olarak kadının karakterden yoksun olması gerektiğini bilmiyordum."

"İkiniz de keser misiniz?" dedi Lucy, belki de amaçladığından daha yüksek bir sesle çünkü tüm masa dönüp onlara bakmıştı. Neyse ki Ryan tam vaktinde yetişti. Yükselen tansiyonun farkında olmadan, Eve'den başlayarak siparişleri almaya başladı. Menüleri toplarken Margot eliyle Ryan'a işaret yaptı ve annesinin delici bakışlarına aldırmadan bir votka tonik daha sipariş etti. Lucy'ye döndüğünde onu Tom ile alçak ve yumuşak bir sesle konuşurken buldu. Ne zaman bu kadar pasif ve aptal âşık gibi sırıtan biri haline gelmişti?

Menüler de kaldırıldıktan sonra masaya bir sessizlik çöktü. Ted sanki konuşacak gibi boğazını temizledi ancak tekrar sessizliğe gömüldü. Margot, Sibella'nın babasının elini tuttuğunu gördü. Bu hareketi Margot'yu daha da sinirlendirmişti. Herkesin sorunu neydi? Ted annelerini Sibella için terk etmişti. Andrew, Eve'in burnunun dibinde başka biriyle ilişki yaşıyordu. Tom, Lucy'yi baskıcı bir bakıcı gibi tahakkümü altına almıştı. Neden yargılanan tek kişi - utanan tek kişi- oydu ki?

"Biliyor musunuz" dedi masaya hitap ederek, "hepiniz dünyada kötü bir şey yapan tek kişi benmişim gibi davranıyorsunuz ama bazılarınızın dönüp de bir kendine bakması gerekiyor." Yarısı boş olan bardağını kaldırarak masadakilere doğru uzattı ve kafasına dikerek tek seferde bitirdi.

"Margot" dedi Lucy yalvarırcasına. "Bir şey yapmayacağını söylemiştin."

"Ne yaptım? Ne?" Margot etrafındakilere bakındı. Babasının eğik başını, annesinin sinirden incecik olmuş dudaklarını ve Eve'in yorgun boyun eğişini gördü. Tom'un kız kardeşi bilerek kendi kucağına doğru bakıyordu. Anne ve babasının yüzünde şaşkın bir ifade vardı. "Hepinizin sorunu ne? Bunun bir parti olması gerekiyor, değil mi?"

"Evet" dedi Andrew, Eve'in yan tarafından sesini yükselterek. "Haklısın. Bir içki daha içebilirim." Sandalyesini masadan iterek uzaklaştırdı. "Herkes ne içmek ister?"

Margot, onun masadan uzaklaşmasını izlerken onu sinirlendirecek bir noktaya parmak bastığını anladı. Lucy'yi dürterek onun da fark edip fark etmediğini görmek istemişti ama Lucy ona bakmadı; onun yerine Margot'yu görmezden gelmek için elinden geleni yapıyor gibi görünüyordu. Margot kaşlarını çattı. Çok mu ileri gitmişti? En yakınındaki bardak altlığına uzanarak onu küçük küçük ufalamaya başladı. Kendine engel olamıyor gibiydi. İçinde gittikçe yükselen bir baskı hissediyordu. Düşünmek bile istemediği anılar ve görüntüler yeniden canlanıyordu. Tekrar içkisine uzandı ama bu kez Eve elini içkisinin üzerine koyarak ona engel oldu. "Bence yeter artık Margot, sence de öyle değil mi? Biraz temiz hava almaya ne dersin?"

Margot yanaklarının kızardığını hissetti. "Evet. Elbette. Tanrı korusun, aileyi utandıracak bir şey yapmayayım."

Kit başını iki yana salladı. "Bu öfken nereden kaynaklanıyor anlamıyorum Margot."

"Elbette anlamazsın."

"Margot" diye uyardı Eve kısık bir sesle.

Kit soğuk soğuk baktı. "Neden pişman olacağın bir şey söylemeden önce biraz sakinleşmiyorsun?"

"Ah, merak etme. Gidiyorum. İyi bir kız olup anneciğimin istediği gibi sakinleşeceğim."

Sandalyesini itince ani yaptığı hareketle dengesini kaybetti ve bu sırada arkadan May'in kıkırdamalarını ve yüksek sesli fısıldamalarını duydu. "Büyükanneme anneciğim dedi!"

Chloe, belki de Eve'in yüz ifadesinde gülünecek bir durum olmadığını anlamış gibi kız kardeşini karnından dürttü. İki kız da başlarını önlerine eğip boyama kitaplarıyla ilgilenmeye başladılar.

"Seninle gelmemi ister misin?" diye sordu Sibella masanın diğer ucundan.

"Ah, Tanrı aşkına!" diye mırıldandı Kit başını iki yana sallayarak.

Margot cevap vermekle uğraşmadı. Onun yerine kadınlar tuvaletine giden koridoru takip ederek bir dakika kadar lavaboya doğru eğilip alnını serin, yaldızlı çerçeveli aynaya dayadı. Gözlerini inceledi; kan çanağı gibiydi. Bir an içince aynı noktada, aynı aynaya bakan, biçimsiz, gri bir kapüşonlu giymiş olan daha genç bir kızın görüntüsünü görür gibi oldu. "Hayır" diye düşündü. Artık o kız değildi. Otoparka doğru fırlayarak derin bir nefes çekti. Dışarıda, karanlık gökyüzünde yıldızlar yanıp sönerek parıldıyorlardı. Amaçladığından çok daha fazla sarhoş olmuştu. Gözlerini kısarak otoparkın etrafına bakındı ve mutfağın yakınındaki kaldırımda oturan birini gördü. Çizgili önlük giymiş, sigara içen bir gençti. Belli ki mutfakta çalışıyordu ve molaya çıkmıştı. Ona doğru yöneldi ve en güzel gülümsemesiyle "Bir tane sigara alabilir miyim?" diye sordu.

"Elbette." Çocuk paketi çıkarıp çakmakla birlikte uzattı. Çocuk, Margot'nun ağzındaki sigarayı yakarken Margot elleriyle çakmağın etrafını kapattı.

"Teşekkürler" dedi sigara dumanını karanlık gökyüzüne doğru üflemeden önce derin bir nefes çekerek. Soğuk havada açıkta kalan kollarıyla kendini sardı.

"Önemli değil."

"Avustralyalı mısın?"

"Evet."

"Sırt çantasıyla dünyayı gezenlerden misin?"

Başını salladı. "Liseden sonra bir sene ara vermek istedim. Üniversiteye başlamadan önce biraz macera yaşamak istiyorum."

"Ve sen de eğlencenin başkenti Mortford'a geldin? Ne şanslısın."

Çocuk kahkaha attı. "Ryan benim amcam. İşi bana o önerdi. Sen neden buraya geldin?" diye sordu dövmelerini incelerken. "Genellikle buraya gelen tiplere benzemiyorsun."

"Aile işleri."

Çocuk bir kez daha başını salladı ve sigara izmaritini yere atarak ayağıyla üstüne bastırdı. "Onlarla da olmuyor, onlarsız da" dedi.

"Ne kadar doğru."

"İçeri girsem iyi olacak" dedi başıyla mutfağı göstererek.

"Tabii. Amcanla aran bozulsun istemem. Sigara için sağ ol."

"Önemli değil" dedi çocuk omzunun üzerinden, mutfağa doğru giderken.

Bir dakika daha dışarıda durarak yıldızları izledi. Şimdi tek başınaydı ve burada oturup sigara içmek hiç de öyle asi hissettirmiyordu. Ceketi olmadan üşüyordu da. Kollarını ovaladı ve ciğerlerinde dolaşan sigara dumanını düşündü. Çocuğun ona uzattığı paketin üstünde gördüğü acayip sağlık uyarılarını hatırladı. Böyle şeyler yapacak yaşı çoktan geçmişti. İzmariti yere atıp ezdi. Tam o sırada otoparkın karşısında hareket eden birileri dikkatini çekti. Karanlıkta daha dikkatli bakınca bir adam ve bir kadının bir arabanın yanında yan yana durduklarını gördü. Bu çiftin duruşuna dair bir şey Margot'nun kanının donmasına neden olmuştu. Votkanın sebep olduğu bulanıklığı atmaya çalışarak gözlerini kırpıştırdı. Vücutlarının yakınlığı, öfkeli el kol hareketleri, adamın karanlıkta belli belirsiz görünen uzunluğu onu korkutmuştu. Bağırması -kadına yardım etmeye çalışması- gerektiğini biliyordu ama sanki felç olmuş gibi sözcükleri boğazına düğümlenmişti. Adam uzanıp kadının kolunu çekti. Margot'nun kalbi güm güm atıyordu. Bir kedi otoparkta hızlıca koşarak güvenlik ışığının yanmasına neden oldu. Sarı ışık çiftin yüzüne vurunca Margot başka bir gerçeğe daha şahit oldu. Adam yabancı biri değildi. Andrew'dü ve yüzü kül gibi bembeyazdı, yanındaki kadın -bardaki garson- öfkeyle elini kolu sallıyordu. Hafifçe Andrew'den uzaklaşarak kollarını göğsünde bağladı. Andrew, hâlâ güvenlik ışığının altındayken etrafına bakındı ve Margot'nun mutfağın arka merdivenlerinde olduğunu gördü. Margot ona uzun ve soğuk bir bakış atarak arkasını döndü ve bara girdi. Lanet olası Andrew. Lucy haklıymış. İçeride Lucy ve Tom barda hararetli bir konuşma yapıyorlardı. Yanlarından geçerken Lucy'nin, "Şimdi değil. Ortam bu kadar gerginken olmaz" dediğini duydu.

"O zaman ne zaman? Bu akşam herkese söyleyeceğimizi söylemiştin."

"Yanlış, yanlış ortam. Margot mahvetti." Lucy, Margot'yu fark edince utanarak başını çevirdi.

"Hayır" dedi Margot yüzüne bir gülümseme yerleştirerek. "Tom haklı. Hepimize söylemelisin" dedi. "Bizi kederimizden kurtar" diye de ekledi sesinde alay eder bir tonla. "Yani çoğumuz çoktan anladı. Çok belli."

Lucy ona gözlerini dikerek baktı. Margot ise gözlerini devirdi. Sanki çok büyük bir sırları varmış ve kimse bilmiyormuş gibi hareket etmeleri yok muydu? Kendi hayatlarına -ve dramlarına- o kadar kapılmışlardı ki. Neydi yani? Lucy ve Tom'un bir bebeği olacak. Bu hareketlere devam etmeleri gülünçtü. "Hanimiş, hanimiş?" diyerek anlamlı bir şekilde Lucy'nin karnına baktı ve tek kaşını kaldırdı. "Bırak artık, aptal değiliz."

Lucy ona dik dik bakmayı sürdürdü ama beti benzi atmıştı. Margot omzunu silkti. "Ah, anladım. Büyük anın tadını çıkarmak istiyorsun. Tamam bozmayacağım." Barda, en yakınındaki bardağa uzandı, birkaç damla şarap eline dökülürken o, kadehini havaya kaldırdı. "Ama aramızda, bebeklere kadeh kaldıralım. Gelecek nesil fiyaskolarına!" Tom'un Lucy'nin omzundaki kolu gerildi. Margot bunu görünce içinde bir öfke yükseldi. Lucy'yi ondan korumasına gerek yoktu. Elbette bunu biliyor olmalıydı. Lucy'yi daima sevmiş ve sevecekti. Onu üzecek bir şey yapmazdı.

Arkasını dönerek masaya yöneldi ama orası da pek iyi durumda değildi. Andrew yüzü bembeyaz, elleri cebinde masaya geldi. Eve'in yanına otururken Margot'ya bir bakış attı ve sonra kolunu karısına dolayarak onu öptü. Eve şaşkın bir bakışla "Her şey yolunda mı?" diye sordu. "Daha iyi olamazdı" diye cevapladı Andrew, Margot'ya bakarak. "Ya, tabii" diye düşündü Margot. "Beni kandıramazsın." Andrew'e dik dik bakınca adam bakışlarını düşürdü. Yemek sırasındaki sohbet de sahte ve yapmacıktı. Margot'nun iştahı kaçmıştı ve bir kadeh şarap içerek yemeğiyle oynuyordu. Lucy de doğru düzgün bir şey yememişti. Eve ise dikkati dağınık bir şekilde sessiz ve gergin bir halde oturuyordu. Etraflarındaki aile gerginliğinden bihaber olanlarsa masanın ucundaki kızlardı. "Bitirdik. Gidip bilardo masasında oynayabilir miyiz?" diye sordu Chloe. "Evet" dedi Andrew saklayamadığı bir rahatlamayla. "Ben sizi oyun odasına götürürüm."

Tabaklar boşalmıştı ve kimse tatlı siparişinde bulunmamıştı. Bir süre sonra Margot, Ted'in Sibella'ya bir şeyler fısıldadığını gördü. Sibella başını sallayınca Ted boğazını temizleyip "Eh, bu harika yemek için teşekkürler Lucy, Tom. Yarın büyük gün olduğunu biliyoruz. Sanırım geceyi erkenden bitirmek gerekiyor. Gelini ve damadı güzellik uykularından mahrum bırakmak istemeyiz."

"Evet" diye onayladı Tom'un annesi neşeyle. "Hepimizin dinlenmeye ihtiyacı var." Kocasının eline hafifçe dokunup Margot'ya doğru gülümsedi, sonra da sandalyesinin arkasındaki çantasına uzandı. Masadakilerin kalkacağını anlayan Eve, kızlarının kalemlerini ve çizim defterlerini toplamaya başladı. Çenesini eline dayamış, eğik bir halde sandalyesinde oturan Margot başını çevirdi ve Tom'un Lucy'yi "Hadi" diyerek dürttüğünü gördü.

"Evet, hadi" dedi Margot da.

Lucy ona bir bakış attı ama sonra Margot'yu şaşırtarak ayağa kalktı. "Hepiniz durup bir dakika beni dinler misiniz? Lütfen. Gitmeden önce size söylemem gereken bir şey var ve Andrew kızlarla birlikte burada değilken söylemek en iyisi olacak sanırım."

"İşte başlıyoruz" diye geçirdi içinden Margot kocaman bir gülümsemeyle sandalyesine yaslanarak. Sonunda. Büyük keşif. "Söyle bize Luce" dedi. "Harika haberlerinle bizi şaşkına çevir. Can kulağıyla dinliyoruz."

BÖLÜM 23

Lucy kalbi deli gibi atarak ayakta duruyor ve Tom'un yanındaki sağlam duruşundan güç alıyordu.

"Hadi" dedi tekrar. "Ben buradayım."

"Ne oldu?" diye sordu şaşkın görünen Kit. "Neler oluyor?"

Lucy derin bir nefes aldı. "Tom ve benim düğünü aceleye getirdiğimizi biliyorsunuz. Aslında bir hafta önce kadar düğün yapmaya karar verdik ve kimsenin plan ya da hazırlık yapmaya pek vakti olmadı. Bu yüzden özür dileriz." Duraksadı. "Ama bu hafta sonu hepiniz burada bizimle olduğunuz için minnettarız."

Masada oturmuş kendisine şaşkın bir halde bakan insanlara baktı. "Yarın büyük eğlenceden önce sizi burada toplamak isteme nedenimiz sizle paylaşmamız gereken önemli bir haberimiz olması." Margot yüzünde 'Ben biliyorum' diyen bir ifadeyle sırıtıyordu. Lucy ise buna katlanamıyordu. Derin bir nefes daha aldı. Bu anı kafasında tekrar tekrar canlandırmıştı ama nedense şimdi kendisini hazır hissetmiyordu. "Hamile değilim" dedi Margot'ya dönerek. Kardeşinin yüzünde solan gülümsemesini ve babasına attığı hızlı bakışı gördü. "Korkarım haberler iyi değil. Sizin anlayacağınız ben hastayım."

"Hasta mı?" diye sordu Kit kaşlarını çatarak.

"Evet" dedi Lucy önce annesine, sonra Ted'e dönerek. "Kanserim."

Odaya bir sessizlik çöktü. Ted öksürdü. Margot'nun önce şaşırdığını sonra da yüzünün duyduklarına inanamaz bir ifadeye büründüğünü gördü. Annesi ağzı açık bir halde ona bakıyordu.

Margot sessizliği bir kahkaha ile bozdu. "Luce. Hiç komik değil."

Lucy, kendisi cevap vermeyince Margot'nun cevap almak için Tom'a baktığını ve yüzündeki gülümsemenin hepten kaybolduğunu gördü. "Ama hamileydin" diye ısrar etti Margot. "Bu sırrı saklamakta pek de iyi değildin."

Eve, Margot'nun kolunu sıktı. "Sus artık, olur mu?"

"Üzgünüm. Hayır" dedi Lucy. "Hamile değilim." Ellerini iki yana sarkıtmış ve yumruklarını sıkmıştı. "Gizlediğim için özür dilerim. Ama herkes bir aradayken söylemek istedim. Tek seferde. Bu şekilde daha kolay olur diye düşündüm. Pazartesi günü bir işlem için hastaneye yatacağım. Bir operasyon geçireceğim." Elinde olmadan ellerini hastalığının olduğu kasıklarına doğru götürdü. "Görünüşe göre yumurtalıklarımda geniş bir tümör varmış. Onu ve başka neleri almaları gerekiyorsa onları alacaklar." Lucy derin bir nefes daha aldı. "Sonra hastalığı yavaşlatmak için kemoterapiye başlayacağız."

"Yavaşlatmak mı?" diye sordu Eve. Lucy başını salladı. Tom'un sıcak ve güven veren elini omzunda hissetti. "Ama temizleyebilirler değil mi?" diye sordu Eve. Lucy, Eve'e baktı. "Geçen hafta çektirdiğim röntgenler tümörün çoktan metastaz yaptığını gösteriyor. Gelecek hafta operasyonu yaptıklarında daha net öğreneceğiz ama doktorumuz kötü huylu olduğu konusunda uyardı. Büyük ihtimalle dördüncü evredeymiş."

Lucy, yeğenlerinin kahkahalarla birbirine seslenmelerini ve oynadıkları bilardo toplarının sesini duyabiliyordu.

"Metastaz mı? O da ne demek?" diye sordu Margot kızgınlıkla.

Lucy, masada oturmuş ona şaşkın ve üzgün halde bakmakta olan ailesine bir göz attı ve "Belki de Tom haklıydı" diye düşündü. Onlara haberi bu şekilde tek seferde vermek pek de iyi bir yol değildi. "Yani asıl tümör yayılmış. Taramalar karnımda ve akciğerlerimde de muhtemel tümörler olabileceğini gösteriyor. Gelecek haftaki randevumuz her şeyi daha net gösterecek."

"Ama gelecek hafta balayında olacaksınız" dedi Eve.

Margot şiddetli bir şekilde başını salladı. "Çoktan hazırlandınız."

"Şimdilik yapacağım tek balayı Royal United Hastanesi'nde yatmak olacak. Hazırladığım çanta balayı için değil hastane içindi. En azından şimdilik."

"Ah Lucy" dedi Ted sessizce. "Benim canım kızım."

"Ama… Ama…" Margot kabullenmekte hâlâ zorlanıyor gibi görünüyordu. "Kanser olamazsın. Daha yirmi sekiz yaşındasın. Yarın evleneceksin."

Lucy başını sallayıp gülümsemeye çalıştı. "Evet, yarın evleniyorum." Uzanıp Tom'un elini tuttu. "Bu yüzden, kanser olduğumu öğrenince işleri hızlandırıp bir an önce evlenmek istedik." Annesinin kanser kelimesini duyunca irkildiğini gördü. "Yani, benim için nelerin önemli olduğunu görmemi sağladı. Tom. Siz. Birlikte olmak." Tom'un destek vermek için ona dokunduğunu hissetti. Omuz silkerek yeniden buruk bir şekilde gülümsedi. "Size söylemek ve kulağa çok korkunç gelmemesi için kötü haberi de iyi haberle birlikte vermek istedim."

Margot homurdandı. "Hey millet. Evleniyorum. Ah, bir de kanserim. Hadi bir parti verelim."

Lucy gözlerini kırpıştırdı. "Evet, sanırım böyle söyleyince kulağa pek iyi gelmiyor." Omuz silkti. "Bencilce geliyorsa ya da sizi buraya iyi bir şey için davet etmişim gibi topladıysam üzgünüm ama biz sahiden de evleniyoruz ve bunun eğlenceli olmasını istiyoruz." Gülümsedi. "Eğlenceli olması konusunda ısrar ediyoruz. Çünkü eminim ki önümüzdeki birkaç ay öyle olmayacak, bu yüzden yarının tadını çıkaralım."

Margot hâlâ öfkeli görünüyordu. "Neden daha önce fark etmediler? Nasıl birden iyiyken bu hale gelebiliyorsun? Hiç mantıklı değil."

"Bir süredir bazı belirtilerle uğraşıyorum. Yorgunluk, şişkinlik, kasık ağrısı." Ellerini karnına koydu. "İlk başta huzursuz bağırsak sendromu zannettiler. Görünene göre ikisini karıştırmak kolaymış."

Ted başını sallıyordu. "Londra'da bazı harika doktorlar var. Bulabildiğimiz en iyi doktorla görüşmek için Harley Sokağı'na gideriz."

Lucy acı acı gülümsedi. "Baba, önemli değil. Hastanedeki sağlık ekibi de çok iyi. Emin ellerdeyim."

"Ama ölmeyeceksin" dedi Margot kati bir şekilde.

"Margot, hepimiz bir gün öleceğiz."

"Yapma. Ne demek istediğimi biliyorsun."

"Babam haklı" dedi Eve. "Artık her çeşit tedavi yöntemi var. Etkili ilaçlar, öncü yöntemleri deneyen özel merkezler, alternatif terapi yöntemlerini saymıyorum bile. Eve bile gelenler var, akupunktur, refleksoloji ve..." Cümlesi yarıda kaldı. Lucy, Eve'e baktı, sonra Margot'ya ve en son Kit'e. "Gelecek haftalarda ve aylarda ne olacak bilmiyorum ama açıkçası hepinizin bir araya geldiği bir dahaki seferin cenazem olmasını istemedim." Gülümsemeye çalıştı. "Bensiz böyle bir parti vermenizi istemedim."

Cenaze kelimesini duyunca Kit hıçkırdı. Lucy ona doğru hafifçe başını eğdi. "Yarın aşkın ve yaşamın bir kutlaması olacak. Ölümün değil."

"Neden cenazelerden bahsedip duruyorsun?" diye sordu Margot.

"Elbette seni düzeltebilirler değil mi?" diye sordu Eve yüzünde yalvaran bir bakışla.

"Eğer gelecek hafta dördüncü evre olduğu doğrulanırsa... Eh, bana o zaman yalnızca yardım edebilirler ama 'düzeltemezler.' Tedavilerim geçici bir önlem olacak. Ama vazgeçmeyeceğim. Gencim ve güçlüyüm." Tom'un elini sıkıp bakışlarını Margot'ya çevirdi. "Sevginin olduğu yerde umut da vardır." Margot ellerini indirdi. Lucy, yüzünde acı dolu bir ifadeyle hâlâ hepsinden biraz uzakta oturan Kit'e baktı. "Anne, sen iyi misin?"

Kit, Lucy'ye baktı "Ben... Ben üzgünüm." Korkunç bir sesle sandalyesini geri iterek ayağa kalktı ve arkasında donuk bir sessizlik bırakarak salondan dışarı koşarak çıktı.

"Önemli değil" dedi Lucy neşeyle. "Herkes için şok bir haber oldu. Benim de haberleri sindirmem için az bir zamanım olmuştu ama biraz daha uzun sürecek. Hepimiz için." Herkese gülümsemeye çalışıyordu ama tek gördüğü ona bakan korkmuş suratlardı. Eve elini yumruk yapıp ağzına bastırmıştı. Babası ağlamak üzere gibi görünüyordu, Sibella onun elini sıkı sıkı tutmuştu. Tom'un annesi sessizce ağlıyordu. "Bence bu akşam çok cesurdun Lucy" dedi Sibella masanın diğer ucundan. "Belki de herkesin bu akşam bize söylediklerini sindirmek için biraz zamana ihtiyacı vardır?"

Lucy, Sibella'nın sakin tavrına minnettar olarak başını salladı. "Evet."

"Üzgünüm" dedi Margot, Sibella'ya bir bakış atarak, "ama ben burada oturup her şey harikaymış gibi davranamam. Yarın sanki normal bir düğünmüş gibi kutlama yapmamızı mı istiyorsun?" Margot inanamaz bir halde başını iki yana sallayarak Lucy'ye baktı.

Lucy başını salladı. "Tam olarak istediğim bu Margot."

Salona soğuk bir hava dalgası yayıldığında herkes hâlâ Lucy'ye bakıyordu. Herkes başını çevirince siyah deri ceketli, uzun boylu, sarışın bir adamın bara girdiğini gördüler. Adam, gözleri masada oturan Margot'da takılı kalana dek etrafa bakındı. Lucy kız kardeşine baktı ve onun da gözleri kocaman açılmış, ağzı beş karış açık halde adama baktığını gördü. Lucy başını kapıya çevirdi ve adamın yüzüne Margot'yu görünce kocaman bir gülümseme yayıldığını gördü. Yüzünü kırıştırıp, delici mavi gözlerini parlatacak kadar geniş bir gülümseme hem de. Lucy gözlerini adamdan alamadı. Rock yıldızı gibi görünüyordu.

"Selam Margot" dedi adam. Margot cevap vermedi, bunun üzerine adam da masaya dönerek gülümsemeyle "Merhaba" dedi "Ben Jonas." İsmindeki J harfini yumuşatan, hafif bir aksanla konuşuyordu. "Margot'nun arkadaşıyım."

Lucy yeniden Jonas'tan Margot'ya döndü ve kız kardeşinin kıpkırmızı kesildiğini gördü.

"Davetsiz gelmek istemezdim" diye devam etti, "ama yarın bir düğün olduğunu duydum ve belki fotoğrafçıya ihtiyacınız olur diye düşündüm" dedi tek kaşını Margot'ya doğru kaldırarak.

Margot konuşmak için ağzını açtı ama bir şey demedi. Lucy, Jonas'a dönüp başını salladı. "Evet" dedi adama gülümseyerek. "Yarın düğünümüz var. Hoş geldin Jonas."

BÖLÜM 24

Düğünden önceki geceyi ayrı geçirme niyetleri vardı ama akşam olayların gidişatından sonra Lucy, Tom'dan onunla gelmesini istedi. "Şanssızlık getirir derler, değil mi?" diye sordu Tom, Windfalls'a giderlerken.

Lucy sahte bir kahkaha attı. "Şans mı? Bence şu an bunun için endişelenmemize gerek yok, sence de öyle değil mi? Her anın tadını çıkarmak istiyorum. Benimle olmanı istiyorum."

Tom başını sallayıp Lucy'nin dizini hafifçe sıktı. "Ben de."

Birlikte yatağa girdiklerinde Tom onu sıkıca sardı. Karanlıkta kapının arkasına asılı olan gelinliğini belli belirsiz seçebiliyordu. "Sanırım daha iyi olabilirdi" dedi Lucy bir süre sonra.

"Hiçbir zaman kolay olmayacaktı."

"Evet."

"Herkes bir aradayken söylemekle cesur davrandın. Seninle gurur duyuyorum. Margot'nun derdi neydi gerçi?"

Lucy karanlığa doğru baktı. "Biz de bir süredir kendimize bunu soruyoruz."

Lucy, Margot'nun bardaki sarhoş hareketlerini, Andrew'ün muhtemel sadakatsizliğine olan öfkesini ve geçen gün annesinin yazdıklarını yok etmesi konusunda yüzleştiklerinde akıttığı beklenmedik gözyaşlarını düşündü. "Onu anlamak çok zor. Çok tuhaf biri. Bir dahaki hareketi ne olacak hiçbirimiz kestiremiyoruz. Ama şu hiç habersiz çıkıp gelen adamda bir şeyler vardı. Oldukça yakışıklıydı, değil mi?"

"Fark ettim diyemem" dedi Tom kuru bir şekilde.

"Kıskanmadın değil mi?"

"Ben mi? Bir doksan boyunda İskandinav bir adamı mı kıskanacağım?"

Lucy güldü. "İhtiyacım olan tek erkek sensin" dedi koluna sokularak.

Sessizlik oldu. "Yarını mı düşünüyorsun?" diye sordu Tom. "Gergin misin?"

"Evet" diye itiraf etti Lucy.

"İyi olacak. Ben varım." Tom, onun beline sarılmadan önce saçlarını okşadı. Nefesini boynunda hissediyordu Lucy, sırtını ona dayayıp sıcaklığının ve gücünün keyfini çıkardı. Kollarının arasındayken, kendini tıpkı kuş yuvasındaki bir yumurta gibi, küçücük ve narin hissediyordu. Bir süre sonra nefesi yavaşladı. Tom uykuya dalıyordu. Lucy bunu anlamıştı. Lucy ertesi günü ve onlarla birlikte Windfalls'a kutlama yapmaya gelecek insanları düşündü. Ailesine söylediğinin arkasındaydı. Günün bir kutlama havasında geçmesini istiyordu. Üzgün bir gün gibi değil. Tom'un nefes alıp verişi gittikçe derinleşti ve o uykuya daldıkça Lucy'yi saran kolları gittikçe güçsüzleşmeye başladı.

Bırakmak. Öğrenmesi gereken bir şeydi. Bilinçaltından, tohumları hafif rüzgârla uçuşan bir karahindiba görüntüsü yükseldi. Onunla birlikte, Windfalls'ın çimlerinde babasıyla birlikte karahindibalara üfledikleri bir anısı canlandı. "İşte bu Lucy" demişti babası yanına çömelerek. "Tüm tohumları uçurmak için kaç kere üflemen gerektiği sana zamanın kaç olduğunu da gösterir."

Babasına şüpheyle bakmıştı.

"Hadi. Dene bakalım."

Denemişti. Beş kere üflemesi gerekti. "Saat beş mi?" diye sordu.

Büyük bir gösterişle saatine bakan babası "Tamamen doğru" dedi geniş bir gülümsemeyle.

Lucy kaşlarını çattı. "Ama daha yeni kahvaltı yaptık."

"Ah, ne aptalız! Fazla uyumuş olmalıyız!" Onu kollarına alıp karahindiba tohumları rüzgârla savrulurken, kahkahalar için gıdıklamaya başladı. "Nasıl uçtuklarına bak Lucy" demişti babası o gülmeyi kesince. "Nasıl uçarak uzaklaştıklarına bak." Bu anısıyla birlikte bir acı duydu geçmişe, her şeyin basit olduğu, karahindiba tohumlarından başka bırakmaları gereken bir şeyin olmadığı zamanlara dair duyduğu bir acı. Verdiği haberi ve Margot'nun sert ve üzgün yüzünü düşündü. İçinde yatan tüm o duyguları düşündü. Neydi diye merak etti? Margot'yu Margot yapan neydi? Neden kimseye içini açmıyordu? Neden etrafına ördüğü duvarları indirmiyordu?

"Tom" diye fısıldadı karanlığa doğru. Aldığı tek cevap Tom'un tekdüze nefesiydi. "Tom" diye denedi tekrar ama onun uykuya yenik düştüğünü biliyordu. Paylaşmak istediği kelimeler, haberler, sormak istediği sorular onu uykusuz bırakarak ağır bir şekilde içinde kaldı.

GEÇMİŞ

2009

BÖLÜM 25

Romeo ve Juliet partisinden birkaç gün sonra, Windfalls'ın kapısına kırmızı kurdeleli, altın rengi bir kutu bırakılmıştı. Margot kartın üstündeki mesajı okuyunca kanının donduğunu hissetti. "Bravo Juliet! Süperdin. En iyi dileklerimle. Bay Hudson."

Hediyeyi açıp bunun Noel zamanı marketlerde görülecek türden büyük bir çikolata kutusu olduğunu görmeden önce kelimeleri bir süre inceledi. "Ne kadar güzel" dedi Kit yanından geçerken. "Yüzünü güldürecek bir şey."

Margot cevap vermedi.

"Hâlâ kötü mü hissediyorsun? Bir şeyler yemez misin?"

Başını iki yana salladı.

"Rejim yapmıyorsun umarım?"

Margot çikolata kutusunu ona doğru itti. "Senin olsun."

Kit kaşlarını çattı. "Ama onlar sana geldi."

"Ben istemiyorum."

Kit omuz silkti. "Teşekkürler canım." Kutudan üçgen biçiminde bir çikolata seçerek ağzına attı. "Belki kendini biraz daha iyi hissedince yersin."

Margot karta baktı. Süperdin. Midesinin derinliklerinde büyük bir bulantı hissetti. Derin bir nefes aldı. "Anne."

"Hıhımm." Kit'in ağzında hâlâ çikolata vardı.

Margot yutkundu. "Oyunun olduğu gece var ya?"

"Evet, evet. Unuttuğum için çoktan özür diledim ya."

"O değil." Başını iki yana salladı. "Bir şey oldu."

Margot annesine nasıl söyleyeceğini bilmiyordu. Kelimeleri yüksek sesle söylemek imkânsız geliyordu. Ama annesi tam orada, önündeydi, ona dikkatini verdiği nadir anlardan biriydi ve Margot cesaretinin yükseldiğini hissediyordu. Nasıl olduğunu açıklayabilseydi, nasıl istediğini, bir şeyi istediğini, görülmeyi, öpülmeyi ama onu değil. Asla onu değil. Belki annesi anlardı. "Kötü bir şey oldu" diye ekledi.

"Ama iyi geçti sanıyordum." Kit kutunun içindeki kartı inceleyip başka bir çikolata daha seçmeye çalışıyordu. "Mükemmelmiş. Jamie Kingston'ın annesi söyledi."

"Oyunu kastetmiyorum. Sonrasında. Partide."

"Ah" sonunda Kit dikkatini çikolatalardan çevirip yüzünde ilgili bir ifadeyle Margot'ya döndü. "Evet. Ben de seninle bunun hakkında konuşacaktım."

Margot annesine baktı. "Öyle mi?"

Kit kutuyu ve içindeki kartı masada aralarına koydu. "Evet. Her şeyi biliyorum."

"Biliyor musun?" Margot yanaklarının kızardığını hissetti ama bir yandan da kendini rahatlamış hissetmeye başlamıştı. Belki de o kötü olayı tüm o korkunç detaylarıyla anlatmak zorunda kalmazdı.

"Evet. Bir şey demeyecektim, hele sen oyunda çok iyi oynamışken ama kendimi tutamadım." Kit hafifçe güldü. "Ama madem konuyu açtın..."

Margot nefesini tuttu.

"İzlerini kapatmak için uğraşmışsın ama iskelede birkaç bira kutusu gördüm ve çalışma masamın halini görünce sen ve arkadaşlarının stüdyoma girmiş olduğunuzu anladım."

Margot kaşlarını çattı.

"Şimdi, arada bir eve arkadaşlarını çağırman problem değil" diye devam etti sert bir şekilde Margot'ya bakarak, "ama lütfen stüdyomdan uzak durun. Her şeyin bıraktığım gibi kalması çok önemli. Romanımın taslağına bir şey olduğunu düşünsene." Kit'in içi ürperdi. "Mahvolurdum."

Margot, annesinin bir şey bilmediğini anlayınca içini bir sızı kapladı. Başını önüne eğip hafifçe salladı. Yıkılmıştı. "Evet. Tabii. Özür dilerim."

"Bence en iyisi senin ve arkadaşlarının stüdyodan uzak kalması, değil mi?"

Margot tekrar başını salladı. Bu konuda kesinlikle anlaşabilirlerdi. Oyun gecesinden beri oraya adımını bile atmamıştı. Tekrar gitmeyi aklından bile geçiremezdi. "Belki de yazdıklarını yedeklemelisin" dedi uzun bir sessizlikten sonra.

Kit güldü ve ağzına bir çikolata daha attı. "Ah, beni ve teknolojiyi biliyorsun. Yıllar önce babanın eve getirdiği lanet DVD oynatıcıyla yeterince uğraştım. En iyisi eski yöntemler. Ayrıca, stüdyomdan uzak durursan yedekleme yapmak zorunda kalmam, sence de öyle değil mi? Problem çözüldü." Ayağa kalkıp Margot'nun omzunu sıktı. "Anlayışın için teşekkürler hayatım. Söz veriyorum, kitap biter bitmez bunun telafisini yapacağım. Ayrıca herhangi bir zarar verilmemiş. Unutalım gitsin, olur mu?"

Margot annesinin gidişini, arka kapının hafifçe kapanışını ve Kit, bahçeye doğru ilerlerken sesi gittikçe azalan ayak seslerini dinledi.

Yaz döneminin son günlerini hasta bir halde ağlayarak ve ayaklarının dibine kıvrılan kediyle yüzü duvara dönük bir şekilde saatlerce çiçekli duvar kâğıdının detaylarını izleyerek yatağında geçirdi. Kendi hatasıydı. Onu öpmenin nasıl bir his olacağını hayal ederek ve kendi parmaklarını kıvırıp dudaklarına bastırarak geçirdiği o geceler. Kendini ova ova tertemiz yapmak istiyordu. O hain dudaklarını ovalamak ve aptal ellerini koparmak istiyordu.

Bana ne yaptığına bak.

Buna kendisi sebep olmuştu. İçini yiyip bitiren utanç da bunun göstergesiydi: Neye sebep olduğunu kimseye söylememeliydi. Bay Hudson'ın onu fark etmesini, öpmesini nasıl istediğini de. Kendi hatasının sonucuydu. Olanları içinde derin bir yere kapatmış ve o korkunç anıları gizlemişti.

Kimi düşündün Margot?

Bana ne istediğini söyle Margot?

Hoşuna gidiyor, değil mi?

İçine gizlediği yerden bazı korkular yükselip de zihninde canlandığında onları daha hoş, daha yumuşak ve olduğundan daha romantik bir şeye çevirmeye çalışıyordu. Belki Bay Hudson kendine engel olamamıştı. Belki de kendisini seviyordu? Ama daima, saçını kavrayan ellerinin ağırlığının, bacaklarına yaslanan masanın verdiği acının ve dilinin ağzında bıraktığı mide bulandırıcı tadın hissi ordaydı.

Ağustos ayının son günlerinde, genel ortaöğretim notlarını gösteren bir mektup geldi: Dokuz sınavını da yüksek notlarla geçmişti. Tiyatro sınavında da en yüksek notu almıştı. Mutlu olması gerekiyordu ama ona hiçbirinin bir önemi yokmuş gibi geliyordu.

"Dışarı çıkıp arkadaşlarınla kutlamayacak mısın?" diye sordu Kit.

"Canım istemiyor."

Kit kaşlarını çattı. Buzdolabına gidip bir şişe şampanya aldı. "Fransız yayıncılarım geçen hafta bana bunu gönderdiler. Hadi bir bardak içip kutlama yapalım" diye öneride bulundu. "Hak ettin. Seninle gurur duyuyoruz. Hepimiz öyle."

Margot istemiyordu ama yine de şampanyayı zorla içti. İçkinin tatlı aroması ona o gece içilen elma şırasının ve kokteylin mide bulandırıcı tadını hatırlatmıştı. Karnına doğru bir sıcaklık yayıldı ve şakaklarında hafif bir sızlama hissetti. Kit stüdyosuna geri döndüğünde, Margot dolaptan şişeyi alıp kendine bir bardak daha içki koydu. Şişe neredeyse bitene dek hızlıca içti.

Yukarı çıktığında evin boğucu sessizliği çok korkutucuydu. Banyo aynasından kendi yansımasına bakarak uzun bir süre durdu. Derisini soymak, yanaklarını tırnaklarıyla kazımak dürtüsüne karşı koymaya çalışıyordu. Eve'in odasına girerek demirden yatağına uzandı ve kız kardeşinin yastıklarından birini göğsüne doğru çekti.

Gözyaşlarıyla, içinden "Keşke Eve burada olsa ve faydalı bir tavsiye verse" diye geçirdi. Eve ne söyleneceğini ve ne yapılacağını mutlaka bilirdi. Onun yerine ise sadece sessizlik ve can acıtıcı yalnızlık vardı. Bulduğu bir sandığın alt çekmecesinde Eve'in eski kıyafetlerini, solmuş tişörtlerini, bir çift eşofman altını ve Eve'in 'şişman olduğunu düşündüğü zamanlarda' giyerek sanki üzerine kaynar su dökülmüş gibi çatık kaşlarla evin içinde dolaştığını hatırladığı gri bir kapüşonlusunu bulmuştu. Margot uzun kollu tişörtlerden birini yüzüne doğru kaldırarak kız kardeşinin unutulmuş kokusunu içine çekti. Biraz daha rahatlamış hissederek kapüşonluyu üzerine geçirdi. Verdiği hissi sevmişti, boldu, vücudunu ve kendisini bakışlardan gizliyordu.

Lucy'nin odasındaki boşluk daha bile büyüktü. Kız kardeşinin sürekli enerjisi ve hızının yokluğu kendini çok belli ediyordu. Oda gençlik hatıralarıyla dolu dağınık bir zaman kapsülü gibiydi. Duvardaki erkek müzik gruplarının posterlerini, Lucy'nin okulun hokey ödüllerini havaya kaldırırken ve kazanan netbol takımlarıyla birlikte poz verirken çekilmiş olduğu fotoğrafları inceledi. Çok uzun bir zaman önce, üçünün birlikte çekilmiş olduğu bir fotoğraf daha vardı: Üç kız kardeş nehrin kenarındaki iskelede oturmuş suya bakıyorlardı. Fotoğrafın çekildiği anı hatırlamıyordu ama muhtemelen babaları çekmişti. En fazla altı ya da yedi yaşlarında olmalıydı. Bir zamanlar oldukları kızlara bir bakış daha atarak arkasını döndü. Lucy çok fazla eşyasını bırakmıştı. Margot masanın üzerinde dağınık kalemler ve kitaplar, eski ojeler ve tehlikeli bir şekilde yığılmış sık kullanıldığı her halinden belli olan ciltsiz kitaplar gördü. Eski sinema biletleri ve rujlar, bir çift kulaklığa dolanmış boncuklu bir kolye de vardı. Tozlu bir lambanın yanında kız kardeşinin çakısının, yarısı boş olan bir şişe silhat yağının yanına bırakılmış olduğunu gördü.

Çakıya uzanıp eline aldı ve elinde çevirerek parıldamasını izledi, sonra da avucunun içine alıp ağırlığını ölçtü. Bahçedeki derenin kenarındayken Lucy'nin bu çakıyı bir ağacı oymak için kullandığını hatırlıyordu. Çakı avucunun içinde soğuk ve sağlam hissettirmişti. Onu kapüşonlusunun ön cebine atarak odadan ayrıldı.

Dışarıda hava serin ve bulutluydu. Kit'ten iz yoktu. Annesinin stüdyosunda, çok değerli kelimeleri üzerine çalışmakta olduğunu biliyordu. Kapüşonu kafasına çekerek garaj yoluna yöneldi ve evden, nehirden uzaklaşmaya başladı. İçtiği şampanyadan mı ya da Eve'in eski kapüşonlusunun yüzünü kapatırken verdiği histen mi yoksa bedenini saran tuhaf hissizlik yüzünden mi emin değildi ama hepsi üst üste gelmiş gibi hissettiriyordu. Adımları yere basarken yanından geçen arabaların sesi, salıncakta sallanan küçük çocukların kahkahaları yükseliyordu ama o sanki farklı bir âlemde gibiydi. Başka bir dünyadanmış gibi hissediyordu. Nereye gittiğini bilmiyordu. Başı yerde, tek düze adımlarla yürüyordu. Elleri artık avucunda ısınmış olan çakının etrafına sarılıydı. Çıkmaz sokağın girişine yaklaştığında nereye gittiğinin farkına vardı. Siyah ön kapı hatırladığı gibiydi, kırmızı araba garaj yoluna park edilmişti. Daha birkaç hafta önce ekibin diğer üyeleriyle burada durmuş ve çok sevgili Bay Hudson ile film izlemek için beklemişlerdi. Damarlarındaki kanın hızlı hızlı pompalandığını hissetti. Nefesi boğazına düğümlenmişti. Lucy'nin çakısını biraz daha sert sıkarak ilerledi ve zile bastı. Zilin sesiyle birlikte içerden kulak tırmalayan bir feryatla ağlayan bir bebeğin sesi yükseldi. Peşinden bir kadının mırıldanmalarıyla televizyonunun sesinin kapatılması duyuldu. "Bir dakika" diye seslendi birisi kapının arkasından.

Girdiği transtan çıkmasını sağlayan Bay Hudson'ın karısının sesiydi ya da belki de bebeğin ağlaması. İki türlü de cam panelin arkasında ışığın yandığını görünce kapının her an açılabileceği korkusuyla Margot topuklarının üzerinde dönerek uzaklaştı. Ön kapıdan uzaklaşarak garaj yoluna doğru hızlıca yürüdü. Arabanın yanına ulaştığında ise çakıyı cebinden çıkartarak arabanın üstüne sürttü ve boyanın üstüne upuzun bir çizik attı. "Hey!" diye bağırdığını duydu kadının ama Margot arkasını dönmedi. Kaçmadı da. Çakıyı kaldırımın üstüne atarak hızlıca yürümeye devam etti. Köşeyi dönerken omuzları yukarıda, yüzü kapüşonlusunun içine gömülüydü. Artık hissiz ve boğulmuş hissetmiyor, aksine canlı ve hiddetli hissediyordu.

Yazın kalan günlerini parti davetlerini geri çevirerek ve öğleden sonraları nehirde yüzerek geçiriyordu. Kasabaya gitmekten kaçınıyor, oyundan arkadaşlarına ya da daha kötüsü Bay Hudson'a rastlamaktan korkuyordu. Birileriyle yüzleşmektense evde kalmak daha kolaydı. Güz dönemi okula başladığında Margot etrafına sıkı bir duvar örmüş ve Bay Hudson ile yaşananları içinde derinlere gömmüştü. Okula dönmeye, Bay Hudson'ı okul koridorlarında yürürken görmeye ve dersinde gülümsemeye kendini hazırlamıştı. O kadardı. Bir daha asla yakınına gelmesine izin vermeyecekti. Beklemediği şey ise ilk gün müdürün kürsüye çıkıp Bay Hudson'ın okuldan ani ayrılışını duyurmasıydı. Müdür çok kısa bir şekilde duyurusunu yapmış ve neden ayrıldığına dair herhangi bir bilgi vermemişti.

"Tiyatro öğretmenimiz olarak Bayan Ashcroft'u takdim edeyim. Hepinizden isteğim lütfen kendisini evinde gibi hissettirin." Margot, diğerleri yeni öğretmeni kibarca alkışlarken sessiz bir şekilde yerinde oturdu. Fazla uzun sürmemişti. Öğle yemeği vaktinde fısıltılar ve dedikodular cep telefonu mesajlarıyla öğrencilerin arasında çoktan yayılmaya başlamıştı.

"Pis sapık."

"Çok iğrenç."

"Onun bir sahtekâr olduğunu biliyordum."

Margot, beşinci sınıflardan bir grubun kendi aralarında konuştuğunu duyunca yavaşladı.

"Anlaşılan kızı bir gün dersten sonra sınıfta bekletmiş ve elini tişörtünün üzerine doğru uzatmış."

"Ihh. Bir şeylerin yolunda olmadığı belliydi. Herkesin arkadaşıymış gibi davranmaya çalışıyordu."

"Polis biliyor mu?"

"Sasha'nın ailesi eğer okul onu işten atarsa her şeyi unutacaklarını söylemiş."

"Evet, ben de polisten uzak durmak istediklerini duydum, kızlarının isminin gazetelerde görünmesini istemiyorlarmış, hele bir de üniversite başvuruları yaparken."

"Asıl karısına üzülüyorum. Daha yeni bebeği olmuş."

Margot gittikçe büyüyen bir panikle dedikoduları dinledi. Bay Hudson, Sasha Hart üzerinde de deneme yapmıştı ama Margot'nun aksine, Sasha akıllı davranarak öğretmeninin nasıl biri olduğunu anlayabilmiş ve yine onun aksine, Bay Hudson'a karşı çıkabilmişti. Bay Hudson pis bir sapıktı, kendisi hariç herkesin görebildiği bir gerçekti bu. Onun bu gözden düşüşünün detaylarını diğer öğrencilerden dinlerken midesinin bulandığını hissetti. Dedikodular yalnızca Margot'nun uzun zamandan beri bildiği bir şeyi doğrulamıştı: Başına gelenler kendi suçuydu. Şimdiyse Margot sırrını bu kadar uzun süre saklamış ve Bay Hudson'ın gerçek yüzünü herkes görmüşken, hiç kimseye bir şey söylememesi daha önemli bir hal almıştı. Koca bir yaz geçmişti. Şimdi konuşsa herkes neden daha önce bir şey söylemediğini merak edecekti. Sasha'nın aksine, elini yalnızca tişörtünün üzerine koymamıştı. Başka, başka bir şey daha yapmıştı ve eğer söylerse herkes bunu isteyenin kendisi olduğunu öğrenecekti.

Bana ne yaptığına bak.

Herkes bilecekti. Ailesi. Arkadaşları. Okul. Polis. Gazeteler. Diğer öğrencilerin fısıltılarını hatırlayınca korku içinde kocaman, kara bir yığın gibi büyüdü. Hepsi bilecekti. Bunun düşüncesine dayanamazdı. O gece, nehir kenarında olanlarla ilgili asla ve kat'a tek bir kelime dahi edemezdi.

CUMARTESİ

BÖLÜM 26

Margot boğazı kupkuru halde, kalbi güm güm atarak ve başında sağlam bir zonklamayla gördüğü kâbustan uyandı. Yorganını tekmeleyerek itti ve gördüğü kâbusun etkisinden kurtulmaya çalıştı. Gözü gri şafak ışığına alışınca odanın karşısında yer yatağında kıvrılmış halde yatan bir adamın görüntüsünü seçebildi. Jonas'ı. Akşamdan kalmalığının verdiği sersemlikten yavaşça sıyrılırken dün akşamdan bazı kesitler hatırlamaya başladı. Barda yedikleri yemeği. İçkileri. Masadaki gerginliği. Güvenlik ışıklarının altında Andrew'ün aydınlanan yüzünü. Lucy'nin duyurusunu. Jonas'ın sürpriz gelişini. Tüm bu hatırladıklarını düşünürken içini buz gibi bir korku kapladı. Lucy'nin verdiği haber. Margot yatağından doğruldu. Lucy hamile değildi. Hastaydı. Zihninin köşelerinde gizlenen kelime kendini iyice belli etti: Kanser.

Margot arkasına yaslanıp tavanı izlemeye ve hatırladıklarını yeniden zihninde canlandırmaya başladı. Yanında Tom ile birlikte cesurca gülümseyen Lucy'nin yüzünü hatırladı. Lucy kanserdi. Karnına bir yumruk yemiş gibi hissediyordu. Kelimeler zihninde uçuşuyordu: Yumurtalıklar… Dördüncü evre… Metastaz… Margot, kendine engel olamadan yatağından sessizce çıktı ve bavulundan dizüstü bilgisayarını aldı. Yatağın kenarına oturarak bilgisayarını açtı ve arama motoruna yazmaya başladı. Okuduğu şeyler hiç de yardımcı olmuyordu. Lucy kendisini en kötüsünden korumak istiyordu ama "Doktor Google" ona hiç de rahatlatıcı bilgiler sunmamıştı. Bir kanser derneğinin internet sitesinde belirtilerin ve tedavilerin kısa bir özetini okudu. Sonra da birçok kişinin belirtiler, tedaviler ve sonuçlar üzerine tartıştığı bir sohbet odasına girdi. İşi bitince bilgisayarının ekranını kapattı, ardından gözlerini yumdu. Ah Lucy. Neden bunu onlardan saklamıştı ki? Bu korkunç sırrı onları korumak için günlerdir saklıyordu. Hafta başında aldığı o acıklı mesajı düşündü: Sana ihtiyacım var. İlk başta -son dakika bir düğün için herkesi buraya çağırması- bencilce gibi görünse de şimdi cesurca geliyordu. Margot derin bir iç çekti. Acı dolu bir sırrı saklamanın ne demek olduğunu iyi biliyordu. Ama bu? Margot içinde bir şeylerin çatırdadığını hissediyordu. Yatağında uzanırken içini bir duygu seli kapladı. Karşı koymaya çalıştı ama kocaman, yıkıcı bir ağırlık gibi üzerine yığılmıştı ve yapabildiği tek şey derin derin nefes alırken gözyaşlarının akmasına izin vermekti. Bir süre sonra birinin yatağında yanına uzandığını ve sıcak bir elin omzuna dokunduğunu fark etti. "Margot?"

Konuşamıyordu. Ona bakamıyordu. Üzüntüsü çok derindi. Kendini tutmak için vücudundaki her enerjiyi kullanarak ondan uzak duruyordu. Eğer şimdi kendini bırakırsa bin parçaya ayrılacağından emindi. "Margot" dedi Jonas yumuşak bir şekilde. "Ben buradayım." Bu iki kelimeyi duyunca dönüp kendini Jonas'ın kollarına gömdü. Omzunda ağlarken ona sarılmasına, içinde biriktirdiği acının ve üzüntünün dışarı yansımasına izin verdi. "Sana kızmalıyım" dedi bir süre sonra yatakta yan yana yatmış tavanı izlerlerken. "Öylece geldiğin için."

Jonas başını salladı. "Biliyorum."

"Beni nasıl buldun?"

"Ünlü K.T. Weaver'ın yaşadığı kasabanın adını bulmak pek de zor değil. Annenin Wikipedia sayfası faydalı bilgilerle dolu. Kasabalılara sizin evin adresini sormak için bara geldim ve kapıdan girdiğimde orada, masada oturuyordun. Tatlı bir rastlantı."

"Neden geldin?"

Omuz silkti. "Bilmiyorum. Hissettim ki belki bir arkadaşa ihtiyaç duyabilirsin ve olabilecek en kötü şeyin bana defolup gitmemi söylemen olacağını fark edince denemem gerektiğini biliyordum."

"Peki yapar mıydın? Defolup gider miydin yani?"

"Elbette. Ne zaman istersen defolup giderim."

Margot gülümsemesine engel olamadı. "Sanırım bu birinin bana söylediği en güzel şey."

"Yani kızmadın mı?" diye sordu hâlâ tavanı izleyerek.

Margot bir süre düşündü. "Hayır. Dün akşam kapıdan içeri girdiğini gördüğümde ne hissettiğimi bilmek ister misin?"

Jonas gözünün kenarıyla ona bakmak için başını eğdi. "Emin değilim. İster miyim?"

"Rahatlamış hissettim. Hayat karmakarışık" dedi uzun bir sessizlikten sonra. "Lucy kansermiş."

"Biliyorum. Dün gece söyledin."

"Söyledim mi?" Margot elini şakaklarına götürdü ve o an bardan nasıl ayrıldığını ve yatağa nasıl girdiğini hatırlamadığını fark etti. İçini çekti. "Hiç adil değil."

"Değil" diye onayladı Jonas. "Hayat adil değil."

Margot, Jonas'ın buzdolabında asılı olan, Alp Dağları'nın kenarında bir göl kıyısında poz vermiş güzel, sarışın kadının fotoğrafını hatırladı. "Üzgünüm."

"Ben de senin için üzgünüm. Lucy için. Ailen için."

Margot içini çekerek arkasını döndü ve kıvrıldı. Söylemediği şey -Jonas'a, kimseye itiraf bile etmeye dayanamadığı şey- bunun korkunç bir şekilde yanlış olduğuydu. Nasıl suçlu hissettiğiydi. En adaletsizi de bunlarla uğraşması gereken kişinin -hayatı her zaman neşe ve iyimserlikle yaşayan- Lucy olmasıydı. Kader yanlış kız kardeşi seçmişti çünkü bu ailede birisi böyle bir ceza hak ediyorsa bu kesinlikle kendisiydi. Uzun zaman boyunca utanç hissi ve boşluk duygusuyla yaşamıştı. Kaderin kendisini seçmesi gerekirdi.

"Konuş benimle" dedi Jonas, onun içindeki kargaşayı hissederek.

"Neden buradasın bilmiyorum. İyi bir yaşam nasıl sürdürülür bilmiyorum. Sana verecek hiçbir şeyim yok. İçim bomboş."

Jonas bir süre sessiz kaldı. "Bomboş olduğunu söylüyorsun Margot ama bu saçmalığın daniskası. Ben senin içindeki duyguları görebiliyorum. Orada. Hepsini sıkı sıkı tutuyorsun. Kırılmayacak bir ceviz gibi. Beni sevmeyebilirsin -ve ben de bunu kabullenmekte zorlanabilirim- ama asla sevme yeteneğin olmadığını düşünme. Seviyorsun. Bunu sende görüyorum. Lucy için hemen buraya, kâbuslar görmene sebep olan yere dönmen mesela. İçi boş biri değilsin. Korkuyorsun. Hissetmene izin ver. Her şeyi hisset. En kötü ne olabilir ki?"

"Parçalanmaktan korkuyorum."

"Parçalanırsan belki iyileşmeye de başlarsın?"

"Ya iyileşmezsem? Ya tamamen kırılırsam?"

"O zaman seni bir arada tutmak için yanında olurum."

BÖLÜM 27

Kapıyı tıklamadan önce Kit uzun bir süre Sibella'nın kulübesinin dışında bekledi. Neden geldiğini bilmiyordu. Tek bildiği, sabah içinde Windfalls'dan kaçmak için büyük bir istekle uyandığıydı. Önlerinde onları bekleyen şeylerin düşüncesine bile katlanamıyordu: Zoraki eğlence, kahkahalar ve şimdi belirsiz hale gelmiş olan geleceğe kadeh kaldırma. Düğün çadırı meyve bahçesinde her şeyin anlamsızlığının sembolü gibi boş bir halde duruyordu, -derme çatma ve geçici bir alan- bugün vardı, yarın olmayacaktı. Neden orada olduğunu, Lucy'nin evlenmek için neden acele ettiğinin asıl sebebini bilirken çadıra bakmaya katlanamıyordu.

Nehir boyunca, eğik ağaçların altında suya yansıyan hareketlerini izleyerek uzunca bir süre yürümüştü. Karşı kıyıda, yosunların arasındaki bir taşın üstüne tünemiş sığlıkları izleyen gri bir balıkçıl görmüş, Kit geçerken kuş başını kaldırmış ama hâlâ sazlıkların arasındaki yerinde durmaya devam etmişti. Normal bir günde havanın sakin ve yağışsız olması onları neşelendirirdi. Düğün kıyafetlerini ütüleyip şampanya patlatıyor olurlardı. Ama bugün normal bir gün değildi. Artık normal bir gün diye bir şeyin varlığından bile emin değildi. Kızı kanserdi. Hem de son evrede. Bu kelimelerle garanti gördüğü gelecek ellerinden çekilip alınmıştı. Nereye gittiğini bilmiyordu ama bir noktada, adımlarının nehrin karşısına geçen ve vadinin uzak tarafına doğru yükselen patikaya, Sibella'nın evine giden taş köprüye doğru gittiğini fark etmişti. Sibella kapıyı açıp "İçeri gel" dedi, Kit'in mutfağa girmesine izin vermek için kenara çekilerek. İçeri girdi ve şaşkınlıkla darmadağınık, gösterişsiz odaya baktı. Ted'in şu an yaşamakta olduğu bu kulübe Windfalls'dan yalnızca birkaç kilometre uzaktaydı ama buraya daha önce hiç ayak basmamıştı. "Ted çıktı. Belediye binasından taşınabilir masa almaya gitti."

Kit başını salladı. Neden buraya geldiğini bilmiyordu. Ted'i görmek için olduğunu zannetmiyordu ama Sibella'yı görme niyetinde olduğundan da emin değildi. Eve dönüp herkese partiye hazırlanmak için yardım ediyor olması gerekiyordu. Ne yapacağını bilemez haldeydi.

"Kahve yapacaktım" dedi Sibella. "İster misin?"

Kit başını salladı. Sibella'nın dikkatli bakışlarını üzerinde hissedebiliyordu. "Evet. Teşekkürler."

"Otursana."

Kit tekrar başını salladı ve çatırdayan bir sandalyeye oturdu. Sonra birden, hiç anlamadan içinde bir şeyler çözüldü ve kendine engel olmaya fırsat bulamadan gözyaşlarına boğuldu. Yüzünü avuçlarının içine gömdü. Sibella su ısıtıcısını bırakarak yanına geldi. Ona bir mendil uzatarak sıcak elini Kit'in soğuk omzuna koydu ve gözyaşları kuruyana kadar sessizce yanında oturdu. En sonunda, ayağa kalkarak rafta kahve demleme aparatını ve kahve kavanozunu aradı. Sıcak su dolu demliği masaya getirerek yeniden Kit'in yanına oturdu. "Şoktasın" dedi.

Kit iç çekti. "Lucy'nin bugün için bizden ne yapmamızı istediğini biliyorum ama yapabileceğimi sanmıyorum. Her şey harikaymış gibi davranamam." Kıyafetinin kolundaki düğmeleri çekiştirip elinde çevirdi. "Neden Lucy? Neden şimdi? O çok genç. Önünde çok fazla şey var."

Sibella başını salladı.

"Çok öfkeliyim."

"Evet."

"Lucy için nasıl güçlü kalacağım? Buna nasıl katlanacağım?"

"Zor olacak."

Kit burnunu çekti. "Zamanın hiçbir şeyi iyileştirdiği yok. Ted gittiğinden beri 'iyileşmiş' hissetmek için bekliyorum ama hâlâ hissetmiyorum. Onun ve ilişkimizin kaybının acısını hâlâ hissediyorum. İyileşemeyen bir acı bu."

Sibella gözlerini kapadı. "Üzgünüm Kit."

Kit omuz silkti. "Ted'in seçimiydi. Seni seçti ve belki de haklıydı. Biz uzun zaman önce yolumuzu kaybettik. Yine de işleri kolaylaştırmıyor. Onu sevdim. Kendimce hâlâ seviyorum. Ama söyle bana, çocuğunu kaybedip de nasıl yaşarsın? Dayanabileceğimi sanmıyorum." Kit gözlerinde öfkeyle başını kaldırıp baktı. "Ama sen bunun nasıl hissettirdiğini bilmezsin, öyle değil mi?"

Sibella gözlerini kapadı. "Ben bir koca ve bir evlat kaybettim -bebek düşürdüm- uzun zaman önce. Kaybetmenin ne demek olduğunu bilirim Kit. Acı çekmenin ne demek olduğunu da."

Kit sandalyesinde geriye yaslandı. Bu sefer daha yüksek bir çatırtı duyuldu. Bir süre Sibella'ya baktıktan sonra gözlerini kapattı. "Özür dilerim."

Sibella başını salladı. "Ben senin gibi anne olamadım Kit. Haklısın. Nasıl hissettirdiğini anlayamam."

Kit söyleyecek kelime arıyordu. "Ben, ben özür dilerim. O gün pazar yerinde söylediklerim için... Bilmiyordum... Bebek meselesini yani."

Sibella omzunu silkti. "Anladım. Anlıyorum. Olması gerekenin benim Ted'e, onun da bana âşık olmamasıydı. Yürüyüp gidecek gücü kendimde bulabilmeliydim. Ama ben kusursuz biri değilim Kit."

Kit boş bir kahkaha attı. "Hangimiz kusursuzuz? Ben kesinlikle değilim. Ted ile ilişkimi mahvettim ve kızlarımı da hayal kırıklığına uğrattım." Aniden sinirli bir şekilde başını kaldırıp Sibella'ya baktı. "Ted'i aldın. Lütfen kızlarımı da benden alma."

"Yapamam Kit. İstesem bile yapamam. Onların anneleri sensin. Seni seviyorlar."

Kit'in gözleri doldu. İç çekti. "Lucy karşı karşıya olduğu şeyle mücadele ederken her türlü desteğe ihtiyaç duyacak. Ama kime gideceği, kime yöneleceği ona kalmış. Onu zorlayamam."

"Sana ihtiyaç duyacak Kit."

İç çekerek "Yaşadığımız hayatlar çok kırılgan" dedi.

Sibella başını salladı. "Evet öyle."

Kit etrafındakileri inceleyerek biraz daha etrafına bakındı. Bir sürahiden sarkan kurutulmuş tohumlar ve devedikenleri vardı. Küçük beyaz bir kafatası -hayvan kemikleri- rafın üzerine muntazam bir şekilde yerleştirilmişti. Şöminenin üzerinde bir cam kozalağı asılıydı. Sibella'nın narin porselen parçaları pencerenin önünde ışıldıyorlardı. Diğer bir köşede yakışıklı, koyu renk saçlı bir adamın yüzü çerçeve içinden Kit'e bakıyordu.

Kit fotoğrafa baktı. "Rahmetli kocan mı?" diye sordu.

Sibella başını salladı. "Evet. Patrick."

Kit etrafına bir kez daha baktı ve sanki gözlerinden bir perde kaldırılmış gibi hissetti. Bitişler her yerdelerdi. Sibella'nın bütün evi kaybın nesneleriyle doluydu, zamanın geçişine ışık tutuyor, hayatın geçiciliğini yansıtıyordu. Başını çevirdi ve kapıdan girdiğinden beri ilk kez direkt olarak Sibella'nın gözlerine baktı. Ellerini Sibella'nın ona verdiği fincanın etrafına dolamıştı. Kahvenin toprağa benzer kokusunu duydu, tanıdık ve biraz da rahatlatıcıydı. "Bunu nasıl kabullenirim? Bu acıya nasıl dayanırım? Nasıl yaparım bilmiyorum."

Sibella iç çekti. "Kabulleniş henüz göremediğin bir kapı Kit. Uzakta. Zorlukla kazanılan bir süreç."

"Sanki gözlerimden perde çekildi. Ölüm her yerde" dedi Kit yeniden mutfağa bakınarak. "Ağaçlar rüzgârda sallanıyor ve biz çok sıradan bir şekilde ölüp gidiyoruz." Bakışları küçük, beyaz hayvan kafatasına odaklandı. "Hiç anlamı var mı ki olup bitenlerin?"

"Bunun cevabını bilmiyorum. Ama şunu biliyorum ki ölümün ve acının olduğu yerde yaşam da -sevgi de- vardır. Biri olmadan diğeri de olmaz."

Kit yeniden baktı. Sibella'nın neden bahsettiğini bilmiyordu. Tek bildiği her şeyin anlamsız oluşuydu. Eğer acı ve yıkım getirecekse neden sevip yaşayasın ki? Lucy'yi koruyamazdı. Onun yerine acısını üstlenemezdi. Bir anne olarak başarısızlıklarını korkunç bir acıyla hissediyordu.

"Bu şekilde hissetmek istemediğini biliyorum Kit. Değiştirmek istediğini biliyorum. Ama eğer kederi -ve acıyı- reddedersen, o zaman neşeyi ve sevgiyi de reddetmiş olursun. Biri olmadan diğerini elde edemezsin."

Kit bakışlarını odanın karşısındaki renk cümbüşüne, kenarda sehpanın üzerindeki çiçek açmak üzere olan sarı tomurcuklarla dolu, küçük gül sepetine çevirdi. Başını tekrar çevirdi ve pencerenin önünden geçen bir kelebek gördü. Kelebek esintiyle birlikte yeniden uçup gitmeden önce cama yakın bir şekilde pır pır ediyordu. Odanın diğer ucunda, buzdolabının üzerinde Ted'in, Chloe ve May'e sarılıp poz verdikleri bir fotoğraf asılıydı. Kit yakından bakınca, en başta biraz ürkütücü görünen -ölü hayvan kalıntıları ve ölü bitkiler- şeylerin, canlılarla yan yana olunca tuhaf ve neredeyse güzel göründüğünü düşündü. Biri diğerini aydınlatıyordu. "Bugünü gülümseyerek nasıl geçireceğim bilmiyorum."

"Lucy seninle birlikte kutlamak istiyor" dedi Sibella. "Bugün yaşamak için bir gün belki de" diye öneride bulunarak nazikçe devam etti, "daha iyi hissettirecek, hiçbirimizin sonsuza dek burada olmadığı gerçeğini, ne kadar uzun olursa olsun bir ömür kadar burada olduğumuzu gösterecek gündür."

Kit arkasına yaslandı. Kadının söylediklerinde haklılık payı vardı. Kit gözlerini kapatıp dinlendirdi. Yeniden açtığında ise Sibella'ya döndü. "Ne yazık değil mi?" Sibella hafifçe başını eğdi. "Bence arkadaş olabilirdik."

Sibella başını salladı. "Evet" dedi hafif bir gülümsemeyle. "Bence de olabilirdik."

BÖLÜM 28

Eve banyoda makyaj yaparken Andrew ağzındaki baklayı çıkardı. Arkasına gelip direkt olarak konuya girdi. "Biliyorum Eve."

"Neyi biliyorsun?" diye sordu, bakışlarını Andrew'ün gözlerinden, sağ gözünün üstüne çektiği siyah sürmeye çevirerek.

"İlişkini biliyorum."

Elleri donakaldı, dikkatle çizdiği çizgiden kayan parmağının değdiği yerde ufak bir leke oluşmuştu. Göz kalemini porselen lavabonun kenarına koyarak kocasına döndü. "İlişki mi?"

"Evet."

"Kim söyledi?"

"Fark eder mi?"

"Sanırım etmez."

"Yani inkâr etmeyecek misin?"

Eve başını eğdi. "Hayır."

"Neden Eve? Neden o?"

İç çekti. Bu anı -bu yüzleşmeyi, ilişkilerinin gerçek yüzünün ortaya çıkışını- her düşündüğünde zihninde daha farklı gelişmişti. Onun zihninde, Andrew her zaman öfkeden kıpkırmızı bir halde hiddetle ona verip veriştiriyor olurdu. Kendisi de haklı olarak sakin kalıp dikkatli bir şekilde onun kendisini nasıl üzdüğünü ve bu yüzden nasıl daha fazlasına ihtiyaç duyduğunu anlatıyor olurdu. Ama şimdi burada, sakin kalıp üzgün ve bitkin bir halde karşısında dikilen Andrew'dü ve Eve'in tek düşünebildiği, "Evet. Neden? Neden o?" sorusuydu. Buna verebileceği bir cevabı ise yoktu.

Andrew başını ellerinin arasına alıp küvetin kenarına yaslandı. "İlk başta inanmadım. Dün akşam barda yakama yapıştı. Sanırım o adamdan hoşlanıyor. Seninle ilişkisi olduğu için çok rahatsız olmuş görünüyordu." Sahte bir kahkaha attı. "Onunla birlikteyken bara gelip kocan ve çocuklarınla yemek yemene sinirlenmiş. Bunu bir hakaret olarak algılamış. Deli olduğunu düşündüm. Yanlış anlamış olabileceği konusunda ısrar ettim. Ama bu hafta ikinizi barın otoparkında öpüşürken gördüğüne dair yemin ediyor."

Eve'in midesi kasıldı. Demek Stacey'den öğrenmişti. Herkesin önünde kendini ele vereceğinden endişe ettiği için bardaki yemekten çekiniyordu ama sonunda bir önemi kalmamıştı. Garson onun yerine halletmişti.

"Ona inanmak istemedim. İşimize burnunu soktuğu için kızdım ona. Ama beni ne ikna etti biliyor musun?"

Bilmek istediğinden emin değildi ama duyması gerekiyordu. En azından, ona bu kadarını borçluydu.

"Geceyi kafamda tekrar tekrar canlandırdım ve dikkatimi çeken bir an oldu. Bara vardığımızda Ryan sana bir kadeh şarap uzattı. Sen istemeden. En sevdiğin şarabı. Küçük bir hareketti ama anlamı çoktu. Bu anı hatırlayınca kadının doğru söylediğine inandım. Sevgilinin işlettiği bara -ailece, Tanrı aşkına çocukları bile yanımıza alarak- gitmemiz sence de biraz fazla değil miydi?" Sevgilin kelimesini sanki ağzında kötü bir tat bırakıyormuş gibi tükürürcesine söylemişti.

"Özür dilerim" dedi Eve başını eğerek. "Nasıl göründüğünü biliyorum ama benim tercihim değildi. Lucy ve Tom öyle arzu ettiler. Orada yemek yemek istediler. Ben de uymak zorunda kaldım."

"Elbette öyledir" dedi Andrew acı acı. Hırlayarak, "Şimdi de bugünkü saçmalıkla uğraşmak zorundayız" dedi.

Eve başını salladı. Lucy'nin verdiğin bomba etkisi yaratan haberin üstüne bu bardağı taşıran son damla olmuştu. Tamamen yenilmiş hissederek küvetin kenarına, Andrew'ün yanına oturdu. Elini tutmaya uzandı ama Andrew onun elini itti. "Ne kadar zamandır sürüyor?"

"Uzun değil. Birkaç hafta. Daha fazla değil."

"Kaç kere yattın onunla?"

"Bir kez. İki, neredeyse." Andrew'ün üzüntüsünü görünce yutkundu. "Bak, bunun seni daha iyi hissettirmesini beklemiyorum elbette ama düğün biter bitmez ona ilişkimizin bittiğini ve onu artık istemediğimi söyleyecektim. Sana daha fazla yalan söylemek istemiyordum."

Andrew boş bir kahkaha attı. "Anlamıyorum Eve. Her şeyimiz var. Güzel bir ev. İki tane harika çocuk. Seni seviyordum. Senin de beni sevdiğini sanmıştım."

Eve başını kaldırıp on bir senedir birlikte bir hayat sürdürdüğü adamın yüzüne baktı. Yanağında, ona ilk buluşmalarında anlattığı, çocukken yaptığı bisiklet kazasında kalma soluk beyaz yarasını gördü. Gözlerinde, kızlarının gözlerinde de gördüğü kehribar rengi parıltıları, iki kaşının arasında kaşlarını çattığında ortaya çıkan ve zaman içinde tıpkı babasınınkine benzeyecek olan derin çizgiyi gördü. Bu adamı tanıyordu ve onu sevdiğini biliyordu. Bir kumar oynayıp kaybettiği şey için derin bir üzüntü duyuyordu. Andrew onu seviyordu. Eskiden. Çok nadir ve değerli bir şeyi yok etmişti. Andrew yüzünden üzüntüsünü okuyabiliyor olacaktı ki uzanıp elini tuttu.

"Bugün büyük bir gün. Hâlâ Lucy'nin dün gece söylediklerini sindirmeye çalıştığını biliyorum. Lucy ve Tom için, kızlarımız için elimizden gelen en iyi şekilde bugünü atlatmamız gerektiğini biliyorum. Ama bunu konuşmamız gerekiyor. Karar vermemiz gerek. Nasıl yapacağız, eğer istiyorsak yani..."

Eve başını salladı. Bir yanı Andrew'ün ona bağırmasını istiyordu. Öfkelense, bağırsa diye içinden geçiriyordu ama onun yerine Andrew'e özgü bir şekilde çok düzgün davranmıştı. Lucy o kahredici haberi verdiğinden beri Andrew'e yakın olmak, sarılmak, başını omzuna koyup dinlenmek ve ondan her şeyin iyi olacağına dair sözler duymaktan başka bir şey istemiyordu. Bunun yerine onu kendinden uzaklaştırmıştı, -korkunç bir şekilde yaralamıştı- hem de ona en çok ihtiyaç duyduğunu fark ettiği bir zamanda.

Andrew üzgün bir şekilde gülümsedi. "Güzel görünüyorsun. Elbise yeni mi?"

"Hayır." Uzanıp kravatının düğümünü düzeltti. "Yamulmuştu. Böyle daha iyi." Eve kaşlarını çattı. "Benimle dün gece konuşmak istediğin şey bu muydu?"

"Hayır." Andrew cebinden bir şey çıkardı. "Sana bunu verecektim. Senin için almıştım. Şeyden önce..." Omuz silkti. "Önceden işte."

Ona küçük kadife bir kutu uzattı. Eve kutuyu açınca bir çift çok güzel elmas küpe gördü. "Ofisteki Jenny'den seçmesi için yardım istedim. Birkaç haftadır herkese yardım etmek için koşturduğun için sana özel bir şey almak istedim ama mücevher seçme konusunda ne kadar berbat olduğumu biliyorsun. Jenny de biraz sana benziyor. Ben de eğer onda güzel duruyorsa..."

Eve uzanıp elmas küpelerden birine dokundu. Parlak banyo ışıkları altında alev gibi parlıyordu.

"İşe kapılıp seni ve çocukları ihmal ettiğim için özür dileyecektim. Daha fazla çabalayacağımı söyleyecektim." Andrew yüzünü buruşturdu. Bir dakika kadar başını ellerinin arasına alarak kendini toparlamaya çalıştı.

Eğer Eve evliliğinin yıkıldığı anı hayal etseydi kesinlikle bu şekilde, gözlerinde yaşlar ve ortalarında bir çift elmas küpe ile banyoda sessizce otururlarken hayal etmezdi. Andrew'ün koluna dokundu. "Teşekkür ederim. Sadece hediye için değil. Bugün için de. Böyle bir şeyi yaşamayı tercih etmeyeceğini bilirken güçlü kaldığın için."

Andrew ayağa kalktı. "Gidip kızlara bakayım. Yirmi dakika içinde çıkmak için hazır olur musun?"

Eve, parmakları hâlâ küpenin etrafına sarılı bir şekilde, soğuk banyo zeminine çökmeden önce onun banyodan çıkmasını bekledi.

BÖLÜM 29

Ted hareket etmeden duramıyordu. Yapılacak çok iş vardı. Ayakkabılar parlatılacak, gömlekler ütülenecek, şarap şişeleri ve kadehleri kutulardan çıkartılacak ve bir şenlik ateşi yakılacaktı. Katlanabilen masaları düğün çadırına bıraktıktan sonra meyve bahçesinin aşağısına giderek şenlik ateşi için odun aramaya başladı. "Yeterince büyük değiller" dedi kendi kendine. Hem de hiç. Bu yüzden son kırk dakikasını müştemilatta istiflenmiş halde duran, geçen kış çıkan bir fırtınada kopmuş dalları ve kütükleri bir yığın haline getirmek için sürükleyerek geçirdi. Zor bir işti. Ted alnından terlerin aktığını ve eline kıymıkların battığını hissediyordu ama kendi kendine, eğer devam ederse ve yığını oluşturabilirse durumu -düşüncesine bile dayanamadığı durumu- kontrol altında tutabileceğini söylüyordu. "Bir dal daha" diyordu kendi kendine, "bir tane daha... Her şeyi daha iyi bir hale getirmek için."

Bu sabah Sibella onunla konuşmaya çalışmıştı. Yatakta uzanmış kuş cıvıltılarını dinliyorlardı. Sibella nazikçe dün gece ile ilgili hissettikleri hakkında -Lucy hakkında- dikkatli sorular sormuştu. Ama Ted onunla konuşamamıştı bile. Bunu düşünmek istemiyordu. Ona konuşacak hiçbir şey olmadığını söylemişti. Lucy ondan ne istediyse onu yapacaktı. Günü kutlayarak geçirecek ve kontrol edemediği üzücü hiçbir şeyin üzerine odaklanmayacaktı. Unutacaktı. Yapacağı şey aynen buydu.

"Bence kastettiği şey bu değil" demişti Sibella kibarca.

"Yapma Sib. Üzerime gelme."

Yüzünden korkusunu ve kızgınlığını okuyan Sibella hafifçe Ted'in kolunu sıkarak sessiz kalmıştı. Kit'in uzun çimlerin arasından çadıra doğru yürüdüğünü fark ettiğinde kocaman çürük bir kütüğü yığının üstüne henüz fırlatmıştı. O kadar uzak mesafeden bile onun başı önde, solgun bir halde olduğunu fark edebiliyor ve gözlerinin altındaki morlukları görebiliyordu. Çadırın içine girip gözden kaybolmadan önce, eğimli zemin üzerinde dikkatle adım atarak bardak dolu bir tepsiyi taşıdı. Masaları bıraktıktan sonra Sibella onu, Kit'in sabahki ziyaretinden bahsetmek için aramıştı. Kit'in evlerinde olması düşüncesiyle paniklemiş bir halde "Ne istiyormuş?" diye sormuştu. İki kadının o olmadan baş başa sohbet etmesinden hoşlanmamıştı. Bu düşünce onu çok rahatsız etmişti. Ta ki başka bir farkındalık yaşayana dek: Kit o kadar yalnız hissetmiş olmalıydı ki onların kapısına kadar gelmişti. Önündeki kütük yığınını değerlendirmek için doğruldu ve sonra bir iç çekişle son kütüğü de yüksek yığının üstüne fırlattı. Ellerinin tozunu gömleğine sildi ve çadıra doğru ilerledi. Kit uzak bir köşede masanın üzerindeki bardakları ayarlıyordu. Birkaç metre yaklaşınca Kit onun geldiğini fark etti. İrkilerek döndü. "Ah, sen miydin?"

"Nasılsın?"

Kit omuz silkti. "İyi." Dikkatle onu süzdü. "Sen?"

"Evet iyiyim. Kendimi meşgul tutuyorum. Yapacak çok şey var."

"Evet."

Kit üzüntüsünü artık saklayamaz hale gelene dek aralarında konuşulamayan şeylerin ağırlığının verdiği sessizlikle öylece durdular. Kit birden hıçkırıklara boğuldu. "Ah Ted."

Onun üzüntüsünü görünce Ted aralarındaki boşluğu kapatarak onu yanına geçti. "Biliyorum Kitty, biliyorum." Onu kollarında tutmanın verdiği tanıdık his ve saçlarının kokusuyla, Ted içinde -eskiye, onun bir zamanlar tanıdığı kadına dair- bir özlem duydu.

"Çok yanlış."

"Evet."

"Nasıl böyle bir yanlışa düştük? Nasıl bu hale geldik?"

Ted bu kadına -bu sert, sinir bozucu ve hayli karışık olan kadına- karşı bir sıcaklık ve bağ hissettiği için şaşırarak gözlerini kapattı. "Bilmiyorum Kitty, bilmiyorum."

Onu yakınlardaki bir saman balyasına doğru götürdü ve Kit orada kendini toparlarken sessizce oturdular. Ted gömlek kollarında tozları silkeliyordu.

"Güçlü olmak zorundayız Kit" dedi en sonunda. "Bize ihtiyacı olacak. Hepsinin bize ihtiyacı olacak."

"Biliyorum."

Kit yanında gevşek saman dallarını kopardı. Ted, yanında yorgun ve bitkin halde oturan kadını görünce başka bir Kit'i hatırladı, kollarında ağlayan bir bebek tutmaktan yorgun düşmüş olan genç kadını. Eve'di diye hatırlıyordu. Eve olmalıydı. Çok huzursuz bir bebekti ve Kit, yazarak rahatlama yolunu bulana dek perişan bir haldeydi. Bu hatıra kalbini bir ok gibi deldi. Hiç konuşulmamış bir gerçeğin içinde yükseldiğini hissetti ve kendine engel olamadan kelimeler ağzından döküldü.

"Biliyor musun? Sen haklıydın."

Ne demek istediğini anlamamış bir şekilde ona baktı. "Ne hakkında?"

"Kıskanmıştım; senin başarını yani, öyle kolayca yazabilmeni. Kariyerinin aldığı şekli. Sen daha güçlenip başarılı oldukça ben de tam tersine daha boş ve işe yaramaz hissetmiştim."

"Bu bir yarış değildi Ted. Hiçbir zaman sana böyle hissettirmek istemedim. Yaptığım işin üzerinden yük almasını istemiştim, daha fazla eklemesini değil."

Ted başını salladı. "Biliyorum." Boş bir kahkaha attı. "Bu beni bir erkek olarak iyi göstermiyor değil mi? Partnerinin başarısı karşısında ezilmiş hissetmek."

Kit gülümsedi. "Doğrusunu istersen, evet öyle."

Ted yeniden güldü. "Her zaman çok dobraydın."

"Bana pek katkısı olduğu söylenemez." Dudağını ısırdı. "Çok korkuyorum Ted. Sanki herkes benden uzaklaşıyor gibi hissediyorum. Önce sen. Sonra Margot. Şimdi de Lucy."

Onun ihtiyacı olan güveni veremeyeceğini bildiği halde elini sıktı.

Kit iç çekti. "Biliyorsun değil mi? Sibella meselesini bilmezden geldiğimi yani. Neredeyse dört yıl boyunca senin ona gitmene izin verdim. Hiç soru sormadım. Uyarıda bulunmadım. Senin nasıl bir adam olduğunu biliyordum. Ne kadar sıkarsam o kadar gitmek isteyeceğini biliyordum. İlgiye ve şefkate ihtiyacın olduğunu biliyordum. İşinle alakalı bir tatmin elde edemediğini biliyordum. Eğer sana bunu verirsem- eğer özgür olmana izin verirsem- eninde sonunda bana geri döneceğini düşünmüştüm." İçini çekerek Ted'e doğru öyle bir özlemle baktı ki Ted'in içi burkuldu. "Belki daha fazla savaşmalıydım."

Ted yutkundu. Yüreği o kadar ağır hissettiriyordu ki buna dayanıp dayanamayacağından emin değildi. "Seni ne kadar sevdiğimi hiç bilememen belki de en derin pişmanlıklarımdan biri olacak."

"Özür dilerim Kit."

Kit başını salladı.

"Ne kadar zalimce olduğunu şimdi görüyorum. Bu kadar uzun sürmesine müsaade etmemeliydim. Bir anlamı var mı bilmiyorum ama Sibella benden asla bir seçim yapmamı istemedi. Kızları -sorumluluklarım olduğunu- anlıyordu. Ama ben bir seçim yapmak zorundaydım. Diğer türlü sağlıklı bir durum değildi. Hiçbirimiz için."

Kit başıyla onayladı. "Seçimini yaptın gerçekten" dedi yumuşak bir şekilde. "Onu seçtin."

Ted onun sesindeki acıyı duyabiliyordu ve içinde bir suçluluk duygusu hissetti.

"En kötüsü de ne biliyor musun?" diye sordu Kit bir süre sonra. "Onu sevdim. Lanet olsun ki sevdim."

"Üzgünüm Kit. Her şey için."

Kit omuz silkti. "Olan oldu. Sanırım artık Lucy'nin bizden istediği gibi bugüne odaklanmalıyız."

Ted başını salladı. "Bir yerden başlamak gerek."

Kit derin bir iç çekişle Ted'in eline hafifçe vurarak sandalyesinden kalktı. "Hadi. Haklısın. Yapacak çok iş var. En azından sen bir duş alıp kirli kıyafetlerini değiştirmelisin. Şu an gelinin babasından çok Worzel Gummidge gibi görünüyorsun."

BÖLÜM 30

Margot ütü masasını üst kata çıkararak, üzerinde iç çamaşırlarıyla güneşin vurduğu bir yere geçti ve soluk mavi elbisesini ütülemeye başladı. Lucy, kız kardeşinin ince yapısını, uzun bacaklarını ve sol koluna kıvrılarak dolanan dövmelerini inceledi. Margot başını kaldırdığında, Lucy onun acı çekermiş gibi görünen yüz ifadesinden ve kan kırmızı gözlerinden akşamdan kalma olduğunu anlamıştı. Kızmadı. Margot buradaydı, bugünlük önemli olan buydu. "Saçımı yapmam için yardım eder misin?" diye sordu.

"Elbette." Margot ütüyü kapatıp elbisesini giydi ve Lucy'nin yatak odasına geçti. Onun karışık, sarı saçlarını taramaya başladı. Lucy gözlerini kapatmıştı ve saçlarının üzerinde gezen fırçanın verdiği hissin tadını çıkarıyordu. Margot parmaklarını onun saçlarının arasından geçirdi. "Ee, nasıl yapacağız?"

Lucy'nin saçını birlikte gevşek bir topuz halinde topladılar. Margot, Lucy'nin dudaklarına canlı kırmızı renkte bir ruj sürdü. Kendi elleri Lucy'ninkilerden biraz daha az titriyordu. Onun kırmızı elbisesini giymesine ve fermuarını çekmesine yardımcı oldu. "Harika görünüyorsun" dedi Margot, ona bakmak için biraz gerileyip.

"Teşekkürler."

"Luce" dedi Margot tereddütle. "Dün gece için özür dilerim."

Lucy başını salladı. "Önemli değil. Başın nasıl? Akşamdan kalmalığını hafifletecek bir içeceğe ihtiyacın var mı?" diye sordu odanın köşesindeki şampanya şişesini işaret ederek.

"Hayır. Bugün içki içmeyeceğim." Margot'nun bakışları köşedeki bavula kaydı. "Pazartesi için mi bu?" diye sordu.

Lucy başını salladı. "Ne balayı ama, değil mi?"

"Daha sonra gidebilirsiniz; sen daha iyi olduğunda."

"Evet" dedi Lucy, Margot'nun elini sıkarak. Onun söylediklerini düzeltmedi.

"Nikâh saat kaçta olacak?"

"On ikide."

"Sizinle gelmemizi istemediğinden emin misin?"

"Sadece yasal işlemler olacak. Bence aileler için formalite, etkinliklerde bulunmak daha anlamlı. Bana göre düğünüm -yani evliliğim- burada, sizinle başlayacak."

"Düşünsene, geri döndüğünde evli ve yaşlı bir kadın olacaksın."

"Yaşlı kısmı kalsın, teşekkürler."

Kit içeri girmeden önce belli belirsiz bir şekilde kapıyı tıklattı. Kocaman çiçek desenli, rengarenk bir elbise giymişti ve saçlarını da her zamanki dağınık topuz şeklinde toplamıştı. Kulaklarında turkuaz rengi küpeler parıldıyordu. Margot, Lucy'ye şaşırmış bir bakış attı. "Ay" dedi Kit, Lucy kız kardeşinin arkasında birden görününce. "Ah Lucy" diye iç çekti gözleri kocaman açılarak. Alt dudağı titremeye başladı.

"Ağlama."

"Önemli değil. Su geçirmez maskara sürdüm."

"İyi görünüyor muyum?" diye sordu Lucy gergin bir şekilde.

"Mükemmel görünüyorsun."

"Sen de harikasın anne" dedi Margot, Lucy'ye şaşkın bir bakış daha atarak.

"İyi mi?" diye sordu Kit, elbisesinin kumaşını çekerek.

"Çok iyi hem de."

"Sizi hayal kırıklığını uğratmak istemedim."

Kapı tıklandı. "Müsait misiniz?"

Margot, Jonas için kapıyı açtı. "Ne kadar olabilirsek."

"Fotoğraf çekmemi ister misiniz diye merak ettim? Birkaç samimi kare, poz vermeden. Yaptığınız işe devam edebilirsiniz."

Lucy gülümsedi. Jonas'ın Margot'ya bakışlarından onun için deli olduğu anlaşılıyordu. Eğer Margot bunun değerini bilmezse onunla sert bir konuşma yapması gerekecekti. Margot Lucy'ye baktı. "Yapmak zorunda değiliz Luce. Sana kalmış."

Lucy en parlak gülümsemesiyle Jonas'a gülümsedi. "Çok isterim. Teşekkürler. Ne var?" diye sordu Lucy, Margot ve Kit'in birbirleriyle şaşkın bir şekilde bakışmalarını yakalayarak.

"Eh, düğüne karşı olan tavrını epey değiştirdin" dedi Margot. Dışarıdan korna sesi duyuldu. "Tom gelmiş olmalı" dedi Lucy, yüzünde gergin bir gülümsemeyle. "Gitme vakti."

BÖLÜM 31

Lucy ve Tom evden gidince, evin içi arı kovanı gibi işlemeye başladı. Mobilyalar çekildi. Tabaklar ve çatal-kaşık takımları kutularından çıkarıldı. Kovalara buzlar dolduruldu. Şişeler ayarlandı. Herkes yardım ediyordu, Chloe ve May bile peçete katlamak ve çatal-kaşıkları saymakla görevlendirilmişlerdi. Herkesin düşüncelerinden uzaklaşmak, ilgi ve sevgilerine odaklanmak için bir meşguliyete ihtiyaçları varmış gibi görünüyordu. Sade, sarı renkli keten bir elbise içinde çok güzel görünen Sibella geldi. Margot ona çayır çiçeklerini, kesilmiş gülleri, kurutulmuş lavanta ve buğdaylarla yaptığı aranjmanları arabasından indirmesi için yardım etti. Sonrasında Eve ve Margot, ona çiçekleri yerlerine -kimisi eve, kimisi çadırın içine- yerleştirirken ve lavantalarla buğdayları çadırın girişinde baş döndürücü bir şekilde sergilemek için çalışırken yardımcı oldular. İşleri bittiğinde hava yaz sonunun tatlı kokusuyla dolmuştu.

Çadırdan çıkarken tepeden aşağı yuvarlanma yarışı yapan Chloe ve May'e rastladılar. "Ah Tanrım" dedi Eve, bir zamanlar bembeyaz olan elbiselerindeki yeşil lekelere ve saçlarındaki çimenlere bakarak. "Parti daha başlamadı bile ama şunların haline bak!"

"Sana bir şey hatırlattı mı?" diye sordu Margot sırıtarak. "Lucy hep kazanmak isterdi, öyle değil mi? Eğer kazanmasına izin vermezsek kıyameti koparırdı." Eve'in kaşlarını çattığını görünce devam etti. "Hadi ama. Birkaç çimen lekesinden ne olacak yani? Bırak eğlensinler." Elini sıktı. "Daha önemli şeyler var."

Eve dudağını ısırarak başını salladı. "Evet. Daha önemli şeyler." Evdeki -çalışkan ve odaklanmış- hava Lucy ve Tom'un beraberlerinde onun anne ve babasıyla birlikte Windfalls'a dönmeleriyle değişti. Evli çift, Tom'un eski püskü cipinden heyecanla yüzüklerini göstererek ve etraftakilerden tebrikleri, öpücükleri ve sarılmaları kabul ederek indiler. Hemen peşlerinden bir grup araç daha yanaştı ve misafirler garaj yolunda görünmeye başladılar. Şampanyalar patlatıldı.

Kadehler tokuşturuldu. Konfetiler atıldı. Birisi aşırı bir coşkuyla çiftin üzerine pirinç attı ve tüm paket Tom'un başının yan tarafına çarptı. Margot onları izleyerek biraz daha geride durdu. Vücuduna oturan siyah bir takım elbise ve beyaz gömlek giymiş olan Jonas'ı gördü. Misafirlerin habersiz fotoğraflarını çekiyordu. Ona doğru hayran hayran bakan birkaç bakış fark etti ve içinde hiç de tanıdık olmayan bir duygu hissetti. "Ah Tanrım" diye düşündü. Kıskançlık mıydı yoksa? Eve'i bulmak için bahçedeki canlı kalabalığın arasından geçti. "Lanet olsun" diye mırıldanıyordu. "Çok kişi var. Yeterince yiyeceğimiz var mı?" Sakin bir yüz ifadesiyle kalabalığı tarayan Eve başını salladı. "Evet Margot. Yeterince yiyeceğimiz var."

"Elbette var. Sen harika birisin."

Eve ona hafifçe gülümsedi. "Teşekkürler."

Margot kaşlarını çattı. "Sen iyi misin?"

"Sonra konuşuruz." Arkasını döndü ama gözyaşlarını Margot'dan saklayamamıştı.

Külüstür bir kamyonet evin dışına yanaştı ve içinden Tom'un arkadaşlarından oluşan bir grup çıktı. Farklı tarzlarda insanlardan oluşan bu grup, meyve bahçesine kurulan geçici bir sahneye enstrüman ve ekipmanları taşıdılar. Gitarları akort edip, amfileri kontrol ettikten kısa bir süre sonra Lucy'nin çok sevdiği bir şarkıyı geleneksel tarzda söylemeye başladılar. Margot, Lucy'nin coşkuyla bağırarak ayakkabılarını fırlatmasını ve doğaçlama bir ilk dans için Tom'u sahneye çekmesini izledi. Kırmızı saten elbisesi, sarı saçları ve bembeyaz dişleriyle çimlerin üzerinde yalın ayak bir şekilde Tom ile dans ediyordu. Ona ayak uydurmakta zorlanan Tom, gülümsemesini yüzünden silemiyor gibi görünüyordu. Margot, neşesinin yanında yükselen derin bir sızı hissederek onları izledi.

Öğleden sonra yerini akşama bıraktı. Şampanyalar su gibi akmaya devam etti. Birisi çadırdaki masanın üzerine bir fıçı yerel bira koydu. Evden minderler getirildi. Lucy'nin verdiği haberin etkisi yavaş yavaş hafiflerken dikkatle içe atılan ne varsa, etkinliği gittikçe saran anı yaşa ilkesiyle solup gidiyor gibiydi. Andrew şenlik ateşini yaktı ve etrafa çatırdayan odunların sesi ve sıcaklıkla birlikte duman yayıldı. Etkinliğe neredeyse ilkel denilebilecek bir vahşilikte yeni bir enerji getirmişti. Çadırda sahneye çıkan DJ ile birlikte basın gümbürtüsü gecenin temposunu değiştirdi. Uzakta ayakta duran Margot, gözlerini kapatıp ateşin kokusunu içine çekti. İçinde korku gibi bir duygu uyanmıştı. Gözlerini yeniden açtığında, annesini dumanın diğer tarafında kendisini izlerken gördü. Şenlik ateşinin üzerinden bakışları buluştu; parıldayan ışıkların içinde annesinin gözleri alevlerin kırmızılığını yansıtıyordu. "Uzay gibi" diye düşündü Margot. Sanki uydular aynı gezegenin etrafında dikkatli bir mesafe bırakarak dönüyorlardı. Margot yutkunarak arkasını döndü. "Bugün değil" dedi kendi kendine. Anılarının bugününü ele geçirmesine izin vermeyecekti. Çadırın karşısında, asık suratlı bir şekilde bara yaslanan Tom'u gördü. Yanına giderek eline bir kadeh şampanya tutuşturdu. İkisinin de bakışları, saman balyası üzerinde oturmuş arkadaşlarıyla şakalaşıp eğlenen Lucy'ye kaydı.

"O harika biri" dedi Margot.

"Evet öyle."

"Ona bugünü ağırdan almasını söyledim ama beni dinlemiyor" dedi Tom üzgün bir şekilde. "Ama ona kızmak imkânsız. Baksana."

Margot, dans pistinde bir arkadaşıyla karşılıklı elbisesinin uzun saten eteklerini sallayarak dans eden Lucy'yi izleyerek gülümsedi. "İmkânsız" diye onayladı. "İnan bana, bunu deneyimleyecek bir ömür kadar vaktim oldu."

İkisi de sessizleştiler. Margot, 'bir ömür' kelimesinin onu da rahatsız edip etmediğini merak etti. Bir yararı yoktu biliyordu ama yine de Lucy'nin ne kadar vaktinin kaldığını merak etmemek çok zordu. Çok canlı ve hayat dolu görünüyordu. İçinde Lucy'nin olmadığı bir hayatı düşünmek imkânsızdı. Jonas yanına gelerek elini beline doladı. Boynuna astığı fotoğraf makinesini çıkartıp ikisine doğru uzattı. "Bakın" dedi. Tom, Jonas'ın çektiği fotoğraflara bakarken Margot da eğilip göz attı. Kocaman mavi gözleriyle sarı bir çiçeği üzerinden bakan May vardı. Yüzü kahkahayla kırışmış Lucy, mutluluk saçarak Tom'un arabasından iniyordu. Çadırın girişinde baş başa vermiş sessiz bir sohbet eden Margot ile Eve vardı. Başını Ted'in omzuna yaslamış mutlu görünen Sibella vardı. Lucy'nin sevgili arkadaşları tarafından mutfakta etrafı sarılmış olan Kit vardı. Misafirlerin eğlenip dans ederken çekilmiş fotoğraflarının yanında, bir tane de çadırın girişinde çekilen, Lucy ve Tom'un alınlarını birbirlerine dayamış halde samimi bir an yaşadığı fotoğraf vardı.

"Mükemmeller" dedi Margot, gerçekten etkilenerek. Jonas başını salladı. "Harika olacaklar" dedi. "Burada çok fazla sevgi var." Margot'nun elini tuttu. "Margot, inanılmaz bir ailen var."

Margot omzunun üzerinden baktı ve grubun yanında May'i kollarında çeviren Eve'i ve May'in havada sallanan ufak ayaklarını gördü. Kırışmış keten takımıyla Ted'i ve Lucy'yi dönerek dans ederken, Andrew'ü ise Kit ile tuhaf bir şekilde vals yaparken gördü. Hepsine bakarak gülümsedi. "Evet öyle." Jonas'a döndü. "Burada olduğun için çok memnunum" dedi. Kelimeler kendine engel olamadan ağzından çıkıvermişti. Jonas bakışlarını ayırmadan ona gülümsedi.

Tom boğazını temizledi. "Sanırım gidip sevgili eşimle dans edeceğim."

Jonas, Margot'ya eğilip "Çok güzel görünüyorsun" dedi.

"Teşekkür ederim."

Yüzünde abartılı bir şaşkınlık ifadesiyle geri çekilerek, "Bak sen, iltifat da kabul ediyormuş" dedi.

Margot onun koluna vurdu. "Ha ha. Komik adam seni."

"Teşekkürler" dedi Jonas. "Bak, ben de iltifat kabul edebiliyorum."

Margot gözlerini kıstı. Jonas, sanki onun fotoğrafını çekecekmiş gibi kamerasını kaldırdı ama Margot kamerayı itti. "Şunu bir kenara bırakıp beni öpsen nasıl olur?"

Tom kıpkırmızı olmuş ve ettiği hareketli dans yüzünden nefes nefese kalmış bir halde yanlarına geldiğinde Margot, Jonas ve onu sohbet etmeleri için yalnız bırakarak çadırın diğer ucunda bir saman balyasının üzerinde oturan ve disko ışıkları yüzünden yüzü kırmızı, mor, yeşil ve mavi renge dönen Eve'in yanına gitti. Gömleğinin düğmeleri karnının üstünde gerilmiş halde Chloe'yi dans pistinde döndüren Andrew'ü izliyordu. Saatin geç olmasından ve bardan aşırdığı limonatalardan serseme dönmüş olan Chloe mutlulukla çığlık atıyordu. Cyndi Lauper kızların yalnızca eğlenmek istemesi hakkında bir şarkı söylüyordu. Margot, saman balyasının üzerinde Eve'in yanındaki yerini almadan önce onu dans pistine çekmeye çalışan Andrew'e karşı çıktı. İkisi sessizlik içinde oturarak dans pistinde soytarılık yapanları izlemeye başladılar. "Sanırım evliliğim bitti" dedi Eve en sonunda bakışları hâlâ önünde, Margot müzikten sözlerini duyabilsin diye ona eğilerek. Margot bir süre sessiz kaldı. Demek Eve, Andrew'ün ilişkisini öğrenmişti. Ona kim söyledi bilmiyordu ama en azından kendisi söylemek zorunda kalmamıştı. Bu haftanın sürprizleri hız kesmeden devam ediyordu.

Eve'e döndü. "Sana göre mi bitti, yoksa kesin mi?"

Eve omuz silkti.

"Ne oldu?" diye sordu Margot dikkatli bir şekilde.

"Andrew bir ilişkim olduğunu öğrendi."

Margot kaşlarını çattı. "Ne?"

"Bir ilişkim var" diye tekrarladı. "Ryan ile."

Margot anlayamıyordu. "Senin mi? Ryan'la mı? Bardaki Ryan'la mı?"

"Hı hı."

Margot ağzı açık bir halde bakakaldı. "Kahretsin Eve!"

Eve başını salladı. "Biliyorum."

"Ben... Nasıl yani... Sen? Senin mi bir ilişkin vardı?"

Eve gözlerini kısarak Margot'ya döndü. "İnanması çok mu zor?"

"Özür dilerim, hayır. Sadece sen... Sen çok..."

"Çok ne?"

"Eh iyi birisin. Ahlaklısın. Her zaman yapılacak doğru şeyi bilirsin. Her zaman doğru şeyi yaparsın. Sanırım şeyden... Lucy'nin söylediği şey... Ben sandım ki..." Cümlesini yarıda kesti. "Boş ver. Bizim ne düşündüğümüzün bir önemi yok. Siktir Eve."

"Andrew dün akşam öğrenmiş. Bu sabah benimle yüzleşti."

"Nasıl?" Ama Margot dün gece barın otoparkındaki o puslu anı, aldığı sigarayı, bir sahneyi aydınlatan güvenlik ışıklarını, bardaki garson kadının kızgın hareketlerini ve Andrew'ün bembeyaz olan yüzünü hatırladı. O an jeton düştü. Demek garson biliyordu. Söyleyen kişi o olmalıydı.

"Ah Eve. Ne yapacaksın?"

"Bilmiyorum. Çok utanıyorum. Bir an için kapıldım. Ben de anlamıyorum. Birkaç ay önce başka bir adamla -Ryan'la- birlikte olacağımı söylesen gülerdim. Ama geçtiğimiz birkaç ay onu yakından tanıdım ve bilmiyorum... Bana bakışı, benimle konuşması beni gerçekten görüyormuş gibi hissettirdi. İyi hissettirdi. Arzulanıyormuş gibi." Eve mahcup görünüyordu. "Sanırım birinin beni eş, anne ya da her şeye karışan bir kız kardeş dışında biri olarak görmesine ihtiyacım vardı" diye ekledi pişmanlık dolu bir gülümsemeyle. "Ben, yani Eve olarak. Ryan bana kendimi özel hissettirdi."

"Sen zaten özelsin Eve." Margot kız kardeşinin itirafı karşısında sersemlemişti. Eve ve Ryan. "Andrew nasıl karşıladı?"

"Tam bir erkek gibi duygularını gizliyor. Baksana ona" dedi.

Margot dönüp Andrew'ün dans pistinde kızlarına şaklabanlık yapmak için Mick Jagger gibi kasıla kasıla hareket etmesini izledi. Gömleğinin koltuk altları terden ıslanmış, yanakları kıpkırmızı olmuştu. Margot tekrar Eve'e baktığındaysa onun tam tersine solgun ve üzgün göründüğünü gördü.

"Lucy'nin verdiği haber hayata biraz daha farklı bakmana sebep oldu, değil mi?" dedi Eve.

Margot başını salladı. "Evet, öyle."

"Andrew ile ben hata ettik. Sanırım belki de artık çabalamayı bıraktık. Birbirimizi görmez olduk ve en önemli şeyi kaybettik. Hiçbir o zaman böyle bir çift olacağımızı düşünmezdim. Okul meseleleri ve bulaşıklar üzerine tartışan bir çift."

Margot, Andrew'ün dün gece bembeyaz olmuş yüzünü aklından silemiyordu. "Ne dedi? Nasıl tepki verdi?"

"Bana bir çift elmas küpe verdi desem?"

"Ne yaptı?"

Eve başını salladı. "Bana bunları verdi." Kulağındaki parıldayan küpeleri gösterdi. Margot'nun gözleri hepten kocaman oldu.

"Kızgın" diye devam etti Eve, "ama daha çok üzgün. Sanırım küpeleri işe daldığı, yeterince yanımda olamadığı için bir özür mahiyetinde verecekti. Ama şu an ona asıl özür borçlu olan benim."

Margot uzanıp Eve'in elini tuttu. "O iyi bir baba" diye ekledi, Eve kocasını kızlarıyla dans ederken izlerken. Chloe ayaklarını Andrew'ün parlatılmış ayakkabılarının üstüne koymuş, babası onu sıkı sıkı tutarken çadırın etrafında dönüyordu.

"İyi biri gibi hissetmiyorum. Evlilik yeminimi bozdum. Andrew'ün güvenine ihanet ettim. Birlikte kurduğumuz her şeyi, tüm evliliğimi yıktım."

"Eğer ikiniz de bunun çözülmesini istiyorsanız bir yol bulmanız gerekiyor. Eh eğer bulamazsanız da yine de iyi olacaksın. Sen güçlü birisin; sandığından daha güçlü" dedi Margot.

"Belki de hepimiz öyleyiz, güçlü olmak zorunda olduğumuz zamanlarda yani" dedi Eve, başıyla Lucy'yi gösterip sonra gözünün kenarıyla Margot'ya bakarak. "Belki de sırlarımızı açığa çıkması daha iyidir. Acı verici ama en azından şimdi aynı yerdeyiz. Neyin kırıldığını görebiliyoruz. Belki de her şeyi kabullenip iyileştirmeden önce yapman gereken budur."

Margot, Eve'in ondan istediği şeyin farkındaydı. İçini dökmesini istiyordu. Margot tereddüt ederek söyleyecek kelimeleri bulabilir mi, uzun süredir içinde taşıdığı karanlığı üzerinden atabilir mi diye merak etti. Jonas ne demişti? Hissetmene izin ver. En kötü ne olabilir?

Dans pistinden kahkahalar duyuldu. Dönüp baktıklarında Lucy'yi kıpkırmızı olmuş yüzü ve önüne düşen saçlarıyla, kız arkadaşlarıyla kol kola girmiş sallanırken gördüler. "İnanmak çok zor değil mi?" diye sordu Eve.

"Sence içten içe durumu inkâr mı ediyor?"

"Sen olsan etmez misin?"

"Hâlâ bunun kötü bir şaka olduğunu söylemesini istiyorum. Bugünü bir arada kutlayalım diye yaptığı aptalca bir şaka."

"Sence de kendini fazla yormuyor mu?"

"Muhtemelen."

Margot dudağını ısırdı. "Gidip durdursak mı?"

"Bugün Lucy'nin gecesi. Bırakalım da nasıl istiyorsa öyle yapsın."

Margot şaşkınlıkla Eve'e baktı. Kontrolü elden bırakıp Lucy'yi kendi haline bırakması ondan beklenmedik bir davranıştı ama Eve iç çekerek başını sallamış ve kafasını Margot'nun omzuna yaslamıştı.

Lucy, sallanarak dans eden misafirlerin arasından onlara bakarak ter içinde geldi ve yanlarına, saman balyasının üzerine çöktü. "Ama Tanrım" dedi nefes nefese, "lütfen beni kayınbiraderimin trajik dans hareketlerinden kurtarın. Ölüyorum." Şok içinde bir sessizlik oldu. Üç kız kardeş de Lucy'nin dudaklarından dökülen kelimelerin doğruluğu karşısında donakaldılar. Eve önce Margot'ya, sonra da Lucy'ye baktı ve birdenbire üçü de kahkahalara boğuldular.

"Komik değil" dedi Eve.

"Evet değil" diye onayladı Margot. Ama gözyaşlarıyla karışmış kahkahalarına engel olamadılar. Müzik ani bir şekilde hareketli disko müziğinden hafif, akustik bir ritme geçiş yaparak 'Harvest Moon' şarkısına döndü. Andrew geldi ve önlerinde durarak Eve'e elini uzattı. "Bizim şarkımız Eve."

Eve kararsızlık içinde Margot'ya baktı. Lucy onu saman balyasından iterek kaldırırken Margot başını sallıyordu." Hadi" dedi. "Tanrı aşkına, git de kocanla dans et."

BÖLÜM 32

Gece müzik, dans ve içkiyle karışık, neşeli bir şekilde uzadıkça uzadı. Andrew evdeki kanepelerde uyuyan kızlarını kucağına alıp arabaya taşıdı. "Sen kal" dedi. "Önemli bir gece. Bir daha bulamayabilirsin."

Eve başını salladı. "Teşekkürler."

Andrew, onun gözündeki yaşları göremeden arkasını dönüp uzaklaştı. Eve mutfağa gidip kendini şampanya kadehlerini yıkayıp tabaklarda kalan yiyecekleri temizleyerek ve sabah yıkanacak bulaşıklar için lavaboya doldurarak oyaladı. Çöp kovasını boşaltıp poşetini yeniledi. Meyve bahçesinden gelen gitar seslerini duyabiliyordu. Kısık sesli kahkahalar eşliğinde şarkılar söyleniyordu. "Ben neden buradayım?" diye merak etti. Neyden saklanıyordu? Minderlere gömülmüş ve serin havadan korunmak için evden aldıkları battaniyelere sarılmış halde şenlik ateşinin yanında uzanan Margot ve Lucy'yi buldu. Ateş gittikçe köze dönerken sabah yaşayacakları yorgunluğun düşüncesiyle ruh halleri daha dikkatli ve düşünceliydi. Gündoğumu, ufuk çizgisinden etraftaki tepelerin üzerine belli belirsiz bir çizgi gibi düşerek soluk mor renkte yükseliyordu. Eve kız kardeşlerine baktı. Margot ellerini dizlerinin etrafına sarmış, yüzü ateşin ışığıyla aydınlanmış bir şekilde oturuyordu. Lucy ise bitkin ama keyifli ve mutlu bir şekilde yanına uzanmıştı. Andrew'ü ve güven içinde yataklarına yatırılmış olan kızlarını düşündü. En sonunda 'yarın sabah' olduğunda yapılacak ev işlerini düşündü. "Andrew kızlarla çoktan eve gitti ama sanırım benim de gitmem gerek" dedi.

"Neden gitmen gerek?" diye sordu Lucy.

Eve omuz silkerek "Bilmem. Anne vicdanı. Eş vicdanı. Vicdan azabı" diye cevap verdi.

"Bence Andrew halledebilir. Kal. Biraz daha."

Eve kız kardeşlerine baktı ve neden 'diğer kardeş' gibi hissettiğini anladı. Belki de onlar yüzünden değildi. Hep kendisi yüzünden, kendini biraz uzakta tutmasından dolayı böyle hissetmişti. Boşluğu kendisi yaratmış, kendini uzaklaştırmış ve belki de üstlenmemesi gereken sorumluluklar üstlenmişti. Başını sallayıp yanlarındaki mindere oturdu. "Biraz daha kalayım."

"Bak, Jonas bana ne verdi" dedi Margot ve elbisesinden esrarlı bir sigara çıkardı.

"Onu nereden buldun bilmiyorum ama şu fotoğrafçı arkadaşına bir miktar âşık olmuş olabilirim" dedi Lucy mutlu bir şekilde iç çekerek. "Oldukça da formda" diye ekledi, Margot'nun karnına doğru dirseğiyle hafifçe vurarak. "Umarım seni sevmesine izin verirsin. Çünkü belli ki seviyor."

Margot ateşin verdiği sıcaklıkla kızardı. Eve, onun elindeki sarma sigaraya bakarak kaşlarını çattı.

"Bu iyi bir fikir mi?"

Lucy güldü. "Tanrı aşkına Eve. Kanserim. En azından iyileştirici bir sigarayı hak ediyorum."

Margot sigarayı yaktı ve Lucy'ye uzattı. Bir süre sönmeye yüz tutmuş olan ateşi, çatırdayan kıvılcımların gökyüzüne doğru solarak kayboluşunu izleyerek sessiz kaldılar. Eve, sigarayı Lucy'den alarak bir nefes çekti. Kız kardeşlerinin şaşkınlıkla birbirlerine bakmalarını görmezden geldi. "Bazen hayatı sorguladığınız oluyor mu?"

Bir süre sessiz kaldıktan sonra "Her şeyin bir anlamı ya da sebebi var mı gibi mi?" diye sordu Margot.

"Her zaman" diye cevapladı Lucy.

"Neden ben diye düşünüyor olmalısın" dedi Eve, Lucy'ye dönerek.

"Evet. Ama ne var biliyor musun? Neden ben olmayayım? Hayatı böylesine macera dolu yapan bu değil mi?"

Margot boğazını temizleyerek "Korkuyor musun?" diye sordu.

"Evet." Şenlik ateşi küllere dönmüş, dumanları dönerek yukarı doğru süzülüyordu. "Yine de elimden geleni yapacağım. Gencim. Formdayım ve harika doktorlarım var. Yani, Tanrı aşkına yoga salonu işletiyorum. Bunun işime yaraması lazım, değil mi?" Margot ve Eve hararetli bir şekilde başlarını sallayarak onayladılar. "Bu hastalık her günümü daha değerli kılıyor. Daha açık olmama, daha cesur yaşamak istememe ve elimde olan zaman içinde tüm kalbimle sevmek istememe neden oluyor. Ve" diye ekledi ufak bir gülümsemeyle, "eğer sempatilerinizi kötüye kullanıp" Margot'ya döndü, "sizi geçmiş anlaşmazlıklarınızla yüzleşmeye zorlarsam... Eh o zaman, hepiniz bana gıcık olmuş halde mutlu mesut ölebilirim. Değil mi?"

Lucy şaka yapmak istemişti ama Margot sessiz kalarak közlere doğru daldı. Yüzü bembeyaz olmuştu ve Eve'in uzun zamandır görmediği bir ifade takınmıştı. Kararsızlık ve dehşet içindeydi ve sanki bir uçurumun kenarından atlayıp atlamamak konusunda arada kalmış gibi görünüyordu. Margot iç çekerek onlara döndü. Yüzündeki ifade değişti ve Eve onun gözlerinde yeni bir parıltı gördü. Kararlılık. Bir karara varmıştı.

"Size söylemem gereken bir şey var" dedi Margot sessizce. Eve sessiz kaldı. Lucy'nin de hareketsiz kaldığını fark etti. İkisi de nefeslerini tutmuşlardı. Margot'nun ateşe doğru dönmesini izlediler. "Yıllar önce anlatmam gereken bir şeydi." Eve ve Lucy, kız kardeşlerinin bir uçurumun kenarında gibi hissettiğini fark ederek o konuşmaya başlayana dek sessiz kaldılar. Margot duraksayarak onlara hiç anlatılmamış hakikatini ilk kez anlatırken sessizce onu dinlediler.

GEÇMİŞ

2009-2010

BÖLÜM 33

Noel'de Ted Eve'i, Margot'yu ve eve yeni dönmüş olan Lucy'yi barda bir Noel akşam yemeğine davet etti. Lucy'nin dünya turundan ve Ted ile Sibella'nın resmen bir çift oluşundan bu yana ilk düzgün görüşmeleriydi. Margot, yalandan kutlamalar ve yakından incelenecek olma fikri yüzünden bu akşamdan kaçınsa da Windfalls'ın dışında onu bekleyen Ted'in arabasının arka koltuğuna gönülsüz bir şekilde oturdu. Sibella kırmızı bir ceket giymiş ve saçlarını omuzlarından aşağı salık bırakmıştı. Ted ise uzun zamandır beklediği oyunu Zayiat'ın eleştirmenlerden tam not alması üzerine Londra'dan yeni dönmüştü ve neşe içindeydi. İkisinin de moralleri yüksekti. Ted, Margot'yu hayatının her detayıyla ilgili sorguya çekmeye kararlı görünüyordu. Margot arka koltuğa gömülmüş halde tüm sorulara baştan savma cevaplar veriyordu.

"İleri seviye sınavların nasıl gidiyor?" diye sordu Ted, Mortford yolunda keskin bir u dönüşü yaparken.

"İyi."

"Derslerin yoğunluğuyla başa çıkabiliyor musun?"

"Evet."

"Annenle aranız iyi mi?"

"Evet."

Ted ve Sibella'nın birbirlerine baktıklarını gördü. Hiç şüphesiz onu, babasının yeni sevgilisini kabullenmekte zorlanan kaprisli bir ergen olarak görüyorlardı. Böyle düşünmeleri daha kolaydı. Lucy ve Eve içeride bar taburelerine oturmuş bekliyorlardı. Altın-kahve saçlarını sıkı sıkı örmüş ve -üç ay diye gittiği ama kendi gibi yoga sofusu olan biri ile yaşadığı ilişki sebebiyle altı ay kaldığı- Hindistan'da geçirdiği zamandan kalma, baştan aşağı batik desenli bol bir kıyafet giymişti. Capcanlı ve sağlıklı görünüyordu. Eve ise bebek Chloe'ye bakmakla geçen uykusuz geceler yüzünden oldukça yorgun duruyordu. Ted şampanya sipariş etti ve Londra Tiyatrosu ile ilgili hikâyelerle onları eğlendirdi. Noel süsleriyle oynadılar ve Margot onlara eşlik etmeye çalışarak eğleniyormuş gibi göründü ama herkesle çok az konuşuyordu. Masadan kalkmak için izin istediğinde Lucy onu kadınlar tuvaletine kadar takip etti ve lavaboların yanında yaklaşarak "Her şey yolunda mı? İyi görünmüyorsun" diye sordu.

"Hı hı." Margot'nun bakışları, parmakları arasında köpüren sabuna ve ellerini yakan suya odaklanmıştı.

Lucy gözlerini kıstı. "Emin misin? Sanki, sanki birisi düğmene basmış ve ışıklarını söndürmüş gibi."

Margot, Lucy'nin bakışlarına karşılık verdi. "Işıklarımı mı? Hindistan'da çok uzun kalmışsın sen."

"Evde mi bir sorun var? Annemle tek olmak tuhaf mı geliyor?"

"Son kitabıyla meşgul" diye mırıldandı Margot.

Lucy iç çekti. "Biliyorum zor ama Sibella'ya bir şans vermeliyiz, babam için."

Margot başını salladı. "Sibella iyi biri."

Lucy başını salladı. Konunun açıldığını görünce babasının kız arkadaşı hakkında konuşmak için hevesli görünüyordu. "Aklı başında birine benziyor, ki bu da bir şeydir, değil mi?" diyerek Margot'ya sırıttı. "Acaba babamda ne buluyor?"

Margot gülmeye çalıştı. "Saçlarını biraz kıskandım."

Margot, Lucy'nin yakın markajını yeniden üzerinde hissetti. Lucy uzanıp kapüşonlusunun yakasını çekiştirirken geri çekilmemeye çalıştı. "Bu Eve'in eski kıyafetlerinden biri değil mi?"

Margot omuz silkti. "Rahat."

"Bence gülünç. Seni alışverişe götürmeliyim. Çok güzelsin. Kendini saklamamalısın."

Margot kendini güzel hissettiği son zamanı hatırladı. Sahneye çıktığı gece onu alkışlayan seyircilerle fark edilmiş ve takdir edilmiş hissetmişti. Bay Hudson'ın bakışlarını -kendisine nasıl baktığını- hatırlamıştı. O bakışların nasıl cesaret verdiğini... Neden dikkatleri üzerine çekmek istesindi ki? Çektiğinde neler olduğunu biliyordu. Canını acıtan şeyler... Kontrol edemediğin şeyler...

Kadınlar tuvaletinin kapısı açıldı. "İşte buradasınız" dedi Eve içeri girerek. "Dâhil olmam gerek. Babam ile Sibella'yı mı konuşuyoruz?"

Lucy başını salladı. "Çabuk kapıyı kapat. Onun hakkında ne düşünüyorsun?"

"Ondan hoşlanmamak istiyorum ama babam iyi bir tercih yapmış. Peki ya siz?"

Lucy omuz silkti. "Şu makyajsız bile harika görünen kadınlardan biri olmasaydı daha iyi olurdu ama evet, aynı fikirdeyiz. Gerçi babamın yavru köpeğe benzeyen bakışları konusunda bir şey yapmalıyız. Biraz ezikçe."

"Sence kadın babamda ne buluyor?" diye sordu Eve. "Ondan çok daha yaşlı."

"Ben sordum" dedi Lucy net bir şekilde.

Eve şaşkınlıkla Lucy'ye baktı. "Ne yaptın? Ah Lucy. Elbette sormuşsundur sen" diyerek başını iki yana salladı. "E ne dedi bari?"

Lucy "Onun 'tatlı, sevecen ve harika bir zekâya' sahip olduğunu söyledi" diyerek omuz silkti.

Margot kapıya baktı. Evde yorganının altında olmak ve tüm bu yoğun aile incelemelerinden uzaklaşmak istiyordu.

"Ben de tam Margot'ya görünüşünü düzeltmesi gerektiğini söylüyordum" dedi Lucy konuyu değiştirerek. "Bu eski kapüşonlular ve eşofmanlar hiç de iyi görünmüyor."

"Ben seviyorum" dedi Margot çenesini kaldırarak. "Ayrıca, hayatta kıyafetler ve makyajdan daha başka şeyler de var."

Eve kendisine bakmak için aynaya döndü, üzerindeki dökümlü bluzunu düzeltti ve sütyeninin içine bir göğüs pedi yerleştirdi. "Tanrım, göğüslerim kocaman! Şimdiye kadar hamilelik kilolarımı veririm diyordum. Ebeler bana emzirmenin yağları yakacağını söylemişlerdi ama yalanmış. Her zamankinden daha iri hissediyorum."

"İkiniz de keser misiniz artık?" diye sordu Lucy. "İkiniz de çok güzelsiniz. Eğer kendiniz hakkında iyi hissetmiyorsanız belki de yoga derslerimden birine gelmelisiniz."

Eve ve Margot birbirilerine bakarak kahkahayı bastılar.

"Ne var? Eğlenceli. Yoga herkes içindir. Stüdyomdaki sloganımız bu. Hoşunuza gidebilir."

Eve gözlerini yuvarladı. "Lucy, eğer ağlama sesleri, süt ve bez değişimi isteyen mızıldanmalar olmadan bir saat bulsam ne yaparım biliyor musun? Bir yatağa kıvrılıp uyurum."

"Evet, ben de" diye düşündü Margot içinden sessizce.

"Sizin için iyi olurdu" diye karşı çıktı Lucy, hemen pes etmemeye kararlıydı. "Belki seni de canlandırabilir Margot. Çünkü görünüşün çok, çok..." Lucy cümlesini bitirmedi ama Margot onun ne demek istediğini biliyordu. İkisinin de aynada kendisine, sıskalığına, yağlı saçlarına, solgun cildine ve artık üzerine yapışmış olan çirkin gri kapüşonlusuna nasıl baktıklarını görmüştü. Ona bakınca ne gördüklerini biliyordu: İğrenç ve sevgiye layık olmayan benliğiyle herkesin görebileceği şekilde boy gösteriyordu. Duvar yazılarıyla süslenmiş aynadan kendi yansımasına baktı. Birçok açıdan aynada yansımasını görebiliyor olması onu şaşırtmıştı. Kendini çok boş ve duygusuz hissediyordu. Sanki içi boşaltılıp rüzgârda uçup gitmesi için kenara bırakılmış bir kabuk gibiydi.

Eve esnedi. "Geri dönsek iyi olur. Burada onlar hakkında konuştuğumuzu anlayacaklar. Ayrıca, tatlıyı ne kadar erken söylersek o kadar çabuk eve, uyumaya gidebilirim. Çünkü bu akşam bir Noel mucizesi falan olmazsa, gece ikide Chloe tarafından onu beslemek için uyandırılacağım."

Masaya geri döndüklerinde Margot yerine yerleşti, yapılan sohbete ve kahkahalara dâhil olmadan onları izledi. Hediyeler verdiler, Noel için ufak kutlama yapıp şampanya ile kadeh tokuşturdular. Ted gözlerini Sibella'dan alamıyordu. Bir eli onun dizinin üzerinde oturuyordu. Sanki Sibella bir çeşit ödülmüş gibi davranıyordu ve panayırda kazanılan o devasa büyük ayıcıklardan biriymiş gibi onu sıkıca kavramıştı. Eve esnemekten kendini alamıyor ve saatine bakıyordu, Lucy ise yalnızca Hindistan gezisinden ve gezisinin ne kadar harika olduğundan bahsediyordu. "Sanki bir camın ardında ya da suyun altında gibiyim" diye düşündü Margot, "görünürüm ama onların pırıltılı, mutlu yaşamlarından uzaktayım." Ted hesabı isteyip onu Windfalls'a geri bıraktığında çok memnun olmuştu.

Tüm kış boyunca Margot, utanç verici sırrını yüreğini yakan kızgın bir köz gibi saklamıştı. Yatağında kitap okuyarak, kulaklığıyla müzik dinleyip tuhaf hissiz bir ruh haline bürünüp çıkarak saatler geçiriyordu: Ne tam uyurdu, ne de tam uyanık olurdu. Ara sıra mutfak dolabından Kit'in fark etmeyeceğini bilerek şarap aşırırdı. Odasında içip onu kendi benliğinden uzaklaştıran başkalaşma hissini yakalamaya çalışırdı. Diğer zamanlarda sigara satın alıp odasının penceresinde başı dönüp midesi bulanana kadar sigara içerdi. Eve'den kalan bol kıyafetleri giyer, saçlarını darmadağın bir halde toplardı. Okulda başı önde gezer, derslerine geçecek kadar çalışır ve kalan enerjisini bunlarla uğraşabilmek için toplamaya çabalardı. Okul gösterileriyle ya da sınav sonuçlarıyla ilgilenmiyordu. "Kötü Şey" bütün enerjisini söküp almıştı. Kötü bir rüya olmasını ve yok olup gitmesini istiyordu ama her sabah uyandığında gerçekten yaşanmış olduğunu bilerek uyanıyordu. Hâlâ oradaydı.

Paskalya döneminin son gününde Margot okul otobüsünden indi ve eve yürümeye başladı. Okulda iyi bir gün geçirmemişti. İngilizce öğretmeni onu herkesin önünde yine bir dönem sonu ödevinin teslim tarihini kaçırdığı için azarlamıştı. Sınıfta başı önde oturmuş ve öğretmenin uyarılarını dinlemek zorunda kalmıştı.

"Anlamıyorum Margot" diye çıkıştı öğretmeni. "Ödevlerin konusunda baştan savma davranmak hiç senlik bir şey değil."

"Belki de beni hiç tanımıyorsundur" diye düşündü Margot içinden. Yorgundu, sinirliydi ve masasında nasıl oturursa otursun sırtı hep ağrıyordu. Öğretmenine karşı gelip bir hücumla sınıftan çıkmamak için kendine zor engel oldu. Öğle yemeği vaktinde tepsisini elinden düşürmüş ve diğer öğrencilerin alay konusu olmuştu. Öğleden sonrasının geri kalanını kızlar tuvaletinde klozetin üzerine oturup sebebini anlayamadığı bir şekilde ağlayarak geçirmişti. Biraz ilerisinde bir grup öğrenci şakalaşıp gülerek yolda yürüyordu. Romeo ve Juliet ekibinden bazıları ve Jamie de aralarındaydı. Margot kapüşonunu kafasına iyice çekip yakınlardaki, ormanın içinden nehre doğru giden patika bir yola girdi. Yolu uzatmış olacaktı ama en azından Windfalls'a giderken onlardan uzak kalabilirdi. Ormanın içinde yürürken Margot üzerindeki sinirlilik halinin biraz hafiflediğini hissetti. İlkbahar kendini yeni yeni belli ediyordu ve ormanı yabani sarımsak kokusu sarmıştı. Önünde yalnızca iki hafta kalmıştı. Ondan sonra okul, okul otobüsü olmayacak ve kimseden kaçınmak zorunda kalmayacaktı. Annesinin romanının son bölümüyle meşgul olduğunu biliyordu. O sabah kahvaltı ederken "Son iki bölüm kaldı hayatım" demişti ona cansız bakışlarla. O zamana kadar Kit'ten kaçınmak zor olmayacaktı. Eve hâlâ bebeğiyle ilgileniyor, Lucy ise Bath'te bir yoga stüdyosu açma planı üzerine çalışıyordu. Paskalyanın çoğunu tek başına geçirebilecekti. Belki geciktirdiği İngilizce ödevine odaklanır ve bir şeyler ortaya çıkarabilirdi.

Eve giden yolu yarılamış, aralarından güneş ışığı sızan ağaçların yanından geçerken Margot içinden bir şeyin salındığını hissetti. Kasıklarından aşağı sıcak bir su pat diye akmıştı. Yaşadığı hisse şaşırmış bir halde donakaldı. Sanki altını ıslatmış gibiydi. Hemen peşinden sanki bir kemerle karnının alt tarafı sıkılıyormuş gibi keskin bir baskı hissetti. Sanki içindekiler dışarı çıkmaya çalışıyormuş gibi korkunç bir karın ağrısı yaşıyordu. Ağrı hafifleyince Margot derin bir nefes vererek tutunduğu ağacı bıraktı. Geçmişti. Bacakları yeniden güç buluncaya dek bekledi ve baldırlarını saran eşofmanının yapış yapış olmuş kumaşına dokundu. Sonra ise bir an önce eve gitme amacıyla yürümeye başladı. Birkaç adım atmıştı ki ağrı yeniden başladı. O kadar güçlü bir şekilde kaslarını ele geçirmişti ki sanki felç olmuş gibiydi. Karnını tuttu ve ellerinin altında sert şişkinliğin çıkıntısını hissederek hafifçe ağlamaya başladı. Korkuyordu. "Kötü Şey" geliyordu. Hem de şimdi.

Margot, ağrı ve korkunç kasılmalar eşliğinde ağaçların arasında sendeleyerek yürümeye devam etti. Sonrasında ise asıl salınma gerçekleşmeye başladı. Bir noktada iki büklüm olarak kustu ve öğle yemeğinde yediklerinden kalanları çıkardı. Boynunda ve alnında oluşan teri hissederek inledi. Çok terlemişti. Ve yine içinde yıkıcı bir ağrı daha yükseliyordu. İlkel bir içgüdüyle karnını tutarak ağaçların arasından akçaağaçların daha sık ve uzun olduğu bir alana ilerledi. Daha fazla devam edemeyerek çömeldi ve midesi tamamen boşalıp gözlerinden yaşlar akana dek dağılmış yaprakların üzerine kustu. Yardım et. Yaprakların arasından belli belirsiz görünen gökyüzüne doğru başını kaldırarak baktı ve sessizce yalvardı. Kime yalvardığını bilmiyordu ama bir şey -ona merhamet gösterecek herhangi bir şey- istiyordu. Lütfen bana yardım et. Zar zor nefes alarak, ter içinde, kıyafetlerini yırtacak cinsten bir baskının yükseldiğini hissetti; o kadar güçlü ve kaçınılmazdı ki onu durdurmak için yapabileceği hiçbir şey olmadığını biliyordu. Dizlerinin üstüne düştü ve nemli topraktan destek alarak ellerini çamurlu zemine yerleştirdi. Acı bedenini yeniden ele geçirdiğinde vücudu ikiye ayrılıyormuş gibi hisle inleyerek ağlamaya başladı. Kısa bir rahatlama anından sonra acı tekrar başladı ve elinden hiçbir şey gelmediği için acıya katlanıp vücudunun gelen her ne ise dışarı atmasına izin verdi. Hâlâ dört ayak üstünde duran Margot şiddetli bir bağırma ile vücudundan sıcak ve kaslı bir şeyin kayarak çıktığını hissetti. Keskin ve yakıcı bir histen sonra bir şeyin zemine tok bir sesle düştüğünü duydu. Bacaklarının arasındaki ıslaklığı, yüzündeki teri ve kesik kesik soluduğunu hissediyordu. Alnı serin zemine dayalı halde bir süre bekledi, ilkel bir içgüdü ile işin henüz bitmediğini hissediyordu. Sonra, dakikalar sonra yeniden başladı. Önceki kadar güçlü olmasa da yine yıkıcı ve aceleci bir baskı başladı. Başka bir sıcak ve ıslak şey vücudundan kayarak çıktı ve nemli zemine düştü. Tekrar eğildi, nemli yapraklardan ve toprağın güven veren kokusundan aldığı destekle yüzünü yere bastırdı ve çamurun içine doğru soludu.

O halde ne kadar süre kaldığını bilmiyordu ama gözlerini açtığında sanki dünyanın ekseni kaymış gibi hissetti. Güneş ışığı ağaçlardan daha alçak bir seviyede sızıyordu ve hava teninde daha serin hissettiriyordu. Çamurun içinden uzamış şekilsiz bir mantar ve gri renkli sapında hızlı hızlı hareket eden bir kulağakaçan gördü. Bir şey yapması gerektiğini biliyordu. Ama yüzü toprağa gömülü halde öylece yatarken yalnızca yapıyormuş gibi görünebiliyordu. Toparlanıp kendine gelmeliydi. Hava bacaklarının arasındaki kaygan ıslaklığı serinletip terle kaplı vücudunu üşüttüğünde kımıldadı. Ancak o zaman kendine neler olduğuna bakmak için izin verdi. Onu bacaklarının arasında yatarken gördü. "Kötü Şey"i. Yandaki yaprakların üzerinde artık pıhtılaşmış kanlı şeye bağlı olan ve boğazına dolanmış beyaz-gri renkteki kordonuyla sessiz, mosmor, kanla kaplı bir bebekti. Margot kuru toprağın üzerine tekrar tekrar kusmadan önce bebeği bir süre inceledi.

Eve giden kaygan yolu ayaklarını sürüye sürüye takip ederek kir içinde ve bitkin bir halde patika yola geldiğinde neredeyse karanlık çökmüştü. Elleri ağrıyordu ve eğilip ellerine baktığında simsiyah ve kan içinde, tırnaklarının kırılmış ve içlerinin çamurla dolmuş olduğunu gördü. Başında tuhaf bir zonklama vardı ve bacakları taş gibi ağırdı. Bir çeşit önsezi ile Windfalls'a giden yolu takip etti. Zihninde sürekli aynı cümle yankılanıyordu. "Gitti… Gitti… 'Kötü Şey' sonunda yok oldu."

Meyve bahçesinin altındaki suya doğru uzanan iskele göründü. Margot tereddütle duraksadı ve elini karnının üzerine koydu. Çok uzun süre öncesinden kalan kahkahaları ve şişe tokuşturma seslerini duyuyordu. İşte oradaydı: Annesinin stüdyosun gölgelerin arasından belli belirsiz seçiliyordu. Felaketine sebep olan yerdi orası. Başındaki zonklama giderek arttı.

Yani bütün sihir burada mı gerçekleşiyor?

Bay Hudson'ın sesi kulaklarında yankılandı. O kadar net duyuyordu ki elleriyle kulaklarını tıkama hissine karşı koymaya çalıştı. Kendine engel olamadan ilerledi ve kanlı ellerinden biriyle kapı kolunu tuttu. Annesi orada mıydı? Ona yardım eder miydi?

Kimi düşündün Margot?

İçeri girince tanıdık bir koku duydu. Kusmak istemesine neden olmuştu: Kâğıt, elmalar ve annesinin parfümü. Oda boştu ama kapının karşısında çalışma masası ve üzerinde eski siyah bir daktilonun yanına mükemmel bir şekilde dizilmiş bir yığın A4 kâğıdı vardı. Gözlerini kapatıp suratına bastırılan kâğıtların verdiği hissi, onun ellerinin teninde yaptığı baskıyı, boynuna bastırdığı başparmağını ve altında rahatsız edici bir aceleyle sallanan masanın sarsıntısını hatırladı.

Bana ne yaptığını bilmiyorsun.

İçinde acı veren boşluk hissiyle yüksek sesle hırladı. Masaya doğru ilerledi ve şiddetli bir hareketle tüm kâğıtları, lambayı ve daktiloyu yere fırlattı. Kâğıtlar havada uçuşan kuş sürüsü gibi dönerek yere düştüler. Duvara bir çiviyle tutturulmuş olan gaz lambasını aldı ve yere fırlattı. Cam kırıklarının gürültüyle parçalanmasından ve yere sızan yağdan haz duymuştu. Raflardaki kitapları döktü, tül perdeleri yerinden çekerek çıkardı. Pembe renkli kristal kâğıt tutacağını camdan dışarı büyük bir şangırtıyla fırlattı. Bu yer -annesinin dikkatinin dağınık olmasının, babasının gidişinin ve onun utancının yeriydi- her şeyin suçlusuydu. Pencere pervazında bir kutu kibrit buldu. Onları alıp kibritlerden birini yakmak dünyanın en olağan şeyi gibi geliyordu. Kibritin alev almasını izledi ve sonra gaz lambasından sızan yağa doğru fırlatarak hemencecik alevlenen zeminin tatmin edici çıtırdama sesini duydu. Alevler hızla yükselip zeminde ilerleyerek masanın bacaklarına dayanmıştı. Yere saçılmış olan dikkatle yazılmış olan kâğıtları ve içindeki cümleleri saniyeler içinde küle çevirdi. Margot alevler yüzünden donakalmış bir halde bir süre izledi. Alevlerin hemen hâkimiyeti devralıp tüm stüdyoyu sarması ve duman içinde bırakması karşısında hayran kalmıştı. Kalıp tüm mekânın yanıp kül olmasını izlemek istiyordu. Hatta kendisini de yakmasını istiyordu ama ateş stüdyonun çatısına ve ona doğru uzanmaya başlayınca ilkel bir içgüdüyle eski elma deposunu sendeleyerek terk etti ve iskelenin üzerine öksürükler içinde yığılarak arkasında kalanların alevler içinde yok olmasını izledi. Dakikalar sürmüş olabilirdi, belki de daha uzundu. Margot'nun, evden stüdyoya gelen yolda belli belirsiz görünen karanlık figürün gelmesinin ne kadar sürdüğüne dair bir fikri yoktu. Margot, saçları dağınık bir şekilde omuzlarına dökülen ve geceliği ile orada öylece dikilen kadını hissiz bir şekilde izledi. "Hayır" diye bağırıyordu kadın ellerini başına koyarak. Yanan binaya bakan yüzü saf bir korku içindeydi. "Aman Tanrım. Hayır!"

Kit dönüp onun iskelede olduğunu görünce, Margot Kit'in yüz ifadesinden yangını kendisinin çıkardığını anladığını gördü. Yorgunluk ve şok ile bedeni hissizleşen Margot, Kit'in yüzündeki öfkeyi izledi. "Ne yaptın sen?" diye bağırdı annesi kendi saçlarını çekiştirip ona öfkeli ve delici gözlerle bakarak. "Ne yaptın? Kitabım! Ne halt ettin?"

Margot yutkundu, ağzındaki duman ve kül tadını alabiliyordu. "Gitti" diyebilmişti sadece cevap olarak. Kelimeleri fısıltıdan biraz daha yüksekti. "O gitti." Başının üzerinde asılı olan tozlu ve sönük ampuller hafifçe sallanıyor ve yanındaki karanlık su kendi akıntısında sessiz ve sonsuz bir şekilde süzülüyordu.

PAZAR

BÖLÜM 34

Lucy, yanında horlayan Tom'un yanında uzanmış çocukluğunun geçtiği yatak odasının loş ışığında gözlerini kırpıştırıyordu. Uyuması gerektiğini biliyordu. Böylesine geç yattığı bir geceden sonra vücudunun ertesi gün perişan olacağını biliyor ama yine de uyku tutmuyordu. Hâlâ partinin heyecanını ve Margot'nun itirafının dehşetini yaşıyordu. Sohbetlerinin bazı bölümleri tekrar tekrar zihninde canlanıyordu. Bahçeden sesi duyulan karatavuk kuşunun ötüşüyle pes etti ve yorganının altından çıktı. UGG marka botlarını ayağına geçirdi ve pijamalarının üstüne uzun, yün bir hırka geçirdi. Karnının alt kısmında tanıdık bir ağrı vardı ama şimdilik görmezden gelebileceği kadar hafifti. Ev sessiz ve sakindi. Sanki fırtınanın vurduğu bir orman gibi darmadağınık bir haldeydi. Alt kattaki salonda, kadife kanepede üzerinde battaniye ile uyuyan tanıyamadığı bir düğün misafiri vardı. Bir ayağı battaniyenin ucundan sarkmıştı ve açık olan kapıdan hafif horlama sesleri duyuluyordu. Mutfak berbat haldeydi. Uzun, meşe masa boş şarap şişeleri, kirli bardaklar ve kimsenin kaldırmayı akıl edemediği peynir tabağından geri kalanlarla doluydu. Bir kalıp krem peynir hepten erimeye yüz tutmuş, üzümler kahverengiye dönmüştü. Hemen yanında sigara izmaritleriyle dolu bir kül tablası vardı. Lucy bu dağınıklığı sessiz bir zafer duygusu ile değerlendirdi, -demek ki iyi bir parti olmuştu- sonra da arka kapıdan çıkıp sabahın aydınlığına doğru ilerledi. Önünde bekleyen temizlik operasyonuna girişmeden önce birkaç dakikaya ihtiyaç duydu.

Dışarıdaki hava sonbaharın gelişini haber veriyordu. Parlak güneş ışıklarıyla birlikte temiz ve güzel bir hava vardı ve aşağıdaki vadinin içinde yükselen bir sis nehrin üzerini kaplamıştı. Meyve bahçesinin içinden yürüyerek dün geceki şenlik ateşinden kalan közlerin yanından geçti. Çadır, sabah düşen çiğ ve sarkan flamalardan dolayı gevşemiş görünüyordu. Ezilmiş çimlerin üzerine bir şampanya şişesi atılmıştı ve topraktan yerlere dökülen elmaların kokusu yükseliyordu. Pijamasının uçları sabah çiğiyle nemlendi. Yukarıdaki dallardan birinde bir karatavuk kuşu şakıyordu. "Acaba yatağından çıkmasına sebep olan kuş mu?" diye düşünürken hırkasına sıkı sıkı sarıldı ve yavaşça akan derenin yanına düşmüş olan eski bir ağaç gövdesinin olduğu yere doğru ilerledi. Orada otururken bakışları yakınlarındaki bir elma ağacının gövdesine kazınmış olan harflere kaydı. K. T. E. L. M. Bu beş harf, onların bu arazideki varlığını ve aidiyetlerini gösteriyordu. L olmasa nasıl olur diye düşündü. Bir an için varlığının silindiğini hayal etti ve zorlukla yutkundu.

Bakışları yeniden sabahın ışıkları altında tepenin üzerinde duran evine doğru kaydı. İşlevsizliğin ve kaosun yeriydi evet, ama aynı zaman sevgi ve güvenin yeriydi de. En azından o her zaman öyle düşünmüştü. Ama Margot'nun itirafları onu en derinden sarsmıştı. Kız kardeşi böylesine korkunç bir yükü nasıl bu kadar uzun süre taşıyabilmişti? Neler yaşadığını -hem fiziksel, hem de duygusal olarak ne taşıdığını- nasıl hiçbiri görememişti? Neden hiçbirisi daha derine inmeye çalışmamıştı? Onun ruh halinin değişimlerini ve yıkıcı tavırlarını hemen ergenlik bunalımları olarak yorumlamışlardı. Ve Margot duvar ördükçe onun ellerinden kayıp gitmesine izin vermişler, ona arkalarını dönmüşlerdi.

Lucy bu işaretleri anlamadığı, ona yardımcı olmadığı için kendi adına utanç duyuyordu. Lucy, Margot'nun Eve ve kendisinin arasına yatmış, sönmeye yüz tutan alevlere bakarken takındığı yüz ifadesini, tecavüzü ve gizlice taşıdığı bebeğini anlatışını hatırladı. Margot'nun gözyaşları içinde doğum anını anlatmasını hatırladı. "Ölü doğdu" demişti; en azından o öyle düşünmüştü. Bebeğin sessizliğini anlatmıştı. Boynuna kordonu dolanmış olan mosmor haldeki bebeğin.

"Ne yaptın peki?" diye sormuştu Lucy duyacağı cevaptan biraz korkarak.

Margot gözlerini kapatıp bir süre sessiz kalmıştı. "Ona dokunmak istemedim" demişti uzun bir süre sonra. "Ama dokunmadan edemezdim. Sonra oğlumu nehre taşıdım."

Oğlumu. O tek kelime Lucy'nin ağlamamak ve sessizce Margot'nun yanında kalmak için harcadığı tüm çabayı alıp götürmüştü. "Sağlıklı düşünemiyordum."

"Korkunç bir şok geçirmiş olmalısın" demişti Eve nazikçe, kız kardeşinin elini tutarak. "Anlat bize Margot."

Ve anlatmıştı. Solup giden kelimelerle ilk önce bebeği nehre gizlemeye karar verdiğini anlatmıştı. "Onun kaybolmasını istiyordum. Akıntıyla birlikte gider diye düşündüm. Yok olur diye." Ama suyun kenarına geldiğinde yapamamıştı. "Doğru gelmedi. Su çok soğuktu ve onu bırakamazdım. O şekilde olmazdı."

Lucy gözlerini kapatıp gözyaşlarına hâkim olmaya çalışarak, Margot'nun çıplak elleriyle nehrin kenarındaki çamurlu toprağı eşeleyip nasıl mezar kazdığını dinlemişti. "Köprünün altında" demişti Margot. "Nehrin kenarı çok yumuşaktı ve köprünün altı, gölgelerin içinde daha karanlık ve sessizdi. Daha... Daha güvende olur diye düşündüm." Margot'nun sesi bir hıçkırıkla kısılmıştı. "Biliyorum, yanlış olduğunu biliyorum ama ne yapacağımı bilemedim."

Eve doğru yaptığı korkunç yürüyüşü ve patika yoldan çıkarken annesinin stüdyosuna -saldırının gerçekleştiği yere- denk gelmesini anlamıştı. Margot, stüdyonun orada karanlıkta dikilip gölgelerin içinden onu nasıl rahatsız ettiğini anlatırken Lucy tam o anda Margot'nun yaptığı şeyi neden yaptığını anlamıştı. Muhtemelen kendisinin de aynı şeyi yapacağını biliyordu. Lucy kız kardeşlerinin başına gelen şeyleri düşününce derinden bir üzüntü duydu. Kit elbette anlardı, değil mi? Margot'nun sebep olduğu yıkımı affederdi, tabii Margot annelerine söylemenin bir yolunu bulabilirse. Lucy, hastalığının haberini verdiği akşam defalarca "Sen çok cesursun, çok güçlüsün" laflarını duymuştu. Cesur muydu gerçekten? Hiç de öyle hissetmiyordu. Zorlu bir yolda durmaksızın ilerliyordu. Başka ne yapabilirdi ki? Acı çeken ve haksız bir utanç yaşamak zorunda kalan Margot'ydu. Sırlarıyla birlikte sessizce yaşayan ve asıl cesur olan Margot'ydu. Şimdi asıl gerçeği görüyordu: Hepsinin bir acısı vardı. Kit'in Ted'e olan kaybettiği aşkı, Eve'in çatırdayan evliliği, Lucy'nin hastalığı ve Margot'nun korkunç geçmişi. "Yaşamak cesurca" diye düşündü. Devam etmek güçlü olmayı gerektiriyordu. Margot bunun bir kanıtıydı ve şimdi olanlar hakkında konuşabildiğine göre kız kardeşi için bir umut vardı. Çok uzun zamandır onu birçok şeyden alıkoyan, kurduğu koruyucu duvarları indirmenin bir yolunu bulabilecekti. Eğer olanları Kit'e anlatacak gücü bulabilirse belki ikisinin aralarının düzelmesi için hâlâ bir şans vardı.

Bahçenin tepesinde, uzun çimlerin arasından ona doğru yürüyen biri göründü. "Bölmek istememiştim" dedi Sibella yaklaşırken. "Temizliğe yardım etmeye geldim ve evden ayrıldığını duydum" dedi ona bir battaniye uzatarak. "Belki istersin diye düşündüm. Üşütme kendini."

Lucy başını sallayarak battaniyeyi kabul etti. "Artık böyle mi olacak; örgü battaniyeler ve sempati?"

Sibella gülümsedi. "Fırsatın varken kullan. Yoksa bulaşık yıkarsın."

"Teşekkürler."

"Seni yalnız bırakayım."

Lucy konuşmaya başladığında Sibella arkasını dönmek üzereydi. "Korkuyorum" dedi çatlayan bir sesle. Sibella yanına gelerek ağaç gövdesine oturdu ve elini nazikçe Lucy'nin elinin üzerine koydu. Yumuşak ve güven verici bir şekilde sıcak hissettirmişti.

"Biliyorum canım. Biliyorum."

"Dünkü partiye -kutlama ve eğlenceye- çok odaklanmıştım. Bir çeşit tamamlanma hissi getirir diye düşünmüştüm. Hatta belki biraz da huzur." Hafifçe güldü. "Ve bir noktaya kadar getirdi de. Tom ile evlenmek ve dün herkesle birlikte kutlama yapmak tam olarak istediğim şeydi. Herkes bir aradaydı. Çok mutlu ve çok…" doğru kelimeyi bulmak için çabaladı, "sevildiğimi hissettim. Ama bugün" diyerek iç çekti ve yerdeki bir taşı tekmeleyerek çimenlerin arasından itti, "bugün kızgın ve öfkeliyim. Düzeltemiyorum. Hem de hiçbir şeyi; ne kendi acımı ne de başkalarının acısını."

Sibella aralarındaki boşluğa doğru baktı. "Adil değil" diyerek onayladı. "Dün yaptığın, herkese nasıl olmasını istediğini, şu an nasıl yaşamak istediğini göstermen gerçekten cesaret isterdi. İlham vericiydi."

Lucy tekrar Margot'yu düşündü ve yanağından bir damla yaş süzüldüğünü hissetti. Akan yaş hırkasının üzerine düşerek koyu bir leke bıraktı. "Kendimizi sıkıca tutabilir, etrafımıza koruyucu duvarlar örüp kendimizi uzaklaştırabiliriz ama ben gittikçe daha fazla anlıyorum ki en çok birbirimize ihtiyaç duyuyoruz."

Lucy, yeniden ormanda ölü doğmuş bebeğini kucağına alan Margot'yu düşününce ağlamamak için yutkundu. Yaşadıklarına, onu tek başına doğurup son çare olarak zavallı bebeği taş köprünün altına çıplak elleriyle gömmesine yalnızca nehir şahit olmuştu.

Lucy'nin düşüncelerinden habersiz olan Sibella sıkıca onun elini tuttu "Herkesin derdini sen çözemezsin Lucy. Bundan sorumlu değilsin. İşine karışmak gibi olmasın ama sence de artık senin neye ihtiyacın olduğunu düşünüp güçlü kalmaya çalışmanın zamanı değil mi?"

"Bu bencilce olmaz mı?" dedi Lucy hafif bir gülümsemeyle. "Sanırım birkaç kişi dün herkesi bir arada olmaya zorladığım için halihazırda bencil olduğumu düşünüyor."

"Sana kimsenin bencil dediğini düşünmüyorum Lucy. Dün harika geçti. Muazzam bir yüreklilik gösterdin. Ailenin gelecekte ne olursa olsun mutlulukla anacağı bir gündü. Ama Tom ile evlenmen bir son değil. Hikâyenin sonu değil, öyle değil mi? Hâlâ buradasın. Hayattasın. Öyleyse yaşa Lucy. Elinden geldiği kadar yaşa."

Lucy hafifçe gülümsedi. "Henüz ölmedim, değil mi?"

"Aynen öyle. Her gün bir armağandır."

Sibella onu ağaç gövdesinin üzerinde yalnız bırakarak ayrıldı. Lucy onun gidişini izledi, kendisi henüz kalkmaya hazır değildi. Orada öyle oturdukça dün geceye dair daha mutlu, başka anlar hatırlamaya başladı: Işıkların altında arkadaşlarıyla dans edişini, Chloe ve May'in babalarıyla kahkaha atmalarını, Eve'in başını Margot'nun omzuna yaslayarak saman balyasının üzerinde oturuşunu, Tom'un onu kendisine çekerek kocası olduğu için ne kadar gurur duyduğunu söyleyişini, Andrew'ün elini uzatıp Eve'i dansa kaldırışını ve Ted ile Kit'in yıldızların altında şezlonglarda oturup sessizce sohbet edişlerini...

Meyve bahçesine doğru bakınırken gözleri yeniden yaşlı elma ağacının gövdesine kazınmış olan harflere kaydı. Bu sefer görüntü kendisini rahat hissettirmişti. Sevgilerinin her daim var olacağını fark etti. O artık burada olmasa bile birbirlerine olan sevgileri her zaman var olacaktı. Hafif bir rüzgâr üzerindeki ağacın dallarını oynattı ve ufak, bakır rengi bir yaprak daireler çizerek toprağa düştü. Lucy yüzünü güneşe doğru çevirip yanaklarını ısıttı. O günün Kuzey Yarımküre'nin güneşten uzaklaşmaya başlayacağı ekinoks günü olduğunu biliyordu. Bugün dünya bir denge içindeydi ama yakında geceler gündüzlerden uzun olacaktı. Yaz, yerini sonbahara bırakıyordu. Lucy, kahverengi bir yaprağın derenin üzerine düşerek sonsuz akıntının bir parçası olduğunu ve süzülerek uzaklaştığını izledi. Vadinin üzerindeki sise düşen ışıklar çok güzeldi. Kendisinin -güzelliğe, aşka, acıya, üzüntüye ve yaşamanın verdiği neşeye- teslim olduğunu hissetti. Şu an neye ihtiyaç duyuyordu? Ailesine dönmeye. Kocasına sarılıp o harika gün için teşekkür etmeye. "Ama önce başka bir şey daha var" diye düşündü vadiye doğru bakarak.

Beyaz sis, o meyve bahçesinin içinden geçip nehir kıyısına açılan ahşap kapıya doğru yürürken etrafını şeffaf bir tül gibi sarmıştı. Her şeyi, tüm etrafını tuhaf bir sessizlik kaplamıştı. Sanki başka bir dünyaya adım atıyormuş gibi tuhaf bir ayrılma duygusu hissetti. Vadinin en aşağısına ulaştığında, nehir soluk gri rengiyle dümdüz bir şekilde sisin oluşturduğu ufuk çizgisiyle birleşiyor ve ürkütücü bir şekilde güzel ve sakin görünen kusursuz bir tablo yaratıyordu. Daha da serinleyen hava tüylerini ürpertti. Ahşap platformun ucuna kadar gelip durdu ve altında soluk görünen dümdüz suya baktı. Bir cam gibi uzanıp boş ve şekilsiz sisin içindeki beyaz ufuk çizgisiyle buluşuyordu. Tepedeki ağaçlar duman içinde ve solmuş gibi görünüyorlardı, sanki bir sanatçı eline silgi almış ve kenarlarını silerek beyazla karıştırmış gibiydi. Sessiz nehir kendisini kucaklamak için bekliyordu. Derin bir nefes alarak en derine doğru daldı. Soğuk su bedenini ele geçirmişti. Elektrik yemiş gibi hissediyordu. Ona ihanet eden bedenini tamamen sarmıştı. Yüzeye doğru yüzerken, çılgınca atan kalbinin ritmini, ciğerlerine dolan nefesini; inkâr edilemez ve inanılmaz canlılığını hissetti. Yüzeyde süzülürken belirli bir huzur duydu. Kendini etrafındaki tüm hayatın akışına bağlı hissetti. "Buradayım" diye düşündü. "İşte buradayım."

ALTI AY SONRA

BÖLÜM 35

Margot, etraftaki tepelerin üzerinde salınan ağaçların kara siluetlerine bakarak pencerenin önündeki koltukta oturuyordu. Ağaçların yapraksız dallarında kuş yuvaları düğüm düğüm görünüyorlardı. Lucy, gözleri kapalı bir şekilde eski yatağında yatıyordu. Tom ise yanındaki bir sandalyeye kıvrılmış oturuyordu. Hiçbirisi uzun bir süre yerlerinden kıpırdamadılar, yalnızca Tom ara sıra Lucy'nin elini okşamak için uzanıyor ve yüzük parmağındaki bollaşan yüzüğünü çeviriyordu. Pam adındaki orta yaşlı hemşire Lucy'yi kontrol etmeye geldi. Margot ve Tom'a dönmeden önce yatağın yanındaki serumun ayarını düzeltti. "Uzun bir gece oldu" dedi. "Nasılsınız?"

Margot başını salladı. Söyleyecek kelime bulamıyordu. Lucy gözlerini açtı. "Pencere" diye işaret etti.

Margot, sabah ışıklarının altında kahverengi ve gri bir renk cümbüşüne bürünmüş olan kış manzarasına doğru bakarak "Bilmiyorum Lucy. Dışarısı soğuk" dedi.

"Üşütüp ölürüm diye mi korkuyorsun?" dedi Lucy kuru bir sesle. Tom başını ellerinin arasına gömdü. Lucy uzanıp bir parmağıyla onun kolunu okşadı. "Havayı yüzümde hissetmem gerek."

Margot, onun çelimsiz bacaklarına ve morlaşmış göz altlarıyla çökmüş olan zayıf yüzüne baktı. Kim kız kardeşini bundan mahrum bırakabilirdi ki? Dönüp pencerenin kolunu çevirdi ve pencerenin açılmasıyla birlikte odaya serin bir hava doldu. Kendi hırkasına sıkı sıkı sarılmadan önce kız kardeşinin üzerine bir battaniye daha örttü. Soğuktu gerçekten ama dışarıdaki havanın içeri dolması iyi hissettirmişti. Her nefesin acı dolu olduğu ve zorlukla alındığı yatağın kenarındaki bu tuhaf varoluşun dışında bir dünya olduğunu hatırlatıyordu. Açık olan pencereden sabah şarkısını şakıyan bir kuşun sesi duyuldu. Lucy gözlerini kapattı. "Böyle daha iyi" dedi. "Şimdi nefes alabiliyorum."

Windfalls'a dönmek isteyen Lucy'ydi. "Beni eve götür" demişti Tom'a. "Lütfen." Dediğine göre olmak istediği tek yere orasıydı. Margot, Ted'den bir telefon almış ve Edinburgh'tan güneye giden ilk trene binmişti. Tren, Londra istikametinde ilerlerken geçen Eylül'de içinde farklı türden bir kaygı taşıyarak aynı yollardan geçişini hatırladı. Yolculuk şimdi daha bilindik geliyordu. Düğünden beri birkaç kez gidip gelmiş, Lucy'ye doktor randevularında eşlik etmiş ve tümörü yavaşlatmak için damar yoluyla kemoterapi ilaçları aldığı bitmek bilmez tedavi saatlerinde onunla oturmuştu. Bazen sohbet ederlerdi. Bazen de en sevdikleri programların tekrarını izler ya da tabletlerinden, ikisi de dinleyebilsin diye kulaklığı paylaşarak sesli yayınlar dinlerlerdi. Bazen Lucy uyurdu ve Margot da yanında oturup ona bir şeyler okurdu. Bazen Lucy'yi bırakıp küçük teras alanına çıkar ve arkadaşlarına ya da ailelerine tedavileri süresince eşlik eden başka insanlarla sohbet ederdi ya da sessizce oturup gökyüzünü izler ve kız kardeşinin ne kadar olağanüstü olduğunu ve onun bu dünyadan gitme ihtimalinin imkânsızlığını düşünüp derin nefesler alırdı. Hastaneye yaptığı bu zorlu ziyaretlerden sonra Margot bazen Lucy ve Tom'un kanepesinde uyur ya da Eve'i ve kızları görmek için onlara uğrardı ama genellikle Windfalls'a dönerdi. Lucy'nin hastalığı karşısında Margot ve Kit her an bozulabilecek bir ateşkese varmışlardı.

"Söyle ona" diye zorlamıştı Lucy birkaç kez. "Neler olduğunu ona anlat." Margot ise başını sallayarak -zamanı gelince- söyleyeceği konusunda onu ikna etmişti. Ama şimdi değil, Lucy kendini daha iyi hissettiğinde söyleyecekti. Lucy ise Hint ipeğinden bir şalla sardığı sıfıra vurulmuş başını sallayarak onun sinir bozucu bir şekilde inatçı olduğunu söylemişti. Bay Hudson hakkında konuşmuşlardı.

Hastanedeki o uzun ve yalnız öğleden sonraların birinde Margot, kız kardeşine cesaret edip de internetten Bay Hudson'ı arattığını anlatmıştı. Bulması zor olmamıştı. İsmi arama motorun sonuçlarında hemen çıkmıştı ve sonuçlar Manchester'daki bir öğretmenin uygunsuz bir saldırı sebebiyle savcılığa verildiğini ve tutuklandığını anlatan bir habere yönlendiriyordu. Birkaç haberin içinde mahkemeden çıkartılıp polis arabasına bindirilen suçlunun fotoğraflarını da yayınlamıştı. Onu görmek nefesinin kesilmesine neden olmuştu. Zaman ona da acımamıştı. Hatırladığı adamın daha yaşlı bir versiyonuydu ama yıpranmış ve kilo almıştı. Ona yaşattıklarını -ondan aldıklarını- düşünerek öfkeyle uzun süre fotoğraflarına bakmıştı. Daha da kötüsü, tek kurban kendisi değildi. Eğer konuşma cesareti gösterebilseydi başkalarını da aynı çileyi çekmekten kurtarabilir miydi?

"Korkmuştun, utanıyordun. Yaşadıkların... Kimseye söyleyememiş olman gayet anlaşılır bir şey" demişti Lucy elini tutarak. "Ama çok geç değil. Hâlâ polise söyleyebilirsin."

"Bunca zamandan sonra neden bana inansınlar ki?" Lucy gözlerinin içine bakmıştı.

"Kanıtın var Margot. Gömmüş olabilirsin ama orada. Bebeğin."

Margot başını öne eğip kollarıyla kendine sarıldı. Parmaklar bilinçsiz bir şekilde dirseğinin kıvrımındaki küçük, siyah kalbin üzerini okşuyordu. Başını sallamıştı. "Onu düşünmemek için çok uğraşmıştım ama sana ve Eve'e anlattığımdan beri düşünüp duruyorum. Onu orada bırakamam. Bu yanlış."

Lucy başını salladı. "Biliyorum. Belki bir yolu vardır. Belki düzgün bir cenaze yapılabilir" diye önerdi. "Belki yardımı dokunur."

Margot gözyaşlarına engel olamadan başını salladı. Lucy'ye bakamıyordu. Lucy elini sıkıca tutmuştu. "Sen ne zaman hazır olursan."

Lucy'nin artık tedavinin bir etkisi olmadığı için bırakmak istediğini söylediği öğleden sonra Margot Windfalls'daydı. Lucy ve Tom doktorlarla konuşmuş ve ceza gibi gelen kemoterapi döngüsüne katlanmaktansa geçici bir bakım ekibinin desteğiyle kalan zamanına odaklanmanın daha iyi olacağına karar vermişlerdi. Margot, Lucy'nin kararını kabullenmek istememişti ama tedavinin nasıl geçtiğini ilk elden görmüşken ona karşı çıkmaya hakkı olmadığını biliyordu. Son birkaç ay korkunç bir sabır gerektirmişti ve Lucy tüm ilaçlara soğukkanlı bir cesaretle dayanmıştı. Ancak onu öyle acı çekerken izlemek hepsi için acı vericiydi. Lucy öylesine güçlü davranmıştı ki Margot bir mucize olacağına kendini inandırmıştı. Olacaklara dayanabilir miydi bilmiyordu.

Onlara söyleyen Margot oldu. Tom'u odada bırakarak önlerinde Eve'in, Kit'in ve Ted'in boş fincanlar ve soğumaya yüz tutmuş çaydanlıkla sessizce mutfakta oturduğu alt kata indi. Kapı girişinde durdu. Onu görünce herkes ne olduğunu anlamıştı. Ted hafifçe iç çekti. Margot başını salladı. "Pam şimdi gelmeniz gerektiğini söylüyor."

Kit yüzünü çevirdi. "Gelemem."

"Hadi anne" dedi Margot. "Lucy için."

Eve, Kit'in omzuna dokundu. "Yapmak zorundayız."

Kit'i sandalyesinden kaldırıp Lucy'nin odasına kadar götüren Ted oldu. Pam yatağın yanındaki serumu ayarladı ve sonra aile üyelerinin yatağın yanına gelebilmesi için bir adım geriledi. Eve bir koluyla Tom'a sarıldı. Margot pencerenin önünde tek başına dikiliyordu. Göğsünde hissettiği acı onu ikiye yaracak gibiydi.

"İlacı arttırdım" dedi Pam. "Çok ağrısı vardı."

Kit, Lucy'nin yanına giderek yanağını okşadı. Alnına dokundu ve eğilerek öptü. Lucy'nin nefesi yavaş ve düzensizdi. Margot, Eve'in kız kardeşini öpmesini izledi. Tom'un, Lucy'nin eline uzanıp dudaklarına götürerek "Seni seviyorum Luce, daima seveceğim" dediğini gördü.

Kit hıçkırdı, Ted ise yatağın ucundan ona uzanıp sarılarak destek verdi. Margot kalbinin patlayacağını düşünüyordu. Başını çevirip pencereye döndü ve Lucy'nin yavaşlayan hırıltılı nefeslerini saydı. Tepelerin üzerinden bulutların arasından çıkarak solgun bir güneş yükseliyordu ve yapraksız ağaçların arasından görünen aşağıdaki vadinin kıvrıldığı yeri gümüş gibi parıldatıyordu. Düğünden sonraki sabahı hatırladı. Çiğ damlalarıyla dolu çimenlerde kız kardeşinin ayak izlerini takip ederek bahçede yürüdüğünü ve onu yüzünde mutlu bir gülümsemeyle kolları iki yana açık halde sislerle kaplı nehrin yüzeyinde süzülürken bulduğunu hatırladı. Ağaçların arkasına gizlenerek onu nasıl izlediğini, bu huzur dolu ana ve küçük bir kızken umarsızca nehirde yüzüp oynayan Lucy'yi izlediği diğer zamanları da düşünerek kız kardeşinin ruhuna hayran kaldığını hatırladı. Margot, kız kardeşinin onun en mutlu olduğu yerde olduğunu düşündü ve ancak o zaman dikkatini yeniden odaya vererek kuşun ötmeyi bıraktığını fark etti.

Dışarıda ince bir yağmur yağmaya başlamıştı. Pam'in önerisiydi bu. Hemşire, Margot'ya düşüncesinden bahsetmiş ve aile üyelerinin veda etmelerinin yardımcı olabileceğini söylemişti. Bu düşünceyi duyar duymaz Margot bunun yapmak istediği bir şey olduğunu biliyordu. Ted cenaze işlemleri için telefon görüşmesi yaparken Margot dışarı çıkıp Sibella'yı buldu.

"Bir konuda yardım eder misin? Annem bununla yüzleşemez ve Eve'in de eve gidip kızlara haber vermeden önce kendini toparlaması gerekiyor."

"Elbette" diye kabul etti Sibella. "Neye ihtiyacın varsa."

Yağmur başladığı gibi kesilmişti. Kış güneşi ıslak ağaçların arasından süzülüp çıplak araziyi göz alıcı bir ışık yığınına çeviriyordu. Dallardan dökülen damlalar kayarak nefes kesen gümüşi bir şelale oluşturuyordu. Başını çevirip başka tarafa bakamıyordu, her nasılsa acısıyla birlikte manzaranın güzelliği de artmıştı. Duyguları kabarmış ve kaybının acısıyla karışmıştı ki, gözlerine dolan yaşlarla birlikte parıldayan manzara bulanık görünmeye başladı. Yüzünü gökyüzüne çevirip minnettarlık ve sevgi sözcükleri fısıldadı. Margot nehrin kenarına eğilerek küçük bir şişe doldurdu ve şişeyi büyük bir saygıyla taşıyarak, Sibella'nın onu temiz bir bez, havlu ve bir tas ılık suyla beklediği Lucy'nin odasına götürdü. Nehrin suyunu eve, Lucy'ye götürmek neden bu kadar önemli görünmüştü emin değildi ama doğru şeyi yaptığını hissediyordu. Sanki sevdiği su onun huzur içinde ebediyete gitmesine yardımcı olacak gibi geliyordu.

"Son bir yüzüş" dedi Sibella'ya dönüp açıklamaya çalışarak. Boğazı sevgi ve kederle düğümlenmişti. Sibella başını salladı ve bezi Margot'ya uzattı. Lucy'nin bedenini yıkarlarken Margot, Lucy'nin artık Lucy olmadığı gerçeğini fark etti. Kız kardeşinin bedeniyle ilgilendikçe Lucy'nin artık onlarla olmadığını daha net anlamaya başladı. Lucy'yi Lucy yapan yegâne şey artık yoktu. Tuhaf ve ürpertici hissettirse de Margot ona dokunmayı, son bir sevgi hareketiyle onunla ilgilenmeyi rahatlatıcı bulmuştu. Açık olan pencereden birkaç kez bakmadan edemedi. "Şimdi neredesin?" diye merak etti. "Nereye gittin?"

Onun hareketsizliği ve soğukluğu şaşırtıcıydı. Dikkatle evlilik yüzüğünü parmağından çıkardılar. Margot bir adım gerileyerek Lucy'nin çökük yüzünün görüntüsüne büyük bir öfke duydu. Daha fazla vakti olmalı, hamileliği, vücut çatlakları, kırışıklıkları, yaşlı bir kadın olduğu zaman çıkacak beyaz saçları ve yüz lekeleri için daha fazla zamanı olmalıydı. Son derece adaletsizceydi. Kız kardeşinin güzelliğini hatırlamaya çalıştı. Ondan sonra gelecek kuşaklar için Lucy'nin capcanlı olduğu zamanların hatırasını zihnine kazımaya çalıştı. Bu hastalıkla mahvolmuş bedenini, harap olmuş halini değil. Bir gün Margot yaşlı bir kadın olacak ama Lucy bir gün bile yaşlanmayacaktı. Kandırılmış gibi hissetmek işten bile değildi. İç çekti. "Huzur içinde görünüyor, değil mi?"

Sibella başını salladı. "Evet öyle."

Margot, Lucy'nin parmaklarını açtı ve avucunun içine nehirden aldığı ufak bir taşı yerleştirip yumruğunu sıktı. Ellerinden gelen yapmanın verdiği mutlulukla odadan ayrıldılar. Tom ve Eve'i dışarıdaki terasta buldu. Serin sabah havasında titreyerek oturuyorlardı ve sanki evin bunaltıcı havasından kaçmak için sessiz bir anlaşma yapmış gibi nefesleri havada buhar oluşturuyordu. Pencereyi aç. Lucy'nin son ricasını hatırladı ve gözyaşları içinde boş gökyüzüne baktı. Dört kişi oturmaları gereken masada üç kişi oturuyor olmaları şimdiden yanlış hissettiriyordu. Yanlarından geçerken uzanıp Tom'un omzunu sıktı. Tom dimdik duruyordu ve Margot, onun bu şekilde kendini tutması için nasıl bir çaba harcadığını hissetti. Onun yanındaki sandalyeye oturdu.

"Gittin sandım" dedi Eve'e dönerek.

"Cesaretimi topluyorum" dedi Eve dudağını ısırarak. "Kızlara söylemeye dayanamam."

"Andrew orada olacak mı?"

"Evet." Eve başını kaldırıp Margot'ya baktı. "Geçen hafta eve geri döndü."

Margot ona baktı "Bu çok iyi. Her şey yolunda mı?"

"Son birkaç haftadır harika davranıyor. Sağlam. Konuştuk. İkimiz de bu işin yürümesini istiyoruz ve sadece kızların hatırına değil. Sanırım ikimiz de asıl önemli olan şeyi fark ettik. Lucy'nin hastalığı neyin aslında daha önemli olduğu üzerine bir ışık tuttu. Artık bakalım..." diyerek omuz silkti.

Tom boğazını temizledi. "Bu Lucy'yi çok mutlu ederdi."

Eve başını salladı. "Ona dün söyledim."

Margot, Tom ve Eve'in birbirini anladıklarına dair bir bakış paylaştıklarını gördü. Dün. Kelime sanki havada kalmıştı ve hepsine 'dünün' nasıl daima bir anı olarak kalacağını ve günlerinin bu noktadan itibaren nasıl farklı olacağını hatırlatıyordu.

Eve uzunca bir iç çekti. "Cenazeyi düşünmeye başlamalıyız."

"Lucy bir liste bıraktı. Ne istediğine dair bazı kati fikirleri vardı." Tom'un mavi gözleri doldu ama hafifçe gülümsemeyi başardı. "Ve kesinlikle ne istemediğine dair."

Margot düğün zamanı edilen tartışmaları ve gerginlikleri hatırladı. "Elbette bırakmıştır." Bir kızılgerdan kuşu yaprakları hışırdatarak bir çalı çitin üzerine kondu. Margot başını çevirdi ve kuşun kırmızı göğsünün parlaklığını fark etti. Renk ona Lucy'nin düğünde giydiği elbiseyi hatırlatmıştı -nasıl da güzel görünüyordu- ve bu düşünceyle yüreği ağrımaya başladı.

Tom başını ellerinin arasına koymuştu. Bir süre sessizce oturdu ve sonra kendini toparlamak için elleriyle yüzünü ovaladı. "Çok yorgunum. Neredeyse unutuyordum. Lucy ikinize birer mektup yazdı" dedi. "Size vermemi söylemişti. Şeyden sonra..." Sesi kısıldı. Ceketine uzanıp zarfları çıkardı. Ön kısmında Lucy'nin kıvrımlı el yazısıyla 'Margot' yazıyordu. Bir tane de Eve için vardı. Margot kendi ismi yazılı olan zarfı aldı ve Tom eve doğru dönerken, zarfı elinde sıkıca tuttu. Pencereden Tom'un, Kit'in, Ted'in ve Sibella'nın birlikte masada oturduğu mutfağa girdiğini gördü. Ted onu selamlamak için ayağa kalktı. Tom'un elini sıktı ve onu yakınına çekerek erkeklerin genellikle böyle duygusal durumlarda yapacağı gibi yarı sarılma yarı sırtına hafifçe vurma şeklinde kucakladı. Tom geri çekilecekmiş gibi hareket etti ve sonra kayınpederine doğru kendini bıraktı. Bir anlık tereddütten sonra Ted ona daha sıkı sarıldı. Bir süre geçtikten sonra Margot artık hangi adamın hangisini teselli ettiğinden emin değildi. Gözleri yaşlarla dolan Margot bakışlarını yanlarında oturan annesine çevirdi. Annesinin başı öne eğikti. Sanki Margot'nun bakışlarının ağırlığını hissetmiş gibi Kit sandalyesinde kıpırdanıp pencereye doğru baktı. Margot annesinin anlayış içinde hafifçe başını salladığını ve dudaklarında üzgün gülümsemesini gördü. Margot da başını eğerek annesine karşılık verdi.

Lucy onlara düğününün hepsini bir araya getirmesini istediğini söylemişti. Düğünü getirmediyse bile belki de cenazesi getirirdi çünkü hepsi yeniden Windfalls'da bir aradaydılar; sevgi ve üzüntüleriyle birbirlerine bağlanmışlardı.

"Şu an okuyabileceğimden emin değilim" dedi Eve zarfını masadan alıp dikkatle kabanının cebine koyarken. "Sanırım başka bir zaman için saklayacağım. Onun uzakta olduğunu hissettiğim bir zamana." Titreyerek devam etti. "İçeri gireceğim. Geliyor musun?"

Kızılgerdan kuşu ani bir kanat çırpışıyla aşağıdaki vadiye doğru uçmadan önce çalı çitin dallarını hışırdatarak hopladı. Margot zarfına baktı. "Henüz değil" dedi meyve bahçesinin ötesine, suyun ağaçların arasında parıldayarak aktığı yere doğru bakmak için başını çevirerek.

BÖLÜM 36

Nehrin kenarındaki her şey sükûnet içindeydi. Havada bir sessizlik hâkimdi. Margot mektubunu dikkatle katlayarak zarfın içine yerleştirdi ve iskelenin üzerine oturarak ayna gibi yansıyan suya doğru baktı. Lucy'nin mektubunu okumak, onun sesini duymak içinde bir özlem duygusu uyandırmıştı. Keder yüreğini bir yumruk gibi sıkıyordu. Kız kardeşinin mutlak yoksunluğunu şimdiden hissediyordu. Bir zamanlar paylaşılan şakalara, hikâyelere ve deneyimlere tutunuyordu. Bir zamanlar ikisine ait olan o kardeşçe iletişimlerinde şimdi tek başınaydı. Artık, "… yaptığımız zamanı hatırlıyor musun?" soruları olmayacaktı. Bu düşünceyle yoğun bir acı yaşadı. Yarın Lucy'siz geçirdiği ilk tam gün olacaktı. Yarın uyanacak ve -uykuyla uyanıklık arası o anda- bir anlık huzurdan sonra Lucy'nin artık bu dünyada olmadığını hatırlayacaktı. Bu imkânsız gerçeği kabullenmesi için kaç sabah geçmesi gerekiyordu? Lucy'nin ölümünün, hayatını oluşturan anların içinde en üzücü gerçek olarak yaşamının bir parçası haline gelmesi ne kadar sürecekti?

Kız kardeşinin mektubunu avucunda sıkıca tutarak yavaşça akmakta olan suya doğru baktı. "Sevmek cesaret ister" diye yazmıştı. "Ama sevginin olduğu yerde -ve biliyorum ki burada sevgi var- umut da vardır. Vazgeçme. Anneme anlat."

Margot gözlerini kapattı. Orada öylece iskelenin üzerinde oturmak tüm anılarını canlandırmıştı. Kapalı göz kapaklarının ardında bir tel üzerinde asılı hafifçe sallanıp parıldayan lambalar görüyordu. Dilinde elma şırasının aklında kalan tadını hissetti. Kahkahaların yankısını duydu, boğazına bastırılan parmakların ağırlığını hatırladı. Gözlerini açıp yeniden suyun derin yeşilliğine odaklandı. Derin bir nefes aldı. Kit'e anlatacaktı. Kız kardeşinin son isteğini yerine getirecekti. Annesiyle oturup o yaz ve sonraki aylarda olanları açıklayıp konuşmak için aradığı gücü bulacaktı. Kit'in nasıl tepki vereceğini bilmiyordu ama ne olursa olsun ona bunları dinleme fırsatını verecekti. Belki de Lucy haklı çıkardı. Belki hakikat, anlaşabilmeleri için aralarında bir köprü görevi görürdü. Nehrin etrafına, iskeleye ve birbirine girmiş çalılıkların gölgesinin altındaki annesinin eski stüdyosunun kalıntılarına baktı. Bu yer çok uzun zamandır ona musallat olmuştu. En derin utancının ve en karanlık sırlarının doğduğu yerdi. Kâbuslarına girmiş ve henüz ardında bırakamadığı geçmişine hapsetmişti. Ancak yeniden bakınca Eve'in eskiden içine oturup kitap okuduğu eski kayığı gördü. Üzerine tırmanıp suya atladıkları kayalıkları gördü. Lucy'nin yüzü göğe dönük bir şekilde yüzeyinde süzüldüğü nehri gördü. Tüm aile hatırlarının bu yerde toplanmış olduğunu fark etti. Lucy'nin söylediği bir şey kulaklarında yankılandı: Sevginin olduğu yer.

Çok uzun yıllardır nehir onun için acıyı hatırlatan bir yer olmuştu. Ama aynı zamanda neşenin de yeriydi. Belki de bu yer -bu sessiz nehir- bunların hepsiydi. Ya da belki de hiçbiri idi. Belki yalnızca kendi halinde var oluyordu. Margot şimdi anlıyordu ki yüzleşmekten korktuğu şey ne annesinin stüdyosu, ne nehir, ne de Windfalls'dı, kendi içindeki yaralı yerden -çok uzun zamandır taşıdığı karanlık yaradan- korkuyordu. Lucy'nin ondan yüzleşmesini istediği asıl şey buydu. Neşe. Acı. Yaşam. Ölüm. Her biri diğerini daha belirgin kılıyordu. İskelede oturmuş Lucy'nin yaşamını -ve ölümünü- düşünürken Margot sanki kalbinin daha şiddetle attığını ve nefesinin daha kuvvetlendiğini hissetti. Sevmek cesaret ister.

Margot, Mart sabahının serinliğini kemiklerinde hissederek ayağa kalktı ve meyve bahçesine açılan demir kapıya doğru ilerledi. Eli metal kapı koluna değince duraksadı. Dönüp eski stüdyonun gölgeler içinde kalan ahşap kalıntılarına baktı. Tepesindeki bulutlar yer değiştirdi ve aralarından vadiye doğru güneş ışığı yansıdı. Çökmüş kirişlerin yakınlarında uzun çimlerin arasında parıldayan soluk bir şey Margot'nun dikkatini çekti. Yaklaşıp eğildi ve yumurta şeklindeki nesneyi eline aldı. Üzerindeki tozu temizlemeden önce bile onun ne olduğunu anlamıştı. Yıllarca annesinin çalışma masası üzerinde durmuş değerli bir kuvars parçası olan gül pembe rengindeki kristali hatırlamıştı. Elinde ağırlığını tartarak yangın gecesini ve taşı pencereden fırlattığında çıkan cam kırılma seslerini hatırladı. Onca zamandır unutulmuş bir şekilde orada duruyor muydu? Taşı elinde çevirince, taş sabah güneşinde soluk pembe renkte parlayarak güneş ışığını bir buz gibi yansıttı. Avucunun içinde tuttu. Önemli ve geri verilmesi gereken bir şeydi. Meyve bahçesindeki ağaçlar eve giden yolu işaret eden eski dostlar gibi dikiliyorlardı. Arka kapıdan girdi. Yukarıda Jonas onu bekliyordu. Biraz sonra odasına çıkacaktı. Onun kollarına sokulacak, bedenine yaslanacak ve onun sıcak elini kalbinin üzerinde tutacaktı. Diğer koluyla kendisini saracak ve parmaklarıyla artık bilindik bir hareket olarak bilinçsizce dirseğinin kıvrımındaki küçük siyah kalbi ve üst kolunu saran sarmaşık dövmesinin üzerini okşayacaktı. O saçlarına doğru yumuşak sözler mırıldanırken Margot gözlerini kapatacaktı. Merdivenlerin dibinde adımını ilk basamağa atmışken duraksadı. Pembe kristal kuvars taşı elinde ılık bir ağırlık oluşturuyordu. Yavaşça mutfağın açık kapısına doğru döndü. Kit ise tek başına oturmuş pencereden dışarıya bakıyordu. Margot tereddüt etti. Annesinin sessiz iç çekişlerini duyuyordu. Ayağını basamaktan çekti. "Anne" dedi açık olan kapıya doğru giderek. Avucunun içindeki taşı sıkıyordu. "Anne, konuşabilir miyiz?"

Kit başını kaldırdı. Hafifçe başını sallayarak eliyle yanındaki boş sandalyeye dokundu. "Gel" dedi.

Margot derin bir nefes alarak mutfağa girdi…

TEŞEKKÜRLER

Temsilcim Sarah Lutyens'e ve Lutyens ile Rubinstein'daki herkese sürekli destekleri için teşekkür ederim. Birleşik Krallık'ta Orion, Hachette Avustralya ve ABD'de HarperCollins'teki yayın ekiplerine, net editoryal vizyonları ve özenleri için Clare Hey, Vanessa Radnidge ve Emily Griffin'e özellikle teşekkür ederim.

Okuyuculara kitap öneren ve kitap sevgisini canlı tutan tüm kitapçılara ve kütüphanecilere çok teşekkür ederim.

Son ama en önemlisi aileme ve arkadaşlarıma, sevgileri ve destekleri için, özellikle de annemle babam John ve Gill'e, kız kardeşim (ve ilk okuyucum) Jess'e, ağabeyim Will'e ve tabii ki en iyi eserlerim Jude ve Gracie'ye, bana katlandıkları ve tüm bunlara rağmen beni gülümsettikleri için teşekkür ederim.

Bu kitap, tanışmayı umabileceğiniz en nazik, en cömert kalpli adamlardan biri olan kardeşim Will'e ithaf edilmiştir.